W0060835

Tom Buhrow · Sabine Stamer

Mein Deutschland – dein Deutschland

Rowohlt

Viele Namen in diesem Buch haben wir verändert.
Manche Gesprächspartner befürchten, ihre Auskünfte könnten Folgen
haben: am Arbeitsplatz, bei Behörden oder Nachbarn. Offene Worte
waren uns in den Gesprächen am wichtigsten. Wir wollen niemanden in
Schwierigkeiten bringen, sondern typische Geschichten erzählen.

1. Auflage September 2010
Copyright © 2010 by Rowohlt Verlag GmbH,
Reinbek bei Hamburg
Alle Rechte vorbehalten
Lektorat Uwe Naumann
Fotos Sabine Stamer
Satz aus der Stempel Garamond PostScript (InDesign)
bei hanseatenSatz-bremen, Bremen
Druck und Bindung CPI – Clausen & Bosse, Leck
Printed in Germany
ISBN 978 3 498 00657 0

MIX
Papier aus verantwor-
tungsvollen Quellen
FSC® C083411
FSC
www.fsc.org

Das für dieses Buch verwendete FSC®-zertifizierte Papier
Schleipen Werkdruck liefert Cordier, Deutschland.

Inhalt

Nur Bares ist Wahres!

Ehrbare Kaufmannstraditionen

Heimkehrer nach Deutschland haben fast immer gemischte Gefühle. Manches fürchten sie: viele Regeln im Alltag, den Hang, sich gegenseitig zu kontrollieren, eine manchmal muffelige Art, miteinander umzugehen, und einiges mehr. Auf vieles freut man sich: vertraute Bräuche, Weihnachtsmärkte im Dezember, Fußball am Wochenende, frisches Brot in allen Variationen, saubere Bürgersteige, gute öffentliche Verkehrsmittel und einiges mehr. Dass wir unzufrieden mit unserem Land sind, scheint im Nachkriegsdeutschland dazuzugehören. Aber objektiv ist das meiste ziemlich prima: Endlich werden die Handwerker wieder wissen, was sie tun, und müssen nicht mehrmals kommen, um simple Handgriffe auszuführen. Es lebe die deutsche Wertarbeit, die deutsche Korrektheit – auch in Vertragsangelegenheiten. Hier werden Rechnungen pünktlich gezahlt, Vereinbarungen eingehalten, Verträge ernst genommen ... Oder etwa nicht?

Nach zwölf Jahren Wanderschaft durchs Ausland steht unsere Rückkehr nach Deutschland an. Tom wird Moderator der «Tagesthemen» und soll im September 2006 in Hamburg anfangen. Von den USA aus bereiten wir in Etappen unsere Umsiedlung vor. Auf welche Schule kommen die Kinder? Wo werden wir wohnen? Solche Fragen kann man nicht in einem Rutsch klären. Man muss sich mehrmals vor Ort umsehen. Wir planen mehrere Heimatbesuche, machen Termine mit Schulen und Maklern. Als Nomade auf Auslandsposten lebt man zur Miete. Jetzt sieht es so aus, dass wir eine Weile an einem Ort bleiben werden, und wir entschließen uns, das Wagnis eines Hauskaufs einzugehen. Zunächst heißt es, mit möglichst vielen Maklern Termine zu machen und mit jedem neu auszuloten, was wir im Sinn haben. Dank Internet kann man wenigstens vorsortieren. Dann bündeln wir die Verabredungen, und auf geht's nach Hamburg für eine knappe Woche.

Eins fällt sofort auf: Deutschland wird älter. Die meisten Immobilien, die wir uns anschauen, werden von Witwen bewohnt. Während Amerikaner mindestens zehnmal in ihrem Leben umziehen und dabei immer – sobald sie es sich leisten können – ein Haus verkaufen, um ein neues zu kaufen, scheint es in Deutschland nur zwei Gründe zu geben, das Eigenheim zu veräußern: Scheidung und Alter. Eine ältere Dame erklärt uns: «Ich wollte das Haus behalten, weil es groß genug ist, wenn mich mein Sohn mit seinen Enkelkindern besucht. Aber die Kinder kommen doch nicht so häufig, wie ich dachte. Meistens geht das husch, husch, und schon sind sie wieder weg. Dafür brauche ich das Haus nicht.» Sie hat bereits einen Platz im Seniorenheim. Andere Hausbesitzer wollen in eine kleinere Wohnung umziehen.

Bei einer Besichtigung öffnet der ebenfalls betagte Makler während des Rundgangs die Tür zu einer Abstellkammer. «Dies hier sollten vor allem Sie sich ansehen!» Er wendet sich an Sabine. «Das könnten Sie als Bügelzimmer nutzen. So etwas ist ja für die Hausfrau interessant.»

«Bei uns bügelt mein Mann!», erwidert Sabine. Verlegenes Lachen. Tom bemüht sich, besonders herzhaft zu lachen, damit der Makler die Antwort bloß nicht als Kritik an seinem Frauenbild versteht. Die Sorge ist unbegründet. Die Besitzerin des Hauses knüpft gleich an: «Meine Schwiegertochter lässt meinen Sohn mit allen möglichen Hausarbeiten allein. Ich sage immer: ‹Wen hast du da geheiratet?› Aber die Frauen sind heutzutage nicht mehr das, was wir früher waren!» Das Haus kommt – trotz Bügelraum – nicht in Frage.

Ein anderes Haus liegt an einer U-Bahn-Trasse, ist deswegen

recht günstig zu haben. Das erscheint uns überlegenswert. Nachdem wir uns von den Bewohnern verabschiedet haben, folgt uns der Makler zum Auto und raunt uns zu: «Eigentlich ist das Haus schon so gut wie verkauft, aber es kann gut sein, dass der Notartermin noch platzt.» Dann könne er den Verkäufern beibringen, im Preis etwas nachzulassen. Wir sind offenbar Notnagel bei einem Schacher.

Vor jeder Abreise schärfen wir allen Maklern ein, uns zu verständigen, falls sich ein geeignetes Angebot finden sollte. Per E-Mail sollte das kein Problem sein; teure Auslandsgespräche sind nicht nötig. Aber sobald der Kunde weg ist, scheint er auch aus dem Sinn zu sein. Da waren unsere Wohnungssuchen in den USA einfacher, denn dort sind die Vorschriften für Makler kundenfreundlicher: Nicht der Mieter oder Käufer zahlt die Provision, sondern der Besitzer des Objekts. Schließlich arbeitet der Makler in dessen Interesse. Beide wollen den Preis möglichst hoch halten. Vor allem aber: Ob zur Miete oder zum Kauf – der Vermittler hat ein Objekt nur kurze Zeit exklusiv in seinem Portfolio. Danach geht es mitsamt allen Informationen über Zustand, Größe, Grundstück, Preisvorstellung inklusive Fotos an ein Zentralregister, auf das jeder Makler Zugriff hat. Ab dann beginnt der Konkurrenzkampf: Falls der ursprünglich beauftragte Makler einen Mieter oder Käufer findet, kann er die komplette Provision einstreichen. Falls ein anderer Makler den Kunden anschleppt, wird die Provision fifty-fifty geteilt. Das bringt alle auf Trab. Niemand kann sich auf seinem Monopol ausruhen und einfach abwarten, bis die Kunden von allein kommen. Für den Wohnungssuchenden bringt das große Vorteile: Er wendet sich an einen einzigen Makler, der den Überblick über den gesamten Markt vor Ort hat.

Auf eine solche Unterstützung können wir bei unserer Suche in Deutschland nicht zählen. Kein einziger Makler – und wir hatten zu vielen Kontakt, großen und kleinen Firmen – versorgt uns kontinuierlich mit Angeboten und wird für uns aktiv. Im Internet finden wir schließlich ein interessantes Haus in guter Lage, passend zu unseren Vorstellungen und Möglichkeiten – unter Vertrag bei einer Maklerin, mit der wir schon etliches angeschaut hatten und die uns versichert hatte, sofort Bescheid zu sagen, falls sie etwas Geeignetes sieht. Kunden aus ihrer Kartei darüber zu informieren, hielt die Dame offenbar für überflüssig. Wahrscheinlich war sie sicher, dieses Objekt schnell loszuwerden. Warum also extra eine E-Mail nach Washington schicken? Wir fragen uns, wofür man einen Makler eigentlich bezahlt. Er übernimmt ja nicht einmal die Garantie dafür, dass die von ihm gemachten Angaben über Fläche, Baujahr und den Zustand des Hauses stimmen.

Für den folgenden Monat organisieren wir unsere nächste Heimreise und besichtigen dieses Haus gleich als Erstes. Zum Glück war es noch nicht weg. Ob es doch einen Haken hatte? Uns blieb nicht viel Zeit. Andere Verabredungen, auch mit einigen Schulen in der Nähe, standen an. Etwas gehetzt schritten wir die Zimmer ab. Es heißt, wenn man die richtigen vier Wände gefunden habe, dann wisse man das auf Anhieb. So ist das hier für uns. Wir verabreden uns mit den Besitzern für denselben Abend zu einem ausgedehnteren zweiten Rundgang und eilen zum nächsten Termin. Unterwegs sagen wir beide das Gleiche: «Das könnte unser neues Zuhause werden.» Der zweite Besuch «unseres neuen Heims» am Abend bestätigt das. Es gefällt uns wirklich sehr. Wir unterhalten uns angeregt mit den Besitzern, einem überaus sympathischen älteren Ehepaar. Es stellt sich heraus, dass sie einen Teil des Gartens separat verkaufen wollen, was bedeutet, dass wir entweder die Summe obendrauf legen oder direkt vor unserer Küchentür ein neues Haus gebaut würde. Wir wollen nicht feilschen, von manchem Traum muss man sich eben verabschieden.

Am nächsten Tag erhalten wir einen Anruf des Besitzers. Seine

Frau habe kaum schlafen können, denn wir seien genau die richtigen Käufer für dieses Haus. Sie selbst hätten hier ihre Kinder großgezogen und wünschten sich sehr, dass wieder eine Familie einziehe, die das Haus zu schätzen wisse. Sie möchten vermeiden, dass ein Investor alles abreißt und hässliche Eigentumswohnungen errichtet. Irgendwie müsse es doch möglich sein zusammenzukommen. Uns hüpft das Herz. Wir haben die Fotos von ihren Kindern gesehen, der Gedanke, dort die Tradition des munteren Familienlebens fortzuführen, ist uns sympathisch. Wir setzen uns noch am selben Abend zusammen, trinken eine Flasche Rotwein und essen Wurst. Die beiden scheinen unkompliziert zu sein, sie patent und offen, er bibliophil und an Kunst interessiert. Wir führen keine richtigen Verhandlungen, sondern ein offenes Gespräch über unsere Möglichkeiten und Grenzen. Sie verstehen, dass man nicht mehr bezahlen kann, als man hat; uns ist klar, dass man kein halbes Haus verschenken kann. Als wir uns trennen, sind wir uns nähergekommen – persönlich und finanziell. Noch vor dem Abflug unterbreitet uns der Verkäufer einen Kompromiss, der in unser Budget passt. Und so geht es zurück nach Amerika.

In den nächsten Wochen und Monaten klären wir von Washington aus all die vielen Dinge, die man klären muss, wenn man Hauseigentümer werden will. Wer je dahin kommt, für den ist es in den allermeisten Fällen die größte Investition seines Lebens. Zahlen hinter dem Komma spielen eine Rolle.

In Amerika gibt es eine Volksweisheit: «Wenn etwas so klingt, als sei es zu gut, um wahr zu sein, dann ist es wahrscheinlich nicht wahr.» Wir müssen im Rückblick eingestehen, dass wir vor lauter Verzückung einige dringende Fragen nicht stellten: Warum wurde das Haus nicht schon nach dem ersten öffentlichen Besichtigungstermin verkauft? Wir waren schließlich erst über einen Monat später angereist. Warum gab es nicht wesentlich mehr Interessenten? Warum will man ausgerechnet uns als Käufer, obwohl sicher ein höherer Marktpreis zu erzielen wäre? Wir spazieren in diesen Hauskauf wie die Weihnachtsgänse. Wir haben keine Ahnung von einer solchen Transaktion. Wir wohnen in Washington, und es ist etwas kompliziert, sich aus der Ferne ausreichend zu informieren. Als die ersten Warnsignale kommen, wollen wir sie nicht sehen.

Den Vertragsabschluss beim Notar vereinbaren wir für April und nehmen diesmal die Kinder mit. Da nun alles klar zu sein scheint, kann man es wagen, ihnen ihr zukünftiges Zuhause zu zeigen. Die Besitzer laden uns netterweise ein, in dieser Woche bei ihnen zu wohnen. «Mein Vater hat immer gesagt, man soll mindestens einmal probeweise in einem Haus übernachten, bevor man es kauft», sagt der Herr des Hauses. Zwischen uns ist eine beinah familiäre Sympathie gewachsen. Wir malen uns aus, wie wir in den kommenden Jahren gemeinsame Feste feiern werden. Unsere Bank findet langsam etwas seltsam, dass sie noch keinen Entwurf des Kaufvertrages erhalten hat. Aber wir denken uns nicht viel dabei. Nette Leute sind halt oft etwas nachlässig, und wir haben von mehreren Seiten gehört, dass die Besitzer einen guten Leumund haben.

Wir überlegen, welcher Notar am besten zu bestimmen ist, aber wir kennen in Hamburg niemanden, und außerdem ist ein Notar ja zur Unparteilichkeit verpflichtet, wie eine neutrale Amtsperson. Also akzeptieren wir den Notar des Verkäufers, ein Büro mit guter Reputation – und das Unglück nimmt seinen Lauf.

Beim Termin versichert der Notar, er habe das Grundbuch kürzlich eingesehen. Eine Kopie legt er nicht vor. Nun, sagen wir uns, da er wahrheitsgemäß beide Parteien unterrichten und aufklären muss, ist das nicht weiter schlimm. Dann erwähnt er plötzlich eine Dame, die im Grundbuch stehe und vom Verkäufer eine Leibrente erhalte. Das ist schon etwas seltsam: Von dieser Dame war vorher nie die Rede gewesen. Für die Leibrente sei weiterhin der Verkäufer zuständig, uns belaste das nicht, klärt uns der Notar auf. Wir übernehmen keine Verpflichtung, und der Verkäufer verspricht, die Angelegenheit bis zur Übergabe zu klären. Außerdem sagen wir uns immer wieder: Wir sind im rechtschaffenen Deutschland, in der korrektesten Stadt unseres ordentlichen Landes: Hamburg, das stolz auf seine ehrbaren Kaufmannstraditionen ist. Wir haben es mit dem honorigsten Berufsstand, den man sich vorstellen kann, zu tun. Wir sitzen bei einem Hamburger Notar! Was kann da schon dubios sein? Sonst würde er uns doch informieren, uns reinen Wein einschenken müssen. Wir unterschreiben. Und gehen abends mit den Verkäufern essen.

Unsere Fehler häufen sich. Wir sind nun im Grundbuch als Käufer vorgemerkt und fühlen uns abgesichert. Wir zahlen einen Abstand auf die Einrichtung, die wir übernehmen wollen. Die Courtage für die Maklerin überweisen wir nicht direkt, sondern dem Verkäufer, denn er kennt die Agentur und hat für uns einen bemerkenswerten Rabatt ausgehandelt. Deshalb scheint es nachvollziehbar, dass er das Geld weiterleiten will. Wir treffen Vorbereitungen für die nötigen Umbauten, beauftragen Handwerksbetriebe. Das alles organisieren wir aus der Ferne, sechstausend Kilometer weit weg in Washington. Dort bereiten wir den anderen Teil des Umzugs vor: einpacken, aussortieren, die 110-Volt-Geräte an Kollegen abgeben, Listen machen, was neu gekauft werden muss.

Zwischendurch kommt die höfliche Nachfrage der Maklerin, wann sie denn mit ihrer Provision rechnen könne. Aber die hatten wir doch dem Verkäufer längst überwiesen! Offenbar hat er sie nicht weitergeleitet. Wir haken telefonisch nach. «Es reicht, wenn die das zum Zeitpunkt der Übergabe bekommen, die sollen sich mal nicht so anstellen», so die Antwort. Uns ist das peinlich, wir überweisen die Provision ein zweites Mal – diesmal direkt an die Maklerin. Wir werden den Betrag am Ende vom Kaufpreis abziehen, kein Problem, beruhigen wir uns.

Irgendwann ist in Washington alles eingepackt, die Ladeklappe des Lkw verschlossen, wir sehen ihn die Straße hinunterfahren, Richtung Baltimore, von dort wird der Container per Schiff über den Atlantik in unsere neue Heimatstadt schaukeln. Irgendwann im August wird er dort ankommen. Dann wird auch unser schönes Haus fertig sein, wir werden auspacken und glücklich einen neuen Lebensabschnitt beginnen. Die Zukunft sieht sonnig aus. Für die letzten Tage in Washington haben uns Kollegen Klapptische und Campinggeschirr geliehen. Wir schlafen auf Matratzen. Von unserem Hausstand haben wir nur noch Koffer mit Kleidung zurückbehalten und unser Laptop plus Telefon und Faxgerät.

Am Übergabetag, einem Freitag, spuckt das Fax auf einmal eine Nachricht des Hamburger Notars aus, dürre zehn Zeilen: Der Kaufpreis reiche nicht aus, um alle auf dem Haus lastenden Schulden abzulösen. Deshalb sei der Kaufvertrag «derzeit nicht durchführbar». Wir verstehen nur Bahnhof und versuchen, im Notariat anzurufen, aber dort ist inzwischen Feierabend. Dann ist Wochenende. Was hat das bloß zu bedeuten? Wir tappen im Dunkeln. Erst am Montag – nach drei Tagen der Ungewissheit – können wir das Notariat erreichen. Nun sind die Ansprechpartner in Urlaub gefahren. Funkstille! Was zum Teufel ist los?

Niemand weiß etwas Genaues. Aber offenbar gibt es einen bisher unbekannten Gläubiger des Verkäufers, der Rechte an dem Haus geltend macht. Bei der Bank ist eine entsprechende Forderung eingegangen. Bei uns noch nicht. Es ist verwirrend und beunruhigend. Die Frage ist nur: Wie beunruhigend? Geht alles den Bach runter? Müssen wir die Umbauarbeiten sofort stoppen? Noch hoffen wir, dass sich die Angelegenheit irgendwie aufklären wird.

Der Verkäufer beruhigt am Telefon: «Alles nur ein Irrtum. Meine Bank stellt sich wegen kleiner Formalitäten an. Das klärt sich innerhalb von Tagen.» Er ist auf dem Weg zu einem seiner zwei Ferienhäuser. Beruhigt sind wir keineswegs. Wir informieren eine Freundin, die für uns als Architektin die Umbauarbeiten beaufsichtigt, und warnen sie vor, dass die Arbeiten eventuell gestoppt werden müssen. Dann reißen, mitten in dem ganzen Schlamassel, die Kommunikationswege ab. Als Erstes stoppt die Internetverbindung, einige Tage später auch die Telefonleitung. Wir hatten wegen des Umzugs in Washington alle Verträge gekündigt. Das Handy funktioniert nur, wenn man vor die Haustür tritt.

Allein können wir kein Licht in dieses Dunkel bringen. Wir schalten einen Anwalt ein. Zu allem, was wir schon gezahlt oder angezahlt haben, läuft jetzt auch noch die Stundenuhr. Die Handwerker arbeiten weiter, bis der Anwalt Klarheit schafft. Wir bluten Geld, sitzen im Ausland ohne Internet und Telefon auf geliehenen Klappstühlen, und die Sorge wird größer: Ist da etwas oberfaul? Wir schlafen nur noch zwei, drei Stunden pro Nacht.

Toms Vater hält in der Heimat engen Kontakt zu Bank und Anwalt. Er ist uns wegen der Zeitverschiebung immer einige Stunden voraus und kann die neusten Informationen einholen. An einem Morgen bekommt Tom von ihm die Hiobsbotschaft. «Setz dich bitte», heißt es am anderen Ende. Das klingt nicht gut. Dann die Information: Das Haus ist hoffnungslos überschuldet. Es ist ein einziges Grab. Und in diesem Grab ist ein Teil unserer Ersparnisse bereits verschwunden. Blitzschnell schießt uns durch den Kopf, was das bedeutet: Wir sind in eine riesige Pleite hineingestolpert. Unmöglich, dass dieser Kauf noch irgendwie zu einem guten Ende kommt. All unsere Anzahlungen können wir abschreiben, die sehen wir nie wieder. Die Kaufsumme liegt auf dem Anderkonto eines Notariats, in dem wir niemanden erreichen.

Fließt das Geld jetzt ab, und wir bleiben auf den Schulden sitzen? Wo werden wir in Hamburg wohnen? Wo werden die Kinder zur Schule gehen? Wir müssen von vorn anfangen! Der Container schwimmt schon Richtung Hamburg auf hoher See. Sofort die Umbauten stoppen. Lieber Gott, die Umbauten! Da uns das Haus gar nicht gehört und wohl nie gehören wird, kann der Besitzer verlangen, dass alles wieder in den Urzustand zurückgebaut wird – auf unsere Kosten.

Diesen Moment werden wir unser Leben lang nicht mehr vergessen. Eine Falltür geht auf. Der Boden unter den Füßen ist einfach weg. Man fällt und fällt und denkt: «Irgendwann pralle ich auf», aber man fällt immer weiter. «Junge?», fragt Toms Vater in die Stille. «Junge, du MUSST jetzt die Nerven behalten!» Und dann sagt er den einzigen Satz, der in solchen Situationen zählt: «Du bist nicht allein. Wir sind Familie. Du wirst wieder auf die Füße kommen.»

Nicht: «Wie konntet ihr nur so leichtfertig sein?»

Nicht: «Warum habt ihr nicht vorher …?»

Nicht: «Mir kam das gleich komisch vor.»

Nur das Signal: «Wir sind Familie, irgendwie werden wir das zusammen schaffen.»

Von da an reagieren wir nur noch mechanisch, um den Schaden zu begrenzen. Das Wichtigste: den Kredit aus den Klauen des Notariats zurück zur Bank holen. Dann: Umbauten sofort stoppen. Wohin mit den Kindern, wenn wir in Deutschland eintreffen? Zum Glück sind Sommerferien. Also zu Großeltern und Paten mit ihnen. Den Hund bei Freunden in Washington lassen, bis wir wissen, wo wir überhaupt hinziehen. Wir beide erst mal ins Hotel in Hamburg. Wie lange ist der Container noch unterwegs? Wie lange haben wir Zeit, eine Wohnung zu suchen, bevor Lagerkosten entstehen? Werden die Kinder zweimal die Schule wechseln müssen? Die ersten Handwerkerrechnungen vom Umbau trudeln ein und müssen bezahlt werden.

Parallel recherchiert unser Anwalt das ganze traurige Bild zusammen. Wir haben bis dahin gedacht, ein Objekt könne gar nicht über seinen Wert belastet sein. Allein schon deshalb, weil eine Bank Privatleuten nur so viel Kredit gibt, wie sie abgesichert bekommt. Das ist ein Fehlschluss. Sie können sogar Ihr Fahrrad mit Millionen Euro belasten – wenn jemand so dumm ist, Ihr Fahrrad dafür als Sicherheit anzuerkennen! Das wird natürlich niemand tun. Aber umgekehrt ist die Sache nachvollziehbar: Sie haben schon Millionenschulden und als Besitz nur ein Fahrrad. Dann wird sich Ihr Gläubiger wenigstens dieses Fahrrad als Sicherheit verschreiben lassen, auch wenn der Gegenwert nicht im Geringsten seinen Forderungen entspricht.

So ähnlich war das mit unserem Haus beziehungsweise mit dem Haus, das eigentlich mal unseres werden sollte: Ein bisher unbekannter Gläubiger des Verkäufers hatte sich ins Grundbuch eintragen lassen, wohlgemerkt, *nachdem* das Objekt an den Makler gegangen war. An erster Stelle stand dort schon die Bank des Verkäufers. Alles in allem lasteten auf dem Objekt Schulden in vielfacher Höhe seines Wertes. Kein Interessent würde unter diesen Umständen einen Kaufvertrag unterschreiben. Kein Notar würde so eine aussichtslose Überschuldung unerwähnt lassen. Notare sind zur Neutralität verpflichtet. Dachten wir. Uns bleibt entweder Rückzug oder Flucht nach vorn. Wir entscheiden uns für Letzteres.

Als wir in Deutschland ankommen, hat unser Anwalt einen Mietvertrag für das Haus, das wir eigentlich kaufen wollten, ausgehandelt. Wir wissen wenigstens, wo wir den Container ausladen können. Aber das ist auch die einzige Gewissheit. Um einziehen zu können, müssen wir erst mal die Umbauten notdürftig beenden – also noch mehr Geld in dieses zweifelhafte Unternehmen stecken. Letztendlich, so trösten wir uns, ist es im Interesse aller, auch der Gläubiger und des Besitzers, dass wir dieses Haus kaufen. Wenn es zwangsversteigert werden muss, bringt es sicher weniger ein. Der Verkäufer gibt uns zu verstehen, wir sollten uns nicht so anstellen: «Was wollen Sie denn? Das Haus gehört doch Ihnen! Die kleinen Unklarheiten werden schnell beseitigt sein», meint er, «wahrscheinlich schon nächste Woche.»

Inzwischen hat Toms neuer Job praktisch begonnen. Noch

nicht die Moderation selbst, aber der erste Wechsel des «Tagesthemen»-Moderators seit 15 Jahren erfordert etliche Vorbereitungen. Tom lernt den Tagesablauf kennen und übt sich in die Gegebenheiten des Studios ein. Eine Reportagereise durch Deutschland steht an. Und nicht zuletzt gibt es ein enormes Presseinteresse. Natürlich sollen die «Tagesthemen» im Vordergrund stehen und nicht unser privates Unglück. Also heißt es: gut drauf sein, konzentriert und positiv. «Tolle neue Stadt», «tolle neue Lebensphase», «tolle neue Herausforderung». Das stimmt auch. Es gibt keine bessere Ablenkung, als sich in neue Arbeit zu stürzen. Und solche Belastungen zeigen einem erst, welche Nerven man hat, wenn es drauf ankommt.

Tom schmeißt sich in den Job, aber in den freien Stunden liegen wir niedergeschlagen auf dem Sofa. Vor den Kindern versuchen wir, so zu tun, als sei alles nicht so schlimm. Wir können uns nicht an diesem Haus erfreuen, das wir doch auf Anhieb so geliebt hatten. Wir haben keine Lust, Bilder aufzuhängen, machen nur das Nötigste. Immerhin, Hamburg zeigt sich von seiner schönen Seite. Wir genießen lange Spaziergänge und das viele Wasser in der Stadt. Wir starten ein paar Versuche, unserem klammen Verkäufer wenigstens einen Teil des bereits Gezahlten wieder aus der Tasche zu ziehen. «Morgen!», vertröstet er uns immer, oder «Übermorgen!», und schreibt uns Briefe, in denen unsere Kontonummer falsch angegeben ist. «Typisch!», sagt unser Anwalt. «Aktion vortäuschen, aber nix passiert.» Die Verhandlungen zwischen Verkäufer und Gläubigern verlaufen zäh.

Wir lassen unseren Anwalt allen Parteien mitteilen, dass wir zu einem bestimmten Termin endgültig vom Kaufvertrag zurücktreten werden. Und siehe da, wenige Tage vor diesem Termin wachen alle auf. Verkäufer und Gläubiger halten ein Krisentreffen ab und kommen zu einer Einigung. Der Weg zum Kauf des Hauses ist frei.

Schließlich sitzen wir alle wieder im Notariat, dasselbe Büro, ein anderer Notar. Der erste ist angeblich verhindert. Der Verkäufer tut so, als müssten nur ein paar Missverständnisse, die andere zu verschulden haben, aus dem Weg geräumt werden. Wir lassen kein einziges Wort, kein Komma im Entwurf ändern ohne telefonische Rücksprache mit unserem Anwalt. Ein bisschen haben wir gelernt.

Anschließend gehen wir beide an der Alster essen: Labskaus und Bier. Schampus soll es erst geben, wenn alles amtlich dokumentiert ist. Wir trauen dem Braten nicht mehr.

Es dauerte Monate, bis die Kopie des Grundbuchauszugs eintraf – Zeit zum Anstoßen! Bis alle bösen Geister aus dem Haus vertrieben waren, vergingen noch ungefähr zwei Jahre. Die größte Überraschung war die Erkenntnis, wie viel Spielraum ein Notar hat. Als alles geklärt war, beschwerten wir uns bei der Notarkammer. Deren Antwort lautete sinngemäß: Es sei zwar alles sehr schwierig gewesen, aber gegen Gesetze habe der Notar nicht verstoßen, und am Ende sei es doch zu einer Eigentumsübertragung gekommen. Natürlich kam uns das Sprichwort in den Sinn: Eine Krähe hackt der anderen kein Auge aus. Aber vielleicht waren wir nun auch zu misstrauisch geworden.

Im Schlaraffenland der Schnäppchenjäger

Zurück im deutschen Alltag

Wir landeten nach unserem Umzug in einem knallheißen Sommer. Während der Fußballweltmeisterschaft hatte die Hitze Deutschland sein Sommermärchen beschert. Bei unserer Ankunft war das längst vorbei, aber es herrschte immer noch Sonnenschein. Selbst im wettermäßig nicht verwöhnten Norden trübte kein Wölkchen den Himmel. Alle verbrachten die lauen Nächte in Straßencafés. Hier und da gab es ein wenig Streit, wie viel vom Bürgersteig die Wirte mit Tischen und Stühlen belegen dürfen. Uns fiel vor allem auf, dass es überall Bürgersteige gab. Nach zehn Jahren in Amerika, wo Gehwege in den meisten Vierteln gar nicht erst eingeplant werden, registrierten wir sie als grandiose Errungenschaft der Zivilisation.

In den ersten Monaten sahen wir Deutschland durch die amerikanische Brille und verglichen alles. Dabei wollten wir über die verschiedenen Sitten und Gebräuche gar nicht unbedingt urteilen, es fielen einfach Dinge auf, die uns inzwischen, nach vier Jahren, schon wieder selbstverständlich erscheinen: die Märkte, die Bäcker und die Schlachter zum Beispiel. Verkäufer, die etwas von ihrem Handwerk verstehen, halbstündige Vorträge über bestimmte Brot- oder Käsesorten und ihre Erzeugung halten können. Unsere Städte sind nicht nur zum Arbeiten und Konsumieren gut, man kann in ihnen herumschlendern.

Den Typus des Flaneurs gibt es nicht in den USA. Eine Stadt wie Los Angeles beispielsweise ist nur mit dem Auto erträglich. Rollt man auf vier Rädern den Boulevard hinunter, gleiten Palmen und riesige Werbeplakate am Auge vorbei. Zu Fuß unterwegs fühlt man sich wie in einem Gewerbepark. Von einem Plakat zum anderen läuft man eine Ewigkeit. Werbung ist sowieso nur im Vorbeifahren interessant. Es gibt nichts, wofür man aussteigen und stehen bleiben wollte. In deutschen und anderen europäischen Städten kann man flanieren: Man schlendert ohne Eile, verweilt hier und da, um etwas genauer zu betrachten. Unsere Innenstädte bieten eine enorme Lebensqualität.

Es hätte so schön sein können, aber bei all dem Ärger um das neue Haus, zwangsläufig «geparkt» in einem Hotel, war an entspanntes Genießen nicht zu denken. Außerdem hatten wir während des Umzugs natürlich sehr viel zu erledigen. Alle Elektrogeräte zum Beispiel – von der Kaffeemaschine bis zum Fernseher – mussten wegen der unterschiedlichen Voltzahl neu angeschafft werden. In Washington bieten sich Einkaufscenter und Geschäfte an feuchtheißen Tagen als angenehm kühle Zufluchtsorte an. Keinen Gedanken an den Umweltschutz verschwendend, öffnen sie weit ihre Pforten, während die Klimaanlagen auf vollen Touren laufen. So weht den erhitzten Kunden beim Einkaufen auf der Straße ein kühles Lüftchen an, das ihn magisch in den Laden zieht. Wir merkten, wie sehr man sich an diesen leichtfertigen Luxus gewöhnen kann, während wir schweißgebadet unsere Besorgungen erledigten. Und wenn wir am Sonntag feststellten, dass wir etwas Wichtiges vergessen hatten, dann hieß es warten bis Montag. Die Feiertagsstille kam uns manchmal seltsam vor, aber ehrlich gesagt, haben wir diese verordnete Ungeschäftigkeit in Amerika auch vermisst. Die sonntägliche Ruhe hat etwas Besonderes; das ganze Land tickt anders, langsamer und leiser. In Amerika dagegen scheint an Festtagen alles lauter und schneller zu werden. Alle sind in Bewegung und haben ein ähnliches Ziel: das nächste Einkaufszentrum. Dort wird man an diesen Tagen ganz besonders hofiert. Dort ist der Kunde wirklich König. In Deutschland scheint er darauf gar nicht so viel Wert zu legen. Das fällt vor allem in Discountern auf. Hier sind manche Sachen so spottbillig zu haben, dass man sich fragt, wie der Preis die Kosten noch decken kann und ob für einen anständigen Lohn der Angestellten etwas übrig bleibt.

In der Filiale eines Billigmarktes in unserer Nähe sind alle Waren, ob Getränke, Brot oder Gemüse, in Kartons gestapelt. Wir reißen an einer Pappe herum, um an zwei Tetrapaks Saft zu kommen, und nehmen uns vor, nächstes Mal ein Taschenmesser mitzubringen. Während Sabine sich abmüht, fährt ihr von hinten ein großer Lastkarren in die Hacken. Sie springt zur Seite, um den Verkäufer nicht zu stören bei seiner schweren und wichtigen Tätigkeit, für die er – das ist bekannt – nur einen minimalen Lohn erhält. Wortlos bugsiert er den Karren weiter durch die engen Gänge. Kunden können ganz schön im Weg sein, wenn die Ware ins Regal muss. Der Laden wirkt im Grunde wie ein Lagerraum. Hier werden Waren umgeschlagen, nicht Kunden glücklich gemacht. Das Einzige, was im Land der Schnäppchenjäger zählt, scheint der Preis zu sein, Service zählt nicht.

Zu fast jeder Tageszeit, nicht nur kurz nach Feierabend, bilden sich Schlangen an den Kassen. Wir verbringen ziemlich viel Zeit damit, darauf zu warten, dass wir unser Geld loswerden dürfen. Die blondierte Kassiererin fertigt eine Kundin ab. Dabei bringt sie nur ein einziges Wort über die Lippen, eine Zahl. Wortlos nimmt sie einen Schein entgegen; wortlos gibt sie das Wechselgeld heraus. Dann lehnt sie sich zurück und betrachtet eindringlich ihre Fingernägel, während sich die nächste Kundin beeilt, ihre Waren aufs Band zu legen. Erst als auch das letzte Wurstpäckchen auf dem Förderband ist, startet die Kassiererin mit dem Eintippen.

Während die Kundin vor uns bezahlt, schaufeln wir in Rekordgeschwindigkeit die Sachen aus dem vollen Einkaufswagen aufs Band, sind aber trotz aller Eile nicht rechtzeitig fertig. Die Dame an der Kasse lässt sich zurückfallen, betrachtet wieder ihre Fingernägel: Da, jetzt hat sie eine kleine Macke am linken Mittelfingernagel gefunden und poliert daran herum. Wir packen schneller, nicht weil wir das Gefühl hätten, sie erwarte das, aber die Schlange hinter uns wird immer länger, denn zurzeit sind nur zwei von vier Kassen geöffnet.

Natürlich wussten wir, dass uns in Deutschland niemand begrüßen würde: «Guten Tag und willkommen beim Discounter. Wollen Sie Ihre Sachen in eine Tüte oder einen Karton gepackt haben?» Solche unrealistischen Erwartungen hatten wir nicht. Wir ahnten allerdings nicht, dass der Einkauf zur sportlichen Betätigung werden würde. Die Kassiererin ist gut durchtrainiert, sie scannt wie eine Weltmeisterin – zu schnell für uns. Nur in letzter Sekunde verhindern wir, dass die Milchkartons die Tomaten und Äpfel langsam über den Rand des Kassenplatzes schieben. Tom hechtet an der Kasse vorbei und fängt den ersten Apfel auf. Ach so ist das: Die Theke hinter dem Kassenband ist offenbar absichtlich so kurz gebaut, damit der Kunde sich ja sputet. Die Kassiererin, wieder zurückgelehnt, starrt ins Leere. Einfach alles in den Wagen werfen und später sortieren, lautet die Devise, sonst hält man den Laden noch länger auf. Außer uns scheint sich niemand an dieser unbezahlten Akkordarbeit zu stören. Alle sind daran gewöhnt.

Mehr Service müsste bezahlt werden, die Preise würden steigen. Das gilt es auf jeden Fall zu verhindern! Wir fragen uns, ob auch eine Rolle spielt, dass man sich in Deutschland nicht gerne bedienen lässt. Es gibt kaum noch Parkplatzwächter, auf Bahnhöfen und Flughäfen nur noch selten Gepäckträger. Angestellte werden durch Automaten ersetzt, wo immer es möglich ist. Sind der sprichwörtliche Geiz und Sparzwänge wirklich der einzige Grund dafür? Im Taxi steigen Einzelfahrgäste häufig lieber vorne als hinten ein, obwohl das auch nicht weniger kostet. Aber hinten fühlt man sich wie einer, der sich bedienen lässt, vorne fühlen wir uns besser, auf einer Ebene mit dem Fahrer. Ein ausländischer Beobachter schrieb einmal, das sei ein Überbleibsel aus der NS-Zeit. Da habe es geheißen: «Volksgenossen lassen sich nicht chauffieren.» Was auch immer die Wurzeln dieser Einstellung sind: Wir wollen kein Vorne und Hinten, kein Oben und Unten akzeptieren. Das ist sympathisch, verhindert aber jede Menge Jobs im Dienstleistungsbereich. Ein Schuhputzer müsste in Deutschland wahrscheinlich verhungern. In Amerika sieht man das häufig: Der Kunde sitzt zeitunglesend oder telefonierend auf einem thronartigen Stuhl, während zu seinen Füßen ein Schuhputzer bürstet und wienert, was das Zeug hält. Während ein *Shoe Shine Boy* in New York recht gut verdienen kann, empfinden wir in Deutschland seinen Job zu Füßen anderer als demütigend und putzen unsere Schuhe lieber selber. Wir wollen eine gerechte Welt, und Gerechtigkeit bedeutet in Deutschland Gleichheit.

Vielleicht adaptiert Deutschland deshalb so begeistert das schwedische «Du». Seit wir Anfang der 1990er Jahre dieses Land verlassen haben, ist das Siezen aus der Mode gekommen. Wir haben nichts dagegen, es ist einfach ungewohnt. «Plan dir deine neue Küche!», fordert uns IKEA auf, und der ungefähr achtzehnjährige Jüngling mit Dreitagebart am Beratungstresen versichert Sabine: «Du kannst den Schrank auch in Weiß haben.» Wir siezen anfangs die anderen Eltern an der Schule unserer Töchter und denken, das sei selbstverständlich. Erst nach einigen Wochen fällt uns auf, dass wir damit überhaupt nicht im Trend liegen.

Zurück zu unserem Einkauf. Mit einem Blick in den Deckenspiegel wird geprüft, ob wir nicht heimlich gestohlene Kekse oder Tomaten vorbeischmuggeln wollen. «Heben Sie mal den Einkaufsbeutel hoch!», fordert die Kassiererin uns auf. Ein Kunde ist in Deutschland ein potenzieller Dieb. Die Verkäuferin eines Kaufhauses hat unserer Tochter einmal, da war sie gerade zehn Jahre alt, lauthals vorgeworfen, sie habe eine Kinderzeitschrift geklaut. Dabei hatte sie das Heft gerade am zehn Meter entfernten Zeitungsstand von ihrem Taschengeld bezahlt. Das Schluchzen über diese Anschuldigung war für eine halbe Stunde nicht zu

24

stoppen. Die Verkäuferin hat sich weniger entschuldigt als gerechtfertigt. Natürlich wird auch in Amerika geklaut, aber dort hält man die Kontrollen in Grenzen; die durch Diebstahl entstandenen Kosten werden einfach auf die Preise umgelegt. Das empfinden Amerikaner als normal. «Warum soll ich dafür bezahlen, dass ein anderer klaut?», heißt es dagegen bei uns. Auch eine Umlage der Gebühren für die Nutzung von Kreditkarten empfinden deutsche Kunden eher als ungerecht. So gibt es inzwischen Geschäfte und Restaurants, die Kreditkarten-Benutzern eine extra Gebühr berechnen. In Amerika undenkbar.

In diesem Supermarkt dürfen wir die EC-Karte allerdings ungestraft nutzen. «Karte einschieben. Geheimzahl eintippen. Bestätigen!», fordert uns die Kassiererin auf, ohne uns auch nur eines Blickes zu würdigen. Falls die Angestellten mal sprechen, dann miteinander über unseren Kopf hinweg. Na, ist ja sonst auch öde, so ein Job. Also bezahlen und schnell aus dem Weg. Wir können nicht anders, wir denken an Washington, wo helfende Hände unsere Großeinkäufe flugs verstauten in zig Plastiktüten (die übrigens keinen Cent kosteten und niemandem ein schlechtes Gewissen machten). Hier haben wir natürlich unsere Leinenbeutel dabei. Alles ins Auto und den Einkaufswagen an seinen Platz bringen, damit wir unser Pfand zurückbekommen. Der Kunde als Ein-Euro-Jobber auf dem Parkplatz des Supermarkts.

Zu unseren Mitmenschen, die ebenfalls einkaufen oder denen wir später beim Spaziergang begegnen, nehmen wir nur selten Kontakt auf. Das scheint allerdings keine allgemein deutsche Spezialität zu sein, sondern sich auf bestimmte Regionen zu beschränken. Wenn uns in Hamburg ein Fremder anspricht, freiwillig und ohne dringenden Grund, dann ist es wahrscheinlich ein Süddeutscher. Begegnen sich zwei einheimische Spaziergänger an der Elbe, richten sie die Augen angestrengt auf ihre Schuhspitzen, die Lippen fest verschlossen. So schiebt man sich selbst auf dichtem Raum gruß- und blicklos aneinander vorbei. In Washington haben uns täglich völlig unbekannte Personen versichert, wie niedlich die Kinder oder wie hübsch die Farbe des Pullovers sei. Eine lachende Schwarze klopfte Sabine auf offener Straße vorsichtig auf den schwangeren Bauch und wollte wissen, ob es ein Junge oder ein Mädchen werde. «Viel Glück!», wünschte die unbekannte Straßenbekanntschaft. In Norddeutschland würden solche Vertraulichkeiten wahrscheinlich umgehend eine Frühgeburt einleiten. Weiter südlich kommt man etwas schneller ins Gespräch, da heißt es schon mal: «Drink doch eene mit!»

In den USA geht man gemeinhin erst mal vom Guten im Menschen aus. In Deutschland scheinen sich die Menschen skeptisch zu begegnen: «Ist er mein Freund oder mein Feind?», «Will sie was von mir?», «Ob sie nett ist?». Dementsprechend bewegen wir uns lieber auf sicherem Terrain und halten uns gerne an diejenigen, die wir kennen. Auf Partys bilden sich schnell Grüppchen von Freunden und Vertrauten. Fremde Gesichter werden oft nicht bemerkt. Das ist unangenehm für die Außenseiter, für die «Eingeweihten» allerdings hat es seinen Reiz, sich ganz auf ein Gespräch einzulassen, über Erziehungs- oder Scheidungsprobleme etwa, und nicht in Fünf-Minuten-Häppchen zu plaudern. Eine amerikanische Party ist dagegen eine Kontaktbörse, auf der man sich mit möglichst vielen Gästen kurz austauscht. *Work the room* nennt sich das und klingt für uns Deutsche nach Arbeit.

Dafür ist es dort wesentlich weniger anstrengend, das Gespräch zu beenden. «Es war nett, mit dir geplaudert zu haben!», das kann man auf einer deutschen Party nicht einfach sagen und weitergehen. Hier bleiben dem Gast im Grunde zwei Möglichkeiten: Er behauptet, leider (!) sehr dringend (!) zur Toilette zu müssen, oder gibt vor, nur kurz (!) das Glas nachfüllen zu wollen. In beiden Fällen kehrt er nicht zurück, alle Gesprächspartner ahnen das, denn jeder kennt das Spiel. Auch wenn man einen netten Abend vor Mitternacht beenden möchte, gilt es erfinderisch zu sein, da hier die Qualität einer Feier an ihrer Länge gemessen wird. Je später der Abend, desto besser die Party. Bloße Müdigkeit reicht als Entschuldigung keinesfalls, und man sagt natürlich erst recht nicht, dass fünf Stunden feiern einfach genug waren. Ein Flugzeug morgens um sechs oder ein Babysitter, der partout nicht bis zwei Uhr nachts bleiben kann – das ist das Mindeste, was anzuführen ist, um mit einem frühen Abschied den Gastgeber nicht zu kränken. Die Nächte, wo wir uns in Washington bis weit nach Mitternacht vergnügt haben, können wir dagegen an einer Hand abzählen. So lange bleibt man einfach nicht, so richtig ausgelassen sind Partys dort sehr selten. Und außerdem haben die Amerikaner längst nicht so viel Sitzfleisch.

In amerikanischen Restaurants wird ein und derselbe Tisch an einem Abend zwei- oder gar dreimal vergeben. Länger als zwei Stunden hielte es sowieso niemand am selben Platz aus. Für solch knappe Kalkulationen des Wirts hätten deutsche Gäste kein Verständnis. Dementsprechend darf sich ein Kneipenbesitzer nicht beschweren, wenn der Gast sich drei Stunden lang an einem Bier festhält. Die deutsche Tafelrunde sitzt gern lange und gemütlich vor leer gegessenen Tellern. Während wir hier lernen, dass ein guter Kellner erst abräumt, wenn alle fertig sind, wurde uns in den USA häufig der Teller entrissen, während wir noch am letzten Bissen kauten. Was dort als schneller Service gilt, kam für uns einem Rausschmiss gleich. Aber nach zehn Jahren Amerika hat sich unser Empfinden umgestellt: Abgenagte Knochen und Saucenreste wollen wir nun schnellstens loswerden.

Nach dem Essen machen wir Deutschen gerne einen Spaziergang, egal ob die Sonne scheint oder es regnet: Wir gehen «raus an die Luft». Ein Amerikaner fände das recht seltsam, zumindest solange er keinen Hund hat, der ihn an die Luft zwingt. Unsere Parks und Spazierwege sind am Wochenende voller Menschen. Mütter schicken ihre Kleinen bei Wind und Wetter raus ins Freie, mindestens einmal am Tag. Selbst im Winter lässt die Lust auf die freie Natur nicht nach. Karawanen ziehen in warmen Jacken, Mützen und Schals durch die eisigen Lande, vertreten sich die Beine, pumpen ihre Lungen voll mit Sauerstoff. Wir schließen uns an.

An vieles mussten wir uns erst wieder gewöhnen. Wir wollen keinesfalls behaupten, dass Eigenarten und Gepflogenheiten hier oder dort besser oder schlechter wären. Tatsächlich ist das meiste eine Frage des Geschmacks oder – eher noch – der Gewohnheit. Man liebt, was man kennt.

Letzter Halt vor der Zonengrenze

Nur nicht im falschen Chor singen!

Helmstedt, eine niedersächsische Kleinstadt im Naturpark Elm-Lappwald, macht heute über die Region hinaus nicht mehr viel von sich reden. Das war bis vor gar nicht langer Zeit anders. Rund vier Jahrzehnte lag bei Helmstedt der bedeutendste Grenzübergang zwischen der Bundesrepublik und der DDR. Millionen Reisende passierten jährlich den Kontrollpunkt, um nach Berlin oder in die DDR, nach Polen oder in die Tschechoslowakei zu gelangen, kontrolliert vom Bundesgrenzschutz im westlichen Helmstedt und der Volkspolizei im östlichen Marienborn. Der Kontrollpunkt Helmstedt/Marienborn war nicht nur das Nadelöhr zwischen zwei deutschen Staaten, die hermetisch voneinander abgeschottet waren, sondern auch zwischen zwei verfeindeten Machtblöcken, dem sozialistischen und dem kapitalistischen Teil der Welt. Kaum ein Westdeutscher, der in den Jahren der Teilung nicht wartend im Grenzstau auf der A2 gestanden hätte. Viele Durchreisende entschlossen sich zu einer letzten Pause im Westen, bevor sie sich auf die holprige Autobahn im verwandten und doch so unbekannten Nachbarland wagten. So gelangte Helmstedt mit weniger als dreißigtausend Einwohnern zu ungewöhnlicher Berühmtheit.

Für uns ist Helmstedt von persönlicher Bedeutung. Hier im Zonenrandgebiet ist Sabine geboren und aufgewachsen.

Altbundeskanzler Willy Brandt sagte einmal, er habe sich nie als Westdeutscher gefühlt. «Wenn überhaupt, dann als Norddeutscher», fügte er hinzu. Als Tom das seinerzeit las, wurde ihm klar, dass er sich sehr wohl als Westdeutscher fühlte. Das Rheinland grenzt an die Niederlande, Belgien und Frankreich.

Es war selbst in der alten Bundesrepublik die westlichste Region. In Köln gibt es noch viele französische Wörter aus der Zeit der Besetzung durch Napoleon: Portemonnaie für Geldbörse, Plumeau für Federbettdecke, Trottoir für Bürgersteig. Wenn Toms Großmutter bei Regenwetter rausging, sagte sie nie: «Ich nehme meinen Regenschirm.» Sie sagte: «Isch nämme minge Paraplü.» Nicht nur dieses Regionalbewusstsein sorgte für ein westdeutsches Grundgefühl. Auch das Leben in der Bundesrepublik, fest im Westen verankert, war eine Identität geworden. Sabine dagegen hatte die Grenze zur DDR immer vor Augen. Sie war gewissermaßen eine östliche Westdeutsche.

Wenn ich früher von Helmstedt sprach, schaute mich niemand fragend an. Meine Heimat war bekannt, nicht nur in Deutschland. «Ach Helmstedt, ja, das kenne ich!», bekam ich oft zu hören. «Dort haben wir auf der Fahrt nach Berlin mal Kaffee getrunken.» Als Studentin kam ich per Bahn immer nach Hause, ohne umzusteigen. Paris–Helmstedt–Berlin–Warschau hieß die Verbindung. Dabei zeichnete sich das beschauliche Städtchen – abgesehen von einer italienischen Eisdiele – keineswegs durch internationales Flair aus. Im Zug dagegen, vor allem im Mitropa-Bahnrestaurant, herrschte eine unverwechselbare Atmosphäre: kosmopolitisch, bohemehaft, verraucht. Die Mitropa, die bereits nach dem Ersten Weltkrieg deutsche Schlaf- und Speisewagen bewirtschaftete, war übrigens eine der ganz wenigen Aktiengesellschaften, die 45 Jahre Sozialismus überstanden. «Letzter Westbahnhof vor der Grenze», verkündeten die Lautsprecher, bevor der Zug in Helmstedt einfuhr. Meist war ich die Einzige, die ausstieg, um zu bleiben. Dabei konnte ich mir Zeit lassen. Der Zug stand lange auf dem Gleis, denn die Grenzbeamten brauchten ewig, um die Pässe aller Mitreisenden zu kontrollieren. Auf dem Bahnsteig patrouillierten derweil Posten mit Wachhunden. Und das war nur die erste Kontrolle. Zehn Kilometer weiter in Marienborn dann dasselbe Spiel nochmal unter östlicher Regie. Aber da war ich schon ausgestiegen.

Ab und zu sind wir mit dem Auto nach Berlin gefahren. Einmal haben mein Vater und ich die Volkspolizisten derart verärgert, dass sie uns zur Seite winkten und uns bedeuteten zu warten. Dort standen wir mehrere Stunden lang, nur weil wir die Musik zu laut aufgedreht hatten. Zugegeben, das war nicht ganz unabsichtlich. Wir warteten und warteten und beobachteten die «Vopos», wie sie mit regungslosen Gesichtern Pässe einsammelten und studierten. Die wurden dann zur weiteren Prüfung durch ein abgedecktes Transportband, eine Art Miniaturtunnel, zu den nächsten Wachposten transportiert. Ein ausgeklügeltes System aus Zäunen, Mauern, Betonhindernissen, Beleuchtung, Beobachtungstürmen und bewaffneten Wachsoldaten verhinderte Durchbrüche. Mit einem Spiegel wurde der Unterboden der Fahrzeuge kontrolliert. Einige Wagen wurden genauer untersucht als andere; die Insassen mussten aussteigen, sämtliche Türen und den Kofferraum öffnen. Alle Reisenden waren nervös, auch wenn sie nichts zu verbergen hatten. Keiner beachtete uns. Wir standen hier – das Radio hatten wir nun vorsichtshalber ausgeschaltet – bis zur Wachablösung. Die neue Schicht erbarmte sich unserer Pässe und ließ uns endlich weiterfahren.

Damals ahnten wir nicht, dass das gesamte Gelände untertunnelt war. Weit verzweigte unterirdische Anlagen sollten für Schutz und Nachschub im Notfall sorgen. Mit Inkrafttreten der Wirtschafts- und Sozialunion zwischen der BRD und der DDR wurden die Kontrollen in Helmstedt/Marienborn eingestellt, am 30. Juni 1990 um Mitternacht, auf den Tag genau 45 Jahre nach Inbetriebnahme. Ein Teil der ehemaligen Grenzübergangsstelle ist heute als Gedenkstätte zu besichtigen und zeigt, wie die Anlage gleichzeitig ausgetüftelt und geradezu lächerlich hinterwälderisch war: armseliges Mobiliar aus den 1950er Jahren in primitiven Kunststoff-Baracken, manches «Marke Eigenbau», wie

hölzerne Transportschienen für Dokumente, auf die außerge-
wöhnlichen Bedürfnisse der Volkspolizei zugeschnitten.

Im Herbst 2009 machen mein Vater und ich einen kleinen Ausflug zu dem ehemaligen Grenzübergang. Wir lachen über die Folgen unserer kleinen Aufmüpfigkeit vor mehreren Jahrzehnten und
kommen ins Gespräch mit Herrn W., dem Wachmann, der die Gedenkstätte nach einem abendlichen Rundgang abschließt. Er ist
Jahrgang 1953, hat zu DDR-Zeiten in einer Pumpenfabrik gearbeitet. Nach der Wende wurde er nach Dortmund geschickt. «Da
sollten wir arbeiten lernen», berichtet er kopfschüttelnd. «Aber in
der Zeit, wo die zwei Pumpen hergestellt haben, da haben wir früher drei bis vier angefertigt.» Seiner Meinung nach wusste man im
Osten besser zu arbeiten. Mein Vater runzelt die Stirn und weiß
sofort: Herr W. muss ein Linker sein! «Aber es kam doch nichts
bei raus, wenn Sie gearbeitet haben! War doch alles verrottet! Und
außerdem gab es keine Freiheit bei Ihnen!» Herr W. scheint leicht
indigniert, lässt sich aber nicht allzu viel anmerken. Er erzählt, wie
weit er mit einer seiner Töchter fahren musste, um einen Arbeitsplatz als Zahnarzthelferin für sie zu finden. Der anderen Tochter
wurde nach dem Babyjahr gekündigt. «Dies ist ein total kinder-
feindlicher Staat!», befindet er. «Wo sollen hier die Kinder denn
hin, wenn die Mütter arbeiten wollen? Es gibt keine Kindergärten.» Mein Vater entgegnet, dass er von Kindergärten à la DDR,
in denen staatstreuer Nachwuchs aufgezogen wurde, gar nichts
halte. «Aber so war das doch gar nicht!», echauffiert sich der
Wachmann. «Siehst du», beharrt mein Vater auf dem Heimweg,
«das war ein Linker. Dass es das immer noch gibt!» Eine deutsch-
deutsche Begegnung zwanzig Jahre nach dem Mauerfall.

Parallel zur Autobahn verläuft die Bundesstraße 1, früher
Reichsstraße 1 und bis 1945 die längste deutsche Straße, die je gebaut wurde. Sie führte einst von der niederländischen bis zur li-
tauischen Grenze, von Aachen über Berlin bis zum preußischen
Königsberg und konnte dabei auf eine zweitausendjährige Ge-

schichte als Handels- und Heeresweg zurückblicken: Schon der griechische Wissenschaftler Ptolemäus erwähnte diese wichtige Ost-West-Achse im zweiten Jahrhundert nach Christus in seiner «Erdbeschreibung». Der Ruhrschnellweg bei Essen gehört ebenso dazu wie die legendäre Glienicker Brücke in Berlin. An dieser historischen deutschen Straße bin ich aufgewachsen. In meiner Kindheit war sie nur für Fußgänger und Radfahrer geöffnet. Ich erinnere mich noch gut an unsere Sonntagsspaziergänge (die mich als Kind natürlich quälten), vorbei an den Wachtürmen der Volkspolizei, die uns durch dicke Ferngläser beobachtete. Mein Vater versuchte regelmäßig, bei den wächsern wirkenden Vopos spontane Reaktionen zu provozieren. Er rief «Guten Tag!» oder «Hallo, wie geht es Ihnen?» und gestikulierte – immer ohne Erfolg. Sie waren strengstens gehalten, den Kontakt mit Westlern zu vermeiden. «Halt! Hier Zonengrenze», warnten Schilder alle paar hundert Meter mitten im Wald. In den 1970er Jahren wurden die Tafeln leicht verändert: «Halt! Hier Grenze», verkündete der Bundesgrenzschutz nach der staatlichen Anerkennung der Deutschen Demokratischen Republik. Doch für die Älteren war und blieb dieser Streifen im Wald allen politischen Entwicklungen und Korrekturen zum Trotz im Grunde immer die «Zonengrenze». Die DDR stellte schwarz-rot-goldene, mit Hammer, Zirkel und Ährenkranz versehene Grenzpfähle auf. Als Kind nannte ich sie in Gedanken Marterpfähle.

Nach dem Zweiten Weltkrieg wurde die Reichsstraße 1 durch die innerdeutsche Grenze geteilt. Die Teilung Deutschlands machte die zentrale Verkehrsader kurz hinter Helmstedt zur Sackgasse. Mitten im Wald hörte die Straße einfach auf. Unsere Spaziergänge führten häufig zum «ausgebrannten Bus», einem rostenden Gerippe, das jahrzehntelang die Demarkationslinie zwischen Ost- und Westdeutschland, zwischen Sozialismus und Kapitalismus, kennzeichnete. In meiner kindlichen Phantasie hörte ich Schüsse durch die Bäume peitschen, sah Menschen panisch aus dem brennenden Bus springen und in den Wald flüchten – vor den Volkspolizisten wohlgemerkt. Aber die gab es natürlich noch gar nicht, als das Fahrzeug ausbrannte.

Viele Geschichten ranken sich um diesen Busanhänger der Wehrmacht, der wohl – das scheint mir die glaubwürdigste Version – am letzten Kriegstag von amerikanischen Soldaten zerschossen wurde. Das Wrack blieb mitten auf der Straße liegen – ein Treffpunkt für Grenzgänger, Schmuggler und Liebespaare, erzählt man sich. Seither gab es – bis zur Öffnung der innerdeutschen Grenze – keinen Autoverkehr mehr auf diesem Abschnitt der Bundesstraße 1. Später wurde der ausgebrannte Bus tatsächlich zum niedersächsischen Grenzdenkmal erkoren – ein Mahnmal für die Freiheit!

Als wir Mitte der 1970er Jahre in ein Haus direkt an der B 1 zogen, freuten sich meine Eltern über eine äußerst ruhige Lage. Es gab keinen Durchgangsverkehr, stadtauswärts befanden sich nur noch wenige Häuser, ein Friedhof, Wald und Felder. Ein wohlgepflegtes Straßenschild informierte über die Entfernungen nach Beendorf, Morsleben und Harbke, alles nahe gelegene Orte, die für uns Westbürger unerreichbar waren. Wir schliefen bei offenem Fenster und wurden höchstens von Vogelgezwitscher geweckt. Das hat sich mit der Wiedervereinigung grundlegend geändert. Die Bundesstraße 1 ist keine Sackgasse mehr, sie wurde von Grund auf saniert. Die Reste des Busanhängers landeten im Graben und wurden zunächst vergessen, bis ein paar rostige Teile den Weg ins Helmstedter Zonengrenzmuseum fanden. Wachtürme und «Marterpfähle» wurden abgerissen. Nun rattern und donnern Lastwagen und Pkw rund um die Uhr am Haus meiner Eltern vorbei. Auf der anderen Seite der Straße ist eine ganz neue Wohnsiedlung entstanden. Wo wir früher unseren Hund durchs Feld Richtung Grenze geführt haben, befindet sich nun ein Einkaufszentrum mit Parkplatz und mehreren Discountern. Ach ja, unser Hund. Der war eines Tages ausgerissen und kam nicht zurück. Eigentlich wollten meine Eltern sich mit einem Transparent «Gebt uns unseren Hund wieder!» vor die Wachtürme stellen, aber das haben sie dann mangels Aussicht auf Erfolg doch gelassen. Wir haben uns alles Mögliche vorgestellt: dass er auf eine Mine getreten ist oder als illegaler Grenzgänger erschossen wurde. Dass die Vopos ihn niedlich fanden und behalten haben. Vielleicht war er ja auch zum Sozialismus übergelaufen. Diese letzte Version tröstete mich damals ein bisschen, meine Eltern weniger.

Möglichkeiten des Seitenwechsels gab es durchaus. Während die Autobahn und der Kontrollpunkt zigfach gesichert waren, sodass wahrscheinlich nicht einmal eine Ratte unbemerkt passieren konnte, hatte man die Wachtürme und den Grenzzaun zwischen Helmstedt und Harbke streckenweise einfach abgeräumt. Ost und West einigte hier ein und dasselbe Interesse: der Tagebau in dieser Gegend. Und so kam es 1975 im Zuge der Entspannungspolitik zu einem historischen Vertrag, der den gemeinsamen Abbau von 15 Millionen Tonnen Braunkohle unter der innerdeutschen Grenze regelte. Der Todesstreifen wurde durch einen beweglichen Betriebszaun ersetzt, der Einsatz der Grenztruppen und der Stasi wurde dafür intensiviert. Wenn der Wind manchmal besonders viel dunklen Staub in Schlaf- und Kinderzimmer trug, hieß es in Helmstedt: «Bei Ostwind nehmen sie im Kraftwerk Harbke die Filter aus den Schornsteinen.» Um Material zu sparen, meinten die einen. Um uns im Westen zu ärgern, glaubten die anderen.

Die Öffnung der Grenze bedeutete für meine Familie auch eine ganz persönliche Revolution. Nicht nur, weil wir nun endlich ungehindert auf der B 1 in all jene Orte fahren konnten, auf die das wohlgeputzte große Schild vor unserer Haustür jahrelang nutzlos hingewiesen hatte. Meine Eltern führten einen Elektrohandel, der vom Rasierer bis zum Föhn, vom Kühlschrank bis zum Fernseher alles das zu bieten hatte, was in der DDR nur schwer oder gar nicht lieferbar war. Als Tom und ich kurz nach dem Fall der Mauer zu Besuch nach Helmstedt kamen, staunten wir. Auf dem Hof türmten sich Berge – und das ist wört-

35

lich zu nehmen – von leeren Kartons. Im Geschäft meiner Eltern herrschte ein unbeschreibliches Chaos. Menschen drängten sich dicht an dicht. Die Glastüren waren verschlossen. Zwei Angestellte waren als Türsteher abkommandiert und ließen stoßweise nur so viele Kunden ein, wie umgekehrt welche den Laden verließen. Die Besucher aus dem Osten hatten ihre Ersparnisse in D-Mark umgetauscht, ihr Begrüßungsgeld im Rathaus abgeholt und wollten nun die glücklich erstandenen Fernseher und Kühlschränke gleich mitnehmen. Ein oder zwei Wochen auf die Lieferung zu warten, das kam überhaupt nicht in Frage, nachdem man sich vierzig Jahre geduldig gezeigt hatte. Mit Karton und Styropor verpackt, passten die Geräte allerdings nicht in die kleinen Trabis. So wurde das frisch erworbene Eigentum gleich auf dem Hof ausgepackt und auf die Rückbank gestopft oder aufs Dach geschnallt.

Wir machten uns auf zu einem weiteren Sonntagsspaziergang gen Osten (diesmal fand ich es interessant). An vielen Stellen war der Grenzzaun geöffnet. Es gab in den ersten Tagen und Wochen nach dem Fall der Mauer keine allgemeingültigen Vorschriften für den regen Grenzverkehr. Aber die Volkspolizisten fühlten sich offensichtlich unwohl, die Grenzgänger einfach ohne jegliche Kontrolle durchzulassen. Das war ihrem Wesen allzu fremd. Also hatten sie den Zaun nur einen Spaltbreit geöffnet und mitten im spätherbstlichen Feld einen Tisch platziert, auf dem sie Stempel und Stempelkissen bereithielten. An anderen neuen Übergängen wurden kurzfristig tragbare Wachhäuschen aufgestellt. Ein Reisepass musste nicht mehr vorgezeigt werden, es wurde in den Personalausweis (damals noch keine Karte) gestempelt, manchmal wurden einfach improvisierte Passierscheine ausgestellt. Wir wussten, dass diese Stempel einmal historisch sein würden. Und so joggte Tom, den Personalausweis in der Hand, einmal extra zur Grenze, um sich einen Stempel geben zu lassen.

Es dauerte nur kurze Zeit, dann verschwand auch diese Hürde. Wir besuchten eins der Dörfer von dem großen gelben

Schild, ich glaube, es war Morsleben. Es war wie ein Ausflug mit der Zeitmaschine. Wir fühlten uns zurückversetzt in die 1950er, 60er Jahre. Genau so hatten wir die Umgebung unserer Kindheit in Erinnerung. Kleine Alleen, Kopfsteinpflaster, die Fußwege aus Sand, nicht betoniert, die Häuser lange nicht renoviert, nirgendwo Werbung, keine leuchtenden Farben, alles grau und beige. Es war romantisch und trist zugleich. Die Ausflügler aus dem Westen kommentierten alles: «Ist das nicht schrecklich? Die armen Leute! Nichts wurde getan hier!» Durch viele Bemerkungen schimmerten neben der Freude über die unerwartete historische Wende auch Siegesstolz und Triumph. Endlich hatte man es der Welt bewiesen (und hatten sie es nicht immer gewusst?), der Sozialismus ist böse und schlecht. Das heißt im Umkehrschluss: Kapitalismus ist gut, weitere Beweise erübrigen sich. Mir erschien das nicht wirklich schlüssig.

«Geht doch nach drüben!», hatten sich andere Jugendliche und ich jahrzehntelang angehört, sobald wir über mangelnde Gerechtigkeit im Westen klagten. «Schaut doch über die Grenze, da habt ihr eure Gerechtigkeit!» Aber das war nicht die Gerechtigkeit, die wir uns wünschten. Dann, hieß es, zeigt uns ein Land, wo euer Traumsystem funktioniert! Das konnten wir nicht. Russland? Nein. China? Nein. Und die DDR schon mal gar nicht. Wir wollten etwas ganz anderes, etwas Neues. Aha, brummten die Erwachsenen selbstzufrieden und fällten ihr Urteil: «Eine Illusion also!»

Während meines Studiums hing ich also meinen «Illusionen» nach, zunächst in einem sozialistischen Studentenbund, später in der Friedensbewegung. Auf einigen internationalen Konferenzen lernte ich in den 1980er Jahren Mitglieder der DDR-Friedensbewegung «Schwerter zu Pflugscharen» kennen. Eines dieser Treffen fand sogar in Ostberlin statt. Eigentlich verwunderlich, dass die DDR-Regierung das zugelassen hat, aber sie wollte den Eindruck erwecken, nur der Westen sei aggressiv und angriffslus-

tig, der Ostblock hingegen grundsätzlich friedfertig und nur auf
Verteidigung aus. Mit Sicherheit war das Tagungsgebäude ver-
wanzt bis in die Toilettenräume. Draußen sahen wir die Sta-
sispitzel herumstreunen. Auffällig unauffällig drückten sie sich
von einer Hausecke zur nächsten. Wir Teilnehmer aus dem Westen bewunderten den Mut der Aktivisten aus dem Osten, sich
unter diesen politischen Bedingungen zu engagieren. Aber was
sie wirklich riskierten und wie ihr Alltag aussah, davon hatte ich
keine genaue Vorstellung. Und ehrlich gesagt, besonders intensiv
habe ich mich nicht damit beschäftigt. Ich wusste wahrscheinlich mehr über Menschenrechtsverletzungen im fernen Südafrika
als über das Unrechtsregime im verwandten Nachbarland. Nicht
dass ich politische Sympathien für den DDR-Sozialismus emp-
funden hätte, im Gegenteil, die Moskau-hörigen Jungsozialisten
und die DKP (Deutsche Kommunistische Partei) waren mir ein
Gräuel. Aber ich wollte auf keinen Fall im falschen Chor singen
und mich in einer Reihe wiederfinden mit jenen, die immer nur
vorwurfsvoll gen Osten zeigten.

Ich erinnere mich an eine Demonstration 1977 in Soltau. Der
ehemalige SS-Obersturmbannführer Herbert Kappler war unter mysteriösen Umständen aus seinem italienischen Gefängnis
geflüchtet, vermutlich nach Soltau zu seiner Frau. Kappler hatte
1944 in Rom 335 Menschen erschießen lassen und war von der italienischen Justiz zu lebenslanger Haft verurteilt worden. Einige
hundert Demonstranten forderten nun, den ehemaligen SS-Of-
fizier auch in Deutschland vor Gericht zu stellen. Seine Soltauer
Nachbarn sahen das anders. Sie bespuckten und beschimpften
uns Demonstranten als «Kommunistenratten» und «Kakerla-
ken» und empfahlen wiederholt: «Geht doch nach drüben!»

Mit diesen Kritikern des Unrechts in der DDR wollte ich keine
gemeinsame Sache machen. Auf ihre Mühlen wollte ich kein
Wasser gießen. Und so blieb der Protest gegen den totalitären Sozialismus vor der Haustür halbherzig und ohne große praktische

Folgen. Heute frage ich mich, ob das eine ausreichende Erklärung dafür sein kann, dass wir für Gerechtigkeit und Menschenrechte auf der ganzen Welt kämpften, aber nicht neugieriger waren zu ergründen, was direkt nebenan vor sich ging. Wir akzeptierten die Undurchdringlichkeit der Mauer. «Halt, hier (Zonen-)Grenze!», das waren nicht nur die Schilder im Wald, das waren auch Schilder in unserem Kopf. Und die Angst vor den falschen Freunden machte die Verhältnisse in der DDR für viele Linke zum Tabu. Für einige Ältere aus der 68er-Bewegung, die im noch nicht geteilten Deutschland geboren worden waren, war das anders. Für Rudi Dutschke zum Beispiel, der 1940 in der Nähe von Luckenwalde in der Mark Brandenburg zur Welt kam, war die innerdeutsche Grenze keine normale Trennlinie. Vielen Nachkriegsgeborenen dagegen bestätigte die Anerkennung der Deutschen Demokratischen Republik als eigenständiger Staat nur etwas, das sie sowieso nicht anders kannten. Die Trennung der beiden deutschen Gesellschaften war für uns einfach ein Fakt. An den Grenzanlagen im Lappwald und anderswo ließ sich nicht rütteln.

Helmstedt ist heute eine ganze normale deutsche Kleinstadt. Intercity-Züge halten hier nicht mehr. Wer von weiter her anreist, muss in Braunschweig oder Magdeburg umsteigen. Es gibt keine «Extrawürste» mehr. Auch die Zonenrandförderung, die die Nachteile der Grenzlage aufwiegen sollte, ist gestrichen. Keine Förderung mehr im Westen, die Mittel werden für den Aufbau Ost gebraucht. Die Hoffnung der Helmstedter, nach Öffnung der Grenze würde sich ihre Stadt, nun im wahrsten Sinne des Wortes mitten in Deutschland, entwickeln und freischwimmen, wurde enttäuscht. Die Einwohnerzahlen sinken. Es gibt zu wenig Arbeitsplätze. Die hübschen Fachwerkhäuser können daran nichts ändern. Wenn ich heute sage, dass ich in Helmstedt geboren wurde, stoße ich nicht selten auf fragende Gesichter.

Aus dem Plattenbau nach Afghanistan

Wendekinder machen sich selbständig

Als wir 1994 für zwölf Jahre ins Ausland gingen, war das wiedervereinte Deutschland noch nicht einmal fünf Jahre alt. Helmut Kohl war Bundeskanzler, Roman Herzog wurde Bundespräsident. Die Treuhandgesellschaft unter Birgit Breuel versuchte, die maroden Hinterlassenschaften des SED-Regimes zu sortieren. Dem 86-jährigen ehemaligen Leiter der Staatssicherheit, Erich Mielke, bescheinigte ein Gericht Verhandlungsunfähigkeit und stellte das Verfahren gegen ihn ein. Auf der Straße des 17. Juni in Berlin fand die letzte gemeinsame Parade der alliierten Truppen statt, die sich aus der neuen deutschen Hauptstadt verabschiedeten. So mancher versprach sich noch, sagte «Bonn» statt «Berlin», und an die fünfstelligen Postleitzahlen hatten wir uns auch noch nicht gewöhnt. Die neuen Bundesländer waren wirklich noch neu.

Wir haben Anfang der 1990er Jahre einige Reisen in den Osten Deutschlands unternommen, vor allem Sabine, die dort für das ARD-Magazin «Monitor» und längere Fernsehfilme recherchiert hat. So drehte sie ein Feature mit dem Titel «Wendekinder»* in Berlin-Hohenschönhausen. Nur einen Monat vor dem Fall der Mauer wurde die Neubausiedlung in Hohenschönhausen offiziell fertiggestellt. Hier wohnten nun beinahe zehn Prozent der Ostberliner Bevölkerung, 118 000 Menschen. Sie freuten sich über eine neue Wohnung mit fließend Warmwasser und Fahrstuhl. Plattenbau war da kein Schimpfwort und die Siedlung

---

* «Wendekinder», 1992, WDR-Film von Ursel Sieber und Sabine Stamer.

noch kein Sammelbecken für soziale Problemfälle. Hier wohn-ten Durchschnittsbürger, viele junge Familien, die meisten treue Anhänger des SED-Regimes oder auch Mitarbeiter der Staatssi-cherheit. Das zentrale Stasi-Untersuchungsgefängnis, heute eine Gedenkstätte, war gleich um die Ecke. Bis zur Wende war Neu-Hohenschönhausen ein junger, wachsender Stadtteil; die Woh-nungen waren begehrt – wer eine bekam, durfte das häufig als Belohnung für gute Dienste verstehen. Es gab Kindergärten, Schulen, Einkaufsmöglichkeiten und mehrere Jugendclubs.

Eines dieser Jugendzentren war im Herbst 1992 der Welseclub, genannt *WC 56* – ein despektierlicher Name, den die Jugendli-chen erst nach der Wende wählen durften. Er befand sich in ei-nem sogenannten Dienstleistungswürfel, das ist eine Art Mini-Einkaufszentrum aus Beton in Würfelform mit Supermarkt, Tabakladen, Apotheke und sonstigen Versorgungseinrichtungen für den täglichen Bedarf. Der Club war – wie der gesamte Stadt-teil – erst wenige Jahre alt und trotzdem schon von der Schlie-ßung bedroht, die Treuhandgesellschaft wollte das Gebäude ver-kaufen. Hier trafen sich regelmäßig ein paar Dutzend Teenager: Sven, Daniel, Jan, Buschi, Grit, Fabienne und andere. Sie fläzten sich auf den dunkelbraunen Kunstledermöbeln (aus DDR-Be-stand), spielten Tischtennis, kickerten oder schauten Videos. Ge-boren und aufgewachsen als Bürger der Deutschen Demokrati-schen Republik, erlebten sie nun die radikale Veränderung mit all ihren Chancen und Bedrohungen.

Was empfinden sie 1992 als Gewinn? Was gab es früher nicht und ist nun richtig toll?

«Haribo!», antwortete Sven (17) wie aus der Pistole geschos-sen, und alle lachten. «Und ich krieg nicht nur ein Paar Strümpfe, nicht nur weiß und rot und grün, sondern ich kann da auch Blümchen drauf haben oder Schmetterlinge. Alles, was du dir leisten kannst, das kannst du auch haben. Da sagt keiner: Tut mir leid, ich habe das Material nicht. Heute heißt es: Ist in Ordnung, aber dafür müssen Sie was hinblättern. Wenn du Geld hast, kriegst du auch was dafür!» Die meisten in der Runde nickten. «Und dass man sich ein Auto leisten kann, einfach so», ergänzte Daniel, ebenfalls siebzehn. «Früher, da haste fünfzehn Jahre auf deinen Scheiß-Trabi gewartet, heute gehst du hin zu irgendeinem Autohändler, packst 5000 Mark auf den Tresen, und schon hast du ein schönes Auto! Und was haben wir denn früher für Discos gehabt, was war denn das?», setzte er verächtlich hinzu. «Heute gehen wir in eine Disco mit toller Lasershow und allem Drum und Dran. Und die Klamotten, die man sich kaufen kann! Ich kann mir eine Lederjacke leisten, früher hätte ich bestimmt einen Monatslohn dafür hinlegen müssen oder noch mehr.»

Bei vielen Eltern allerdings ging nach der Wende kein monatlicher Lohn mehr ein. Arbeitslosigkeit, bis vor kurzem kein Thema, betraf nun fast jede Familie in der Umgebung. Die Eltern verloren ihren Job, die Kinder wussten nicht, ob sie jemals einen bekommen würden. Sven hatte Glück. Er ergatterte eine Lehrstelle als «Putzi» – wie er sagt – bei einer Gebäudereinigungsfirma in Westberlin. Aber er wurde das Gefühl nicht los, dass die Westjugendlichen auf ihn herunterguckten, obwohl er einen Realschulabschluss in der Tasche hatte und die Wessis nur zur Hauptschule gegangen waren. Fast die Hälfte aller Lehrstellen in Westberlin ging Anfang der 1990er Jahre an Jugendliche aus dem Ostteil der Stadt. «Die Wessis sagen: Wir müssen genauso nach Lehrstellen suchen wie ihr. Und ihr nehmt uns die Lehrstellen weg!» Sven fühlte sich als Blitzableiter: «Früher waren's die Ausländer, die denen die Lehrstellen weggenommen haben, und jetzt sind wir das. Also sind wir noch 'ne Klasse tiefer gerückt als die Ausländer.»

So empfand er das damals, die meisten anderen Jugendlichen in Hohenschönhausen auch. Und alle gaben – wie zum Beweis der klassischen Sündenbock-Theorie – den Ausländern die Schuld. Ein paar Monate vor den Dreharbeiten wollten sie ein

Ausländerwohnheim in der Nachbarschaft angreifen, doch der dilettantische Plan wurde rechtzeitig von der Polizei vereitelt. «Wir wollten bloß ein bisschen brüllen, vielleicht auch een, zwee kaschen, und dann is jut», erklärte Sven damals ungeniert in die Kamera. Ein sympathischer, etwas pummeliger Junge, von dem man eher annahm, dass er abends noch einen Teddybären knuddelt, als dass er Ausländer verfolgt. «Es heißt immer, dass Hohenschönhausen die Hochburg der Rechten ist. Da wollten wir halt zeigen, dass hier wirklich die Hochburg der Rechten ist!», rechtfertigten sich die Jungs. Von fünfzehn Jugendclubs in Hohenschönhausen wurden 1992 vierzehn als rechts eingeordnet. Auch das hat sich heute grundlegend geändert.

Nicht wenige Jugendliche fühlten sich in den 1990er Jahren zur Nationalistischen Front, einer Neonaziorganisation, die damals kurz vor ihrem Verbot stand, hingezogen. So der 17-jährige Bäckerlehrling Daniel aus dem WC 56: «Rechts steh ich, rechts von der Mitte», verkündete er mit einer Mischung aus Trotz und Gleichgültigkeit. Ein eher dünner, hochgewachsener junger Mann mit kantigen Gesichtszügen, der Haarschnitt passend zur Gesinnung: Über den Ohren abrasiert, dann ein klarer Schnitt rings um den Kopf durchs ungestufte blonde Haar, das verlieh ihm ein markiges Aussehen. «Ich mach mir so meine Gedanken über Deutschland und über Ausländer und so. Irgendwo hat man auch ein bisschen Nationalgefühl. Vielleicht sucht man auch einen Schuldigen für seine eigenen Probleme. Die kriegen kostenlos 'ne Wohnung und was zu essen und noch Geld vom Staat gezahlt, Taschengeld, und du musst dafür den ganzen Tag hart ackern gehen», beschwerte er sich. Hinter ihm flimmerten die Bilder eines martialischen Kampfspiels über den Monitor seines Computers. Damit verbrachte er einen guten Teil seiner Freizeit. Er hatte sich beachtliche Computerkenntnisse angeeignet.

Die politische Überzeugung der Jugendlichen im Welseclub wurde durch Unsicherheit, Enttäuschung und Neid gefüttert.

Sven brachte seinen Hass auf die Ausländer auf den Punkt: «Die sind einfach vor der Wirtschaft in ihrer Heimat abgehauen. Uns im Osten ging es auch schlecht, aber wir sind hier geblieben. Wir haben den goldenen Westen gesehen und sind hier geblieben. Wir sind auch nicht einfach abgehauen!» Gäbe es nicht so viele Ausländer, könnten sie sich mehr leisten, da waren sich alle sicher und gaben unumwunden zu, neidisch zu sein. Worauf genau, das allerdings wussten sie angesichts der armseligen Lebensverhältnisse der meisten Ausländer in Hohenschönhausen selbst nicht. Doch schien es einfach gutzutun, auf die anderen Underdogs der Gesellschaft einzudreschen.

Trotz Haribo und bunter Socken dachten Anfang der 1990er Jahre alle im WC 56 mit leichter Wehmut an alte DDR-Zeiten zurück. Dass der reale Sozialismus à la Honecker und der nationale Sozialismus à la Hitler an entgegengesetzten Enden des politischen Spektrums angesiedelt werden, war für Jungs wie Daniel gar kein Thema. Die Gesellschaft seiner frühen Kindheit stand für Geborgenheit: «Früher im Osten hat man gewusst, jemand kümmert sich um mich, jemand braucht mich. Der Staat hat einen von kleinster Kindheit an rangeholt. Wir sind bei den Jungpionieren gewesen, dann bei den Thälmann-Pionieren, später sollten wir in die Partei eintreten. Man hatte irgendwie das Gefühl, gebraucht zu werden. Und jetzt: Wer braucht mich schon? Ich bin ein kleines Licht, das arbeitet wie alle anderen, und mehr nicht. Es interessiert keinen, ob ich auf der Straße liege und keine Arbeit habe oder ob ich reich bin.»

Im verschlossenen Metallschrank des Jugendzentrums bewahrte Daniel einen Schatz auf: eine große blaue Fahne der FDJ, der Freien Deutschen Jugend, des einzigen anerkannten Jugendverbands der DDR. «Wenn ich die noch zehn Jahre behalte und dann verkaufe, kann ich sicher ein gutes Geschäft machen», hoffte er. Der romantisierende Rückblick auf alte Zeiten bedeutete keineswegs, dass irgendeiner der Jugendlichen die Wende gern ungeschehen gemacht hätte. Daniel wusste die Vorzüge des neuen Lebens durchaus zu schätzen, insbesondere, dass er nun einen Computer und Spiele besaß, von denen er – gut aufgehoben im Schoß der FDJ – nicht einmal zu träumen gewagt hätte. Seine Lieblingskampfspiele hätten die SED-Opis mit Sicherheit nie genehmigt.

Das alles ist nun fast zwanzig Jahre her. Daniel, inzwischen Mitte dreißig, hat seinen Platz in der Gesellschaft gefunden und wird von vielen gebraucht. Von seiner Frau, zwei kleinen Töchtern und seinem Hund zum Beispiel. Siebzehn Jahre später, 2009, wohnt er immer noch in Hohenschönhausen, allerdings nicht im Plattenbau, sondern in einem Einfamilienhäuschen im älteren Teil des Viertels, gleich neben ein paar Schrebergärten. Man fährt durch die Hochhaussiedlung, biegt um zwei, drei Ecken und befindet sich plötzlich zwischen Feldern und Bäumen. Ein olivgrüner Trabi holpert über die unebene Straße, vorbei an einer Reihe von Schrebergärten. Ist hier die Zeit stehengeblieben? Vor Daniels Tür parkt ein Volvo. Es öffnet ein großer kräftiger Mann mit kahlrasiertem Kopf und winzigem Baby auf dem Arm. Damals hager, erscheint Daniel heute eher stämmig und gemütlich. Auf dem Grund und Boden seines Schwiegervaters haben er und seine Frau Wendi ein Eigenheim für sich und ihre beiden Kinder gebaut. Viel Zeit und Arbeit haben sie investiert und sich eine Menge Gedanken gemacht: Regenwasser für die Toilette, Fußbodenheizung unter den terrakottafarbenen Kacheln.

Die FDJ-Fahne ist verschwunden, er weiß nicht, wohin. Er hat kein großes Geschäft damit gemacht; sie ist einfach weg. Ostalgie kommt manchmal noch auf – sofern man das überhaupt so nennen kann. Manche Sachen fand er in der DDR einfach besser: das Schulsystem zum Beispiel. «Heutzutage wird in der Schule viel zu viel husch, husch gemacht.» Und die Kindergärten! Im Osten Deutschlands gibt es mehr Kindergartenplätze. «Da muss ich wieder sagen: DDR klasse!», befindet Daniel, nun Vater von zwei kleinen Töchtern.

Wir setzen uns auf das große Ledersofa und schauen zusammen den Film «Wendekinder» an, der nun fast zwanzig Jahre alt ist.

«Gott, sahst du aus, die Haare, ey!», ruft Wendi.

«Ach du Scheiße», sagt er zu sich selbst, «was für einen Mist erzählst du denn da?!»

«Wie peinlich!», kommentiert seine Frau.

«Ich habe damals die falschen Freunde gewählt», sucht Daniel nach einer Erklärung: «Wir haben in der DDR die ganze Zeit linke Arithmetik gehabt in jeglicher Form. Die Mitte gab's nicht, Mitte kannten wir nicht. Dann hieß es: Links ist jetzt doof, also musste rechts wohl gut sein. In der Mitte stehen bloß die Blöden, so ungefähr hast du ja damals gedacht. Es war einfach dämlich. Aber irgendwann war Schluss mit dem ganzen rechten Quatsch.»

Während seiner Bäckerlehre in Kreuzberg hat Daniel häufig mit Türken zusammengearbeitet und gemerkt, dass seine Vorurteile nicht der Wirklichkeit entsprechen. Nicht zuletzt deshalb hat er sich «losgeeist» von der Nationalistischen Front. «Wenn ich heutzutage einen Rechten sehe und der hat Fred-Perry-Klamotten* an, frage ich ihn: Weißt du eigentlich, dass Fred Perry ein jüdischer Tennisspieler war? Dann kriegt der so große Schraubenaugen! Und wenn er seine Schachtel Marlboro Light aus der Tasche zieht, sage ich: Ach, du rauchst amerikanische Zigaretten! Und 'ne Stonewashed-Hose von Levi's trägst du auch. Weißt du, dass Levi's eine jüdische Firma ist?» Man könne immer einen Schuldi-

* Die Marke Fred Perry ist entstanden aus Polohemden, die der britische Tennisspieler und Modeschöpfer 1947 einigen Wimbledon-Spielern schenkte. Bei Skinheads und Neonazis wurde die Marke populär, weil sie zum Teil in den Farben der Hakenkreuzfahne schwarz-weiß-rot angeboten wird und wegen des Logos: ein Lorbeerkranz, der eigentlich Perrys Tennissieg von 1934 symbolisiert, die Neonazis aber an Siegerorden der Wehrmacht erinnert. Fred Perry hat sich immer von dieser politischen Vereinnahmung distanziert.

gen für persönliche Probleme finden, meint Daniel heute: «Und wenn es damals die Ausländer waren, dann schiebt man es heute vielleicht auf die Banker. Jeder sucht sich seinen eigenen Schuldigen zu einer bestimmten Zeit. Heute sage ich: Totaler Irrsinn! Was hast du da für 'nen Blödsinn erzählt!? Aber als Jugendlicher hatte ich nicht die nötige Erfahrung, um es besser zu wissen.»

Daniels Faszination fürs Militärische ist geblieben, Kriegsspiele sind sein Hobby wie vor zwanzig Jahren. Als Mitglied eines Online-«Ehrengardeclans» spielt er regelmäßig *Call of Duty* («Die Pflicht ruft»), eine Computerspielserie, die den Zweiten Weltkrieg zur Arena auserkoren hat. Obwohl die Spieler meist auf Seiten der Alliierten kämpfen, ist *Call of Duty* wegen seiner Nähe zum Nationalsozialismus auf dem legalen deutschen Markt nur in bereinigter Form zu haben; alle Nazi- und SS-Symbole wurden entfernt. Warum ausgerechnet dieses Spiel? Hat sich im Grunde an seinen Einsichten doch nicht so viel geändert? *Call of Duty* sei «kurz und knackig», das mag er, sonst habe es keine große Bedeutung, dass er gerade dieses Spiel gewählt habe. Mit der Wirklichkeit habe das nichts zu tun: «Spiel und Realität – das kann man gar nicht miteinander verbinden.» Einmal im Jahr allerdings verlässt der «Ehrengardeclan» den Cyberspace und trifft sich in der real existierenden Welt. Da wird weitergeschossen – mit Farbmunition. Wer markiert ist, ist tot. Vermummte in Tarnanzügen und mit Gasmasken bekriegen sich in extra bereitstehenden Hallen oder im Gelände. Das nennt sich heute nicht mehr Cowboy-und-Indianer-Spiel, sondern *Paintball*. Manchmal, sagt Daniel beschwichtigend, gingen sie auch zum Eishockey oder zum Bowling. Auf der Website ist das Gruppenfoto vom *Paintball*-Ausflug zu bewundern: kräftige Männer, «bis an die Zähne bewaffnet» und vermummt. Dass in der harten Schale ein weicher Kern steckt, verrät die Homepage auch. Die Ehrengardisten haben Spenden gesammelt und einem kranken Jungen eine Delphintherapie in der Türkei finanziert.

Call of Duty – den Ruf der Pflicht hört Daniel auch im wirklichen Leben: als Berufssoldat. Er ist inzwischen Hauptfeldwebel bei der Militärpolizei und Beamter auf Lebenszeit. Es gibt keinen Unterschied mehr zwischen Ost- und Westdeutschen. Seine Einsätze führten ihn in den Kosovo, nach Dschibuti und Afghanistan. Er wird gebraucht, auch von der Bundeswehr. Daniel ist gern Soldat. Wendi, seine Frau, schaut skeptisch. Eigentlich sollte sie nie erfahren, was genau passiert, wenn er im Auslandseinsatz ist. Doch dann hat sie mitbekommen, wie ihn fast eine Rakete traf, während sie telefonierten.

«Da kommt 'ne Sternschnuppe», dachte Daniel und sagte noch: «Hä, wieso zischt die denn?» Die Granate ist 75 Meter vor ihm in ein leeres Zelt eingeschlagen.

«Scheiße, ich muss weg. Ich meld mich später.» Zack, aufgelegt. Waffe, Weste, dann zum Oberst.

Wenn so etwas passiert, wird sofort das Kommunikationsnetz gekappt und eine Nachrichtensperre verhängt, weil die Bundeswehr vermeiden möchte, dass Angehörige der Opfer durch Medienberichte vom Unglück erfahren. So hat es fünf Stunden gedauert, bis Wendi endlich wusste, dass ihrem Mann nichts passiert war. In diesem Fall gab es keine Toten oder Verletzten.

«Die Afghanen bringen sich gerne mal in Erinnerung», erklärt Daniel die Hintergründe des Anschlags. «Es ging wohl darum, dass ein Warlord – der muss ja für seine Männer sorgen – mehr Wachposten vor das Tor stellen wollte. Die Wachposten erhalten um die sechs Dollar pro Tag von der Bundeswehr. Das ist ein Heidengeld für die, davon kann man eine ganze Familie ernähren, denn für einen Dollar bekommt man schon zehn Fladenbrote. Die Hälfte geht natürlich an den Warlord. Der hat wohl mehrmals vergeblich nach den Jobs gefragt. Und so kam es dann zu diesem Angriff nach dem Motto: ‹Vergiss mich nicht!›»

Wie kann man denn nach solchen Erfahrungen noch das Bedürfnis haben, am Computer herumzuballern? «Solche Spiele nehmen ein bisschen Druck von dir, du lenkst dich ab. Du weißt aber, es ist alles nicht wahr, alles *bits* und *bytes*, dir kann nichts passieren. In der Realität drückt man nicht einfach die Taste F, und alles ist wieder da. Das ist der große Unterschied.» Hat er denn etwa in Afghanistan gesessen und *Call of Duty* gespielt? «Nee, nee, dafür hatte ich keine Zeit.» Und außerdem kostete dort eine Online-Minute dreißig Cent. «Aber du würdest dich wundern, selbst dort gibt es Leute, die sich abends hinsetzen, ein Netzwerk zusammenbasteln und so etwas spielen.»

Jederzeit könnte Daniel wieder in ein Krisengebiet abkommandiert werden. «Wenn der Dienstherr sagt, jetzt gehst du, dann pack ich meine Klamotten, und los geht's. Ob mir das persönlich passt in dem Moment, steht auf einem ganz anderen Papier. Solange die Kinder so klein sind, möchte ich lieber nicht, das ist die Dienstpflicht.» Call of Duty.

Die «Wendekinder» sind in die Jahre gekommen und übernehmen ihre Pflichten. Die meisten, die sich damals im Welseclub trafen, sind jetzt Mitte dreißig und haben einen Platz in der Gesellschaft gefunden. Nicht alle sind zufrieden, keiner hat es wirklich leicht. Grit ist eine der wenigen, die Berlin verlassen haben. Sie hat mit einem Partner das «Guerilla-Marketing», eine sehr aggressive Form der Werbung nach amerikanischem Muster, in die deutsche Fitnessbranche eingeführt. Damit hat sie den Boden bereitet, um ihren eigenen Friseursalon – «WoMan's» – im niedersächsischen Oldenburg zu eröffnen. Sie hat dem Laden und ihrer Website ein cooles Design gegeben, ist ganz erfolgreich und arbeitet rund um die Uhr. Eine ihrer damaligen Freundinnen aus dem Club ist auch Friseurin geworden.

Jan arbeitet in einer Vollkornbäckerei: «Es hat etwas gedauert bei mir, bis ich den optimalen Weg gefunden habe.» Aber nun ist er ganz zufrieden. Ronny ist Kraftfahrer geworden. Er hat versucht, sich selbständig zu machen, aber das funktionierte nicht. Er wohnt noch immer in Hohenschönhausen: «Der Stadtteil hat sich hundertprozentig verändert! Freundlicher und bunter ist er geworden.»

Erstaunlich viele Kumpel von damals hält es in der alten Heimat. Aber viele Leute scheinen Ronnys positive Ansicht nicht zu teilen. «Stasi – Nazi – Platte», das Image klebt an Hohenschönhausen trotz großer Anstrengungen, den Stadtteil attraktiver zu gestalten. Gerade junge Familien ziehen fort. Die Geburtenrate ging seit Gründung der Neubausiedlung vor gut 25 Jahren drastisch zurück, um ein Drittel etwa, sodass das Durchschnittsalter von 25 auf fast 40 Jahre stieg. Mehr als zwei Dutzend Schulen und Kindergärten wurden geschlossen, zu Parks und Nachbarschaftszentren umgebaut oder gar abgerissen. (Man stelle sich das vor: zu viele Kindergärten! Davon träumt so manche andere Stadt!) Überdurchschnittlich viele Bewohner leben von Hartz IV oder einem sehr geringen Einkommen. Hohenschönhausen ist zum sozialen Problemfeld geworden.

In den Jugendclubs – viele wurden inzwischen privatisiert – findet sich nun die nächste Generation ein. Einiges hat sich verändert. Zwar gibt es noch Rechtsradikale im Bezirk, doch scheinen sie an Anziehungskraft enorm verloren zu haben. In den Jugendzentren gehen jetzt eher die «Feindbilder» von einst ein und aus: die Kinder von Einwanderern bilden nun die Klientel der Sozialpädagogen. «Die rechte Szene ist aus den Jugendclubs völlig verschwunden», beobachtet Mario Lange (44), der seit dreizehn Jahren Jugendliche in Hohenschönhausen betreut. «Sicher liegt es auch daran, dass die Rechten heute schwieriger zu identifizieren sind, die ziehen ja nicht mehr diese typische Kleidung an wie die Skinheads früher», erklärt er und lacht, «die Jugendlichen heute machen sich lustig über die Glatzen. Aber dahinter steht keine politische Überzeugung. Dafür sind die meisten einfach nicht mehr gebildet genug. Die wissen teilweise gar nicht, dass es den Zweiten Weltkrieg gab und wer Adolf Hitler war.»

Den Welseclub besuchen jetzt viele deutschstämmige Russen,

auch Kinder aus albanischen, serbischen, georgischen und ukrainischen Familien. Natürlich, meint Mario Lange, gibt es immer noch Jugendliche, die etwas gegen Ausländer haben, aber die Gründe haben sich geändert: «Das erklärt sich zum großen Teil daraus, dass sie zu rivalisierenden Banden gehören. Viele kommen inzwischen auch miteinander klar, sie spielen zusammen Fußball.»

Die neuen Besucher bringen andere Probleme als früher mit sich. Viele sind völlig motivationslos, schwänzen die Schule. «Die Jugendlichen heute sind gedankenloser», stellt eine Sozialarbeiterin aus dem Viertel fest. «Sie wollen einfach ihre Ruhe haben, einen Computer und eine Couch.» Die Arbeitslosigkeit ist hoch, selbst in klassischen Handwerksberufen werden nur noch Abiturienten eingestellt. Mario Lange bedauert das, versteht aber die Arbeitgeber. «Die Jugendlichen können die einfachsten Sachen nicht mehr. Die Dummheit wächst immer mehr. Was soll ich lernen?, fragen sie. Das bringt mir nichts! Ich sitze sowieso auf der Straße! Die Eltern machen es ihnen vor, kriegen Hartz IV, das Geld kommt. Für die Kinder ist völlig klar, dass sie auch Hartz IV bekommen werden. Das finden sie okay, das reicht ihnen.» So Mario Langes Erfahrung.

Ob auf dem Münchner Hasenbergl, im Frankfurter Mainfeld oder in Köln-Chorweiler, die Probleme städtischer Brennpunkte ähneln sich sehr. Ganz unten ist Deutschland auf einem Niveau. Mögen sich Löhne und Arbeitsmarktchancen in Ost und West noch unterscheiden, das Leben mit Hartz IV ist überall gleich.

Den hoffnungslosen Kreislauf aus Motivationslosigkeit, mangelnder Bildung und fehlender Perspektive ertragen die meisten Sozialarbeiter nicht lange: Sie werden krank oder gehen weg. «Junge Kollegen kommen von der Uni, wollen mit den Jugendlichen werken und basteln, aber Specksteine bearbeiten oder so was, das interessiert hier nicht die Bohne», beobachtet Mario Lange. Auch aus seinen Worten spricht Resignation, trotzdem

51

hält er durch, weil er zweigleisig fährt. Sein zweites Standbein ist «die Mucke», die Musik. Zu DDR-Zeiten war er staatlich geprüfter Schallplattenunterhalter, sprich: DJ, und hat sich als selbständiger Künstler durchgeschlagen. Das hat er beibehalten.

Zu den Montagsdemos ist er natürlich auch gegangen, «in dem irrigen Glauben, dass man eine bessere DDR machen könnte. Aber das war wohl ein bisschen blauäugig, wie sich später rausgestellt hat.» Ist er stolz auf die Entwicklung, die friedliche Revolution? «Jo, dass wir das selber geschafft haben, dass es so gewaltfrei ablief, das war okay.» Begeistert klingt das nicht gerade?! «Na ja, ich kenne ein paar, denen geht es richtig gut. Aber ich kenne auch viele, denen es dreckig geht.» Mario sucht nach einer Erklärung. «Im Prinzip wünscht sich keiner den Osten zurück, höchstens ein paar alte Leute. Doch das ist eine aussterbende Generation: Mein Opa gehörte vielleicht dazu, der ist gestorben. Mein Vater gehörte auch dazu, den hat der Suff weggerafft, weil er das nicht verkraftet hat.»

Was immer die Träume waren in diesen Jahren des Übergangs von einem System zu einem anderen – sie gehören zu jener Zeit, nicht mehr zu dieser. Es ist wie mit den meisten Träumen im Leben: Man kann sich an sie erinnern, man weiß noch, was sie früher bedeuteten, aber diese Bedeutung haben sie heute nicht mehr. Und die Wehmut, die sie jetzt noch auslösen mögen, entspringt nicht unbedingt dem Inhalt der Träume; sie entspringt der Erkenntnis, dass zwischen damals und heute zwanzig Jahre liegen.

Blühende Landschaften, leuchtende Farben

Gedanken zur friedlichen Revolution

Katrin Hattenhauer ist in der Nacht des Mauerfalls 21 Jahre alt geworden. Einen Monat zuvor saß sie noch im Gefängnis. Sie war zwanzig! Sabine lernte Katrin Hattenhauer 1991 in Leipzig kennen, drehte einen Film über die Leipziger Opposition mit ihr in der Hauptrolle. Der Titel: «Ein kurzer Traum»*.

Ein Bild sieht man in fast jeder Dokumentation über das Ende der Deutschen Demokratischen Republik: zwei junge Frauen am 4. September 1989 vor der Leipziger Nikolaikirche. Kaum halten sie ein selbstgemaltes Transparent hoch, stürzen sich mehrere Stasimänner auf sie, um es ihnen zu entreißen. Die Frauen kämpfen um ihre Losung: «Für ein offenes Land mit freien Menschen». Westliche Kamerateams zeichnen alles auf. Die Medien haben wegen der Leipziger Buchmesse mehr Bewegungsspielraum als sonst. Diese Bilder werden um die Welt gehen.

Eine der Frauen war Katrin Hattenhauer. An diesem Tag konnte sie noch nach Hause gehen. Nach Hause, das war damals ein besetztes Haus im Leipziger Osten, das eigentlich abgerissen werden sollte. Dort wohnte sie mit anderen Oppositionellen. Wenige Monate zuvor war sie aus dem Theologischen Seminar, wo sie studierte, ausgeschlossen worden. Sie bekam keine Arbeit, niemand durfte sie einstellen. Sie war zwanzig, sie hatte Pläne, sie wollte eigentlich etwas machen aus ihrem Leben.

Gemeinsam mit Freunden hatte sie die mit Parolen bemalten

---

* Ein kurzer Traum, Opposition in Leipzig, von Ursel Sieber und Sabine Stamer, WDR, 30.9.1991.

53

Bettlaken unter Hosen und T-Shirts versteckt, als sie sich auf den Weg zur Nikolaikirche machte, von Anfang an beobachtet und verfolgt durch Spitzel. Mit ein paar Tricks konnte sie ihre Verfolger abhängen. Regelmäßig nahm sie an den Friedensgebeten in der Nikolaikirche teil. Sie wusste, dass ihr jederzeit die Verhaftung drohte, hatte schon mehrere Stasiverhöre über sich ergehen lassen. Der 4. September 1989, der Tag, an dem sie ihr Transparent verteidigte, markierte den Beginn der Montagsdemonstrationen. Zunächst kamen nur 250 Teilnehmer. Eine Woche später – die Westpresse hatte das Land inzwischen verlassen – wurde Katrin Hattenhauer nach dem nächsten Friedensgebet verhaftet.

Am 9. Oktober 1989 demonstriert sie nicht. Sie sitzt im Leipziger Untersuchungsgefängnis und hört abends undefinierbare laute Geräusche, die Wände ihrer Zelle beben. Sie glaubt, Panzer rollen durch die Stadt, hat in ihrer Isolation keine Ahnung, dass sich inzwischen 70 000 Menschen an der Montagsdemo beteiligen. Vier Tage später wird sie freigelassen.

Sofort nach der Öffnung der Grenze hat sie eine Reise quer durch Westeuropa unternommen. Einen Teil des Jahres verbringt sie seither in Italien. Ihr Mann stammt aus dem Westen. Es verschlug sie gemeinsam nach Gotha. Da hat sie öfter gesagt: «Es wäre einfacher, mit einem Afrikaner verheiratet zu sein als mit einem Westdeutschen in einer ostdeutschen Kleinstadt!» Hass und Neid auf die Westdeutschen seien enorm gewesen Mitte der 1990er Jahre. «Die nehmen uns alles weg!», hörte sie immer wieder.

Im Jahre 2009 trifft sie in der Berliner Zionskirche auf einen Jugendchor aus dem westfälischen Minden, sehr interessierte, nette junge Leute aus bürgerlichen Familien. Sie berichtet von ihren Erlebnissen, ihrem Schicksal. Nach diesem Gespräch fragen die Sängerinnen und Sänger, zwischen 17 und 22 Jahre alt, ihren Chorleiter: Was ist das für ein Land, wo so viel Unrecht passiert und wo man seine Meinung nicht sagen kann? Und überhaupt, warum kann diese Frau so gut Deutsch? Sie haben keine Ahnung, dass von einem Teil ihres eigenen Landes die Rede war. So weit sind die DDR und die Wiedervereinigung schon weg. Das ist nur noch Geschichte.

Katrin Hattenhauer ist heute Anfang vierzig, lebt, wenn sie nicht in Italien ist, mit Mann und Sohn im Westen Berlins. Sie malt große, ausgesprochen farbenfrohe Bilder. In einigen Werken verwendet sie einen Strick – Paketschnüre, die ihre Mutter aufgehoben hat, von Care-Paketen aus dem Westen. In Katrins Leben ist die Geschichte immer präsent. Ihre Opposition in Leipzig, der Sturz des Unrechtssystems, ihre Wünsche für eine neue Gesellschaft – war wirklich alles nur «ein kurzer Traum», oder sind ihre Träume letztendlich in Erfüllung gegangen?

Die nachfolgenden Antworten stammen aus einem Gespräch mit Katrin Hattenhauer, rund zwei Jahrzehnte nachdem das Volk auf Leipzigs Straßen die Demokratie erkämpft hatte:

«Das Wort ‹Wende›» hat Egon Krenz in die Welt gesetzt. Er wollte diese friedliche Revolution zu einer ganz einfachen Kurve im Wendehammer des Straßenverkehrs machen. Nichts Besonderes also. Dieses Wort ist zu klein, zu kraftlos, zu banal, um zu sagen, was dieser Herbst in ganz Deutschland und ganz Europa verändert hat. Das genau war seine Absicht, deshalb finde ich es falsch, wenn wir dieses Wort verwenden. Es war eine friedliche Revolution! Es wurde so viel über Helmut Kohl gelacht, über seine Rede von den blühenden Landschaften im Osten.* Man kann über seine Politik geteilter Meinung sein, aber ich weiß nicht, warum man sich über diese Vision lustig macht. Sie ist

* Bundeskanzler Helmut Kohl am 1.7.1990 in einer Fernsehansprache: «Durch eine gemeinsame Anstrengung wird es uns gelingen, Mecklenburg-Vorpommern und Sachsen-Anhalt, Brandenburg, Sachsen und Thüringen schon bald wieder in *blühende Landschaften* zu verwandeln, in denen es sich zu leben und zu arbeiten lohnt.»

doch zum Teil wahr geworden! Wer den Osten Ende der 1980er Jahre gesehen hat, der kann heute nur staunen, und ja: Man kann auch stolz sein. Es ist unglaublich, wie Leipzig ‹aufgeblüht› ist mit seiner sanierten, wunderschönen und lebhaften Innenstadt. Heute sieht man nur noch in den Außenbezirken, was der vergangene Staat der Stadt angetan hat.

Wir nehmen die Demokratie als etwas sehr Selbstverständliches. *Selbstverständlich* schimpfen wir über unsere Politiker, die *selbstverständlich* nichts richtig machen können. Doch für mich wird es immer ein Glück – und nicht selbstverständlich – sein, dass ich meinen Beruf frei wählen kann. Es ist immer noch etwas Besonderes, nach Italien zu fahren, dort Freunde zu haben, Europäerin zu sein – frei zu sein und sicher in einer Demokratie zu leben. Ich glaube, es ist ein typisch deutscher Wesenszug, dass wir selten sagen: Ich bin froh. Es würde ja nicht bedeuten, dass das Land unveränderlich bleiben müsste. Demokratie ist schließlich eine Aufforderung zum Mitmachen. Für die meisten Menschen hat das in den letzten zwanzig Jahren gemeinsam Erreichte in Deutschland zu wenig Bedeutung. Als die Mauer fiel, war alles pure Freude. Ich wünschte, das könnte uns tragen. Heute thematisieren wir stärker das Trennende als das, was uns verbindet. Wenn ich außerhalb Deutschlands bin, erfahre ich, dass man uns als *ein* Volk sieht und dass man uns seit der friedlichen Revolution auch das ‹Gute› zutraut. Osten und Westen sollten in naher Zukunft nicht mehr als zwei Himmelsrichtungen sein. Es würde helfen, wenn wir Ostdeutschen die Haltung zu kurz gekommener, misstrauischer Kinder aufgeben und schlechte Erfahrung nicht sofort verallgemeinern würden. Von den Westdeutschen würde ich mir wünschen, dass sie sich klarmachen: Der Ort, wo man geboren wurde, ist kein Verdienst. Die Ostdeutschen haben sich nicht ausgesucht, in einer Diktatur zu leben, und wer urteilt, sollte sich fragen: Was hätte ich in der DDR getan? Wie hätte ich mich entschieden, wenn ich dort hätte leben müssen? Die wenigsten Menschen werden Oppositionelle. Das würde die Note von Arroganz und Verurteilung aus unserem Zusammenleben nehmen. Nach meinen Beobachtungen ist die Individualität im Westen wichtiger als die Gemeinschaft. Im Osten ist das eher umgekehrt. Sich vom jeweils anderen etwas abzuschauen, würde ich als Bereicherung unserer gemeinsamen Gesellschaft ansehen.

Mir hat die friedliche Revolution die ‹doppelte› Freiheit gebracht: Ich kam aus dem Gefängnis frei, und ich kann heute in einer Demokratie leben. Ich habe mir die Freiheit genommen, Malerin zu sein. Ein Beruf, den ich in der DDR nie gewählt hätte. In einer Diktatur künstlerisch zu arbeiten, ohne Freiheit, das wäre mir absurd vorgekommen. Und rein praktisch: So leuchtende Farben, wie ich sie gerne verwende, hätte ich in der DDR gar nicht kaufen können. In meiner Kunst kann ich eine Welt erfinden und zeigen, wie ich sie sehe mit Sperrholz, Strick und Farbe. Die Figuren sind frei in großen Bildräumen, sie erzählen Geschichten und erleben Träume: Phantasie und Wirklichkeit mischen sich. Die Bilder zeigen, was in mir verborgen war, was ich herübergerettet habe aus einer belastenden Zeit. Unsere Kultur in Deutschland ist manchmal zu verkopft, alles muss bedeutungsschwer daherkommen. Kommst du dagegen in eine Galerie in Mailand, schreien dir die Farben entgegen, nur bunte Bilder. Das ist Ausdruck einer anderen Lebenseinstellung und Lebenskultur. Ich habe viele dunkle Dinge in der DDR gesehen, ich habe im Moment keine Veranlassung, noch welche hinzuzufügen. Mir sind Phantasie und die Fähigkeit zum malerischen Ausdruck von Lebensfreude wichtig. Unser Traum war ein offenes Land mit freien Menschen. Klar, wir haben nicht nur geträumt, sondern eine ganze Menge dafür getan. ‹Nehmt euch die Freiheit›, sage ich jungen Leuten, die heute zwanzig sind, so wie ich es damals war, ‹träumt und tut alles für eure Träume. Denn unsere Geschichte zeigt, dass Träume wahr werden können – dass wir sie wahr machen können.›»

Glückskiller Schule

Zwischen Kadavergehorsam und Chaos

Unsere Familie hat Kindergärten und Schulen in drei Ländern kennengelernt: in den Vereinigten Staaten, in Frankreich und seit einigen Jahren hier in Deutschland. Wir haben gesehen, wie unterschiedlich die Erziehung und Bildung der nächsten Generation gehandhabt wird. Keine der vielen Einrichtungen, die unsere Töchter in ihrem kurzen Leben schon besucht haben, könnten wir perfekt nennen. Aber es gibt durchaus einige Elemente, die uns zum Nachdenken oder auch Nachahmen anregen könnten.

Die ersten Erfahrungen haben wir in Washington gesammelt. Der Kindergarten, den unsere Tochter mit vier Jahren besuchte, war in einem alten Backsteingebäude untergebracht und bildete eine Einheit mit der Grundschule. Der betonierte Schulhof war nicht besonders attraktiv: ein einziger ausladender alter Baum, eine große Kletteranlage, das war's schon. Unzählige Nationalitäten mussten unter einen Hut gebracht werden. Einwanderer aus Mexiko und anderen lateinamerikanischen Ländern, aus Vietnam, Korea und Japan, Kinder aus Europa, deren Eltern für ein paar Jahre entsandt waren, und natürlich amerikanische Kinder aus vielen verschiedenen Bundesstaaten. Den Kindern selbst fiel gar nicht auf, wie unterschiedlich sie aussahen, es spielte keine Rolle.

Schon den Vier- und Fünfjährigen werden viele Aktivitäten angeboten, die erste Schritte zum Lesen, Schreiben und Rechnen fördern sollen. Auch im Kindergarten heißen die Erzieherinnen *teacher*, begreifen sich also als Lehrkräfte. Sie beobachten die Kinder und beurteilen sie, machen rechtzeitig auf Schwächen aufmerksam, die in der späteren Schullaufbahn zu Problemen führen könnten. Aber vor allem tun sie eins: Sie loben und ermuntern! Bereits in der Vorschule wurde zu Elternsprechtagen eingeladen. Die Vorschullehrerin, eine ältere, erfahrene Frau, hatte sich gut vorbereitet. Sie hielt eine Mappe mit einigen Werken unserer Tochter parat, sodass wir sehen konnten, wie sich ihre Mal- und Zeichenkünste in den vergangenen Monaten entwickelt hatten. Sie berichtete uns aus dem Schulalltag und schloss mit den Worten: «You have a wonderful child!», «Sie haben ein wunderbares Kind!» Sie entließ uns mit dem Gefühl, unser Kind sei etwas ganz Besonderes, und wir wussten gleichzeitig, dass sie es verstand, allen Eltern dieses wunderbare Gefühl zu vermitteln. Wir waren überzeugt, dass unser Kind in guten Händen war.

Mitten im Schuljahr zogen wir um nach Paris. Glücklicherweise gab es dort eine Schule, die unsere Sprachen anbot. Hauptsächlich spielte sich der Alltag in Französisch ab. Zusätzlich gab es viermal in der Woche eine Stunde Deutsch und eine Stunde Englisch, mit einer muttersprachlichen Lehrerin. Im Kindergarten wurde in diesen Sprachen gesungen und gespielt, mit den älteren Schülerinnen und Schülern auch gelesen und geschrieben.

Wie 99 Prozent aller Dreijährigen in Frankreich kam unsere jüngere Tochter in die *Ecole Maternelle*. Nicht umsonst wird von *Ecole* (Schule) gesprochen, denn schon bei den Jüngsten geht es um Bildung, und zwar von morgens um neun bis nachmittags um halb fünf. Die *Ecole Maternelle* vermittelt ein Basiswissen, auf dem die französischen Grundschulen aufbauen. Für die Drei- und Vierjährigen bedeutete das nicht viel mehr, als dass sie auf spielerische Art mit Zahlen und Buchstaben bekannt gemacht werden. So wurden die Garderobenhaken ganz am Anfang mit Fotos der Kinder gekennzeichnet. Nach einigen Monaten wurden die Bilder durch Namen in Druckschrift ersetzt, später in Schreibschrift. Am Ende des Schuljahrs wussten all die drei- und vierjährigen Kinder, welche Schriftzüge zu welchen Namen gehörten. Es gab keinen Drill, es gab nur spielerische Ausflüge in die Alphabetisierung. «Wir wollen unseren Schützlingen sinnvolle Beschäftigung bieten», versprach die Direktorin. Dass die Kinder einfach irgendetwas Ungeplantes machten, was ihnen gerade einfiel, kam selten vor. Die Lehrerinnen prägten den langen Tag mit vielfältigen Anregungen, aber ohne Druck.

Was unsere ältere Tochter anging, schwankten wir: Sie war im August geboren und hatte die Wahl, entweder noch bei den Vierjährigen oder in der Vorschule mitzumachen. Für die Direktorin war das ganz klar: «Das Kind zeigt keine Probleme, ist normal entwickelt, also Vorschule!» Wir schlossen uns ihrem Urteil an. Später waren wir mit dieser Entscheidung nicht mehr ganz glücklich. Denn Vorschule in Frankreich ist etwas ganz anderes als Vorschule in den USA. Unsere Fünfjährige hatte in Paris ein recht strammes Lernprogramm zu absolvieren. Sie und ihre kleinen Freundinnen saßen bereits den größten Teil des Tages still auf ihren Stühlchen. Sie lernte Buchstaben und Zahlen, malte und bastelte nach Vorgaben – das alles in einer Sprache, die ihr ganz fremd war. Zweimal am Tag gab es einen Ausflug auf den nahe gelegenen Spielplatz. Einen Schulhof konnte man in der Pariser Innenstadt nicht erwarten. Natürlich gab es auch viel Zeit zum Spielen, aber Tohuwabohu, Schreien und Toben wurden nicht geduldet. Das hätte die Mitschüler gestört. Das Gebäude war nicht sehr groß, Klassenzimmer und Treppenhaus waren eng. Schon das erforderte Disziplin. «Pst!» Im Gänsemarsch die Treppe runter. Dabei waren die meisten Lehrerinnen sehr freundlich, aber es war immer klar: Hier galt es mitzumachen und sich einzuordnen.

Mit der ersten Klasse zog das Tempo an. Jetzt begann der Ernst der Schullaufbahn. Um fünf Uhr nachmittags nach Hause kommen, hieß beileibe nicht, freizuhaben. In Deutschland wird das französische Schulsystem immer angepriesen, weil dort die

Hausaufgaben schon in der Schule gemacht würden. Bei weitem nicht. Unsere Nachbarn hatten einen vielleicht elfjährigen Sohn. Wenn es dunkel wurde, konnten wir über den Innenhof in sein Zimmer schauen. Dort sahen wir ihn fast jeden Abend noch um zehn, elf Uhr im Kegel seiner Schreibtischlampe sitzen und arbeiten. Wir dachten zunächst, dieser Junge würde eben alles auf die lange Bank schieben, bis wir mitbekamen, dass das anspruchsvolle Pensum ohne Spätarbeit kaum zu bewältigen war.

In der ersten Klasse hielten sich die Aufgaben zwar noch im Rahmen, aber auch hier mussten nach dem langen Schultag noch Hausaufgaben erledigt werden. Auch in die Ferien fuhren wir nie ohne einen dicken Packen Hefte und Bücher. Das war sehr anstrengend für unser Töchterchen, zu anstrengend, dachten wir, und sie hat uns oft leidgetan. Aber man muss auch anerkennen, dass die harte Arbeit Früchte trug: Am Ende der zweiten Klasse hatte sie die französische Rechtschreibung weitgehend im Griff. Sie schrieb Aufsätze und eigene Gedichte, fast ohne Fehler. Die Gedichte wurden natürlich nicht vorgelesen, sondern auswendig vorgetragen. Es wurde richtig gepaukt. Sie war eifrig, lernte viel, aber wir spürten, dass sie überfordert war. Der unmittelbare Preis war, dass sie die Lust am Musizieren verlor und das Geigespielen aufgab, obwohl sie eigentlich großen Spaß daran gehabt hatte. Aber dafür war nun wirklich keine Zeit mehr.

In französischen Familien wird das allerdings ganz anders beurteilt. Sie holen ihre Sieben- und Achtjährigen um halb fünf von der Schule ab, fahren sie ein- oder zweimal in der Woche geschwind ins Konservatorium, wo sie weitere zwei Stunden die Schulbank drücken, um Noten zu lernen und Harmonielehre zu verstehen. Anschließend ein kleines Drei-Gänge-Menü (dafür muss einfach Zeit sein) und dann die Hausaufgaben machen. Der Gedanke, das könnte zu viel sein, ihre Kinder könnten unter Stress leiden, kommt französischen Eltern gar nicht in den Sinn.

Nach drei Jahren ging es zurück nach Washington. Unsere

Töchter waren inzwischen fünf und acht Jahre alt, und wir hatten das dringende Gefühl, es sei nun an der Zeit, dass sie sich intensiver mit der deutschen Sprache beschäftigten. Also schauten wir uns die deutsche Schule an. Sie lehnt sich im Wesentlichen an das baden-württembergische Schulsystem an. Auch ein Kindergarten gehört dazu. Dort fragten wir nach Erziehungs- und Bildungszielen für die Gruppe der Vorschulkinder. Die Leiterin schnappte entsetzt nach Luft: «Bei uns geht es um soziales Lernen und freies Spiel! Wir wollen die Kleinen auf keinen Fall unter Druck setzen, sondern ihnen möglichst viel Freiraum lassen!» Sie sah uns richtig böse an, so als hätten wir gerade einen Kurs in Bruchrechnen für Fünfjährige verlangt. Diese entschiedene Absage an die geistige Stimulation erwies sich später tatsächlich als Programm. Was für ein Kontrast zu unseren Erfahrungen in Paris!

Für unsere ältere Tochter wünschten wir uns geradezu weniger Stress und mehr Freizeit nach den strammen Jahren in Frankreich. Im Beratungsgespräch versuchten wir herauszufinden, ob sie den Wechsel nahtlos bewältigen könnte. Sie war eine gute Schülerin, aber vielleicht waren die Unterrichtsinhalte ganz andere, und außerdem war sie noch sehr jung. Ganz anders als die Direktorin in Paris riet die deutsche Beratungslehrerin zum Wiederholen der zweiten Klasse, um einen sanften Übergang zu gewährleisten. Das hätte in Frankreich niemand verstanden. Viele deutsche Lehrer und Eltern, so lernten wir in den kommenden Jahren, haben große Angst, die Schülerinnen und Schüler, besonders in jungen Jahren, zu überfordern.

Wegen eines Umzugs innerhalb Washingtons mussten unsere Töchter bald nochmal die Schule wechseln und kamen für ein Jahr in eine öffentliche amerikanische Schule. Auf einem Formular hatten wir angekreuzt, dass wir zu Hause deutsch sprechen. Unsere Kinder wurden wie alle, die in der Familie nicht ausschließlich englisch sprechen, zu einem amtlichen Test geschickt. Sobald dabei nur der geringste Zweifel entsteht, dass die Englischkenntnisse nicht der Klassenstufe entsprechen, gibt es Förderunterricht. Eine Förderlehrerin ist für mehrere Klassen zuständig. Sie nimmt entweder die Kinder aus dem regulären Unterricht heraus oder kommt in die Klasse, um ihnen beim Verstehen der Aufgaben zu helfen. Diese Lehrkräfte oder andere *assistant teachers*, die zur besonderen Unterstützung da sind, springen ein, wenn ein Lehrer krank wird – dann fällt allerdings der Förderunterricht aus.

Jeden Tag gingen nun beide Kinder um 8.30 Uhr aus dem Haus und kamen um 15.30 Uhr zurück. Diese Zeiten waren absolut verlässlich, aber nicht ganz so lang wie in Paris. Unterrichtsausfall gab es nicht. Weder in Amerika noch in Frankreich haben wir erlebt, dass unsere Kinder frühzeitig nach Hause gekommen wären, weil ein Lehrer krank oder verhindert war. Obendrein hatten berufstätige Eltern die Möglichkeit, gegen Bezahlung ihre Kinder vor und nach dem regulären Unterricht in der Schule zu lassen. Mittags wurde Essen angeliefert. Anschließend gab es eine ausgiebige Pause, bevor es weiterging. Auch in Washington schützte der lange Schultag nicht vor Hausaufgaben. Die mussten nach der Schule noch erledigt werden, aber sehr viel war das nicht. Die regelmäßigen Schulzeiten gaben den Kindern und der ganzen Familie einen Rhythmus. Wir empfanden das als ideal.

Zurück in Deutschland, mussten wir uns an ein unruhiges Leben gewöhnen. Zwar heißt es nun: Sehr früh raus aus den Federn, aber man weiß nie, wie der Tag verläuft, obwohl beide Mädchen dieselbe Schule besuchen. Sie kommen immer zu unterschiedlichen Zeiten nach Hause, mal um 13, mal um 16 Uhr, selten beide zur selben Zeit. Mal haben sie Mittag gegessen, mal nicht, mal müssen Hausaufgaben gemacht werden, dann wieder nicht. Ständig fallen Stunden aus. Just während wir dies schreiben, kommt eine aus der Schule zurück – um 12 Uhr mittags. Jeder Tag will anders durchdacht und organisiert werden. Es wird viel über die Vorzüge der Ganztagsschule diskutiert, aber die Umsetzung erfolgt selbst dort, wo guter Wille vorhanden ist, im Schneckentempo. Schwerfällige Bürokratie und knappe Haushalte behindern die Reformen. Es gibt auch Widerstände von Lehrkräften und Eltern. Die einen haben Angst, mehr arbeiten zu müssen, die anderen fürchten, die Kontrolle über ihre Kinder zu verlieren. Viele finden lange Schultage zu anstrengend: «Schon nach der sechsten Stunde ist mein Kind fix und fertig», hören wir häufig.

Wenn man die Schüler selbst fragt, hebt natürlich keiner die Hand, um für einen längeren Schultag zu plädieren. Aber warum eigentlich nicht? Sie waren doch mal mit der Schultüte in der Hand ganz ungeduldig, endlich in die Schule gehen zu dürfen. Die ersten Wochen, Monate oder vielleicht sogar Jahre waren sie begeistert, etwas lernen zu dürfen. Je älter Schüler werden, desto weniger mögen sie die Schule. Eine Studie des ZDF ergab vor einigen Jahren, dass nur sechzehn Prozent der Dreizehnjährigen noch sehr gerne in die Schule gehen, und bezeichnete deutsche Schulen daraufhin als «Glückskiller Nr. 1».

Wie schaffen wir Erwachsenen es, den Kindern ihre Begeisterung auszutreiben? Nach der ersten Euphorie ist die allgemeine Grundstimmung unter Schülern, Lehrern und Eltern gleichermaßen: Schule ist ein Ort, zu dem man früh hingeht, damit man früh wieder wegkommt. So haben es die Erwachsenen in ihrer eigenen Kindheit schon erlebt. Niemanden wundert es deshalb, dass der Nachwuchs nun genauso empfindet: «Ist doch normal, dass Kinder nicht gerne zur Schule gehen! Ich bin auch nicht gerne in die Schule gegangen!» Das hört man erschreckend oft. Wir richten uns vielerorts ein mit dem Gefühl, dass die Schule ein notwendiges Übel ist, anstatt zu überlegen, was wir verbessern könnten, um sie zu einem Ort zu machen, den unsere Kinder lieben.

Nach dem ersten Pisa-Schock hat sich nicht gerade viel bewegt. Experten verstricken sich in föderalen Strukturen. Das deutsche Bildungssystem wirkt wie ein Flickenteppich von Experimentierfeldern. Erstaunlicherweise geht es in den Debatten fast ausschließlich um Strukturen: Soll unser Schulsystem ein-, zwei- oder dreigliedrig sein? Wer soll in welchem Schultyp wie lange gemeinsam oder besser getrennt lernen? Hauptschule weg, Gymnasium weg? Gesamtschule oder Stadtteilschule? Es geht mehr um Prinzipien und Ideologie als ums Lernen und das Wohlergehen unserer Kinder. Siegen die «Vertreter der Eliten» oder die «Fürsprecher der Benachteiligten»?, lautet die Frage.

Vergessen wird, dass wir sowohl herausragende Talente brauchen als auch Schwächere integrieren müssen, und vor allem, dass die meisten Schülerinnen und Schüler sich irgendwo im Mittelfeld bewegen. Die ideologische Prinzipienreiterei verhindert vielerorts praktische Verbesserungen; sie führt zu halbgaren Kompromissen oder zum totalen Stillstand.

Unsere amerikanischen Freunde können alle nicht verstehen, dass wir schon nach der vierten Klasse Schüler aussortieren. In Amerika gehen alle Kinder in eine Schule. Das heißt beileibe nicht, dass sie alle dasselbe Programm haben. Sie belegen in den verschiedenen Fächern unterschiedliche Leistungsniveaus. Das kommt dem Tatbestand entgegen, dass die wenigsten Schüler in allen Fächern gleich gut oder gleich schlecht sind. Wir sind keine Experten, obwohl Sabine Erziehungswissenschaft studiert hat, aber manchmal scheint es, wenn alle Beteiligten einmal tief Luft holen und den gesunden Menschenverstand nutzen würden, ließe sich ein gemeinsam tragbarer Weg finden. Es gibt eine ganze Reihe von elementaren Verbesserungen, die wir vornehmen könnten und müssten, ohne zuvor die festgefahrene «Systemfrage» zu lösen.

Da ist zuallererst die Klassengröße. Deutschland steht diesbezüglich im internationalen Vergleich nicht gut da. Viele Studien stellen einen Zusammenhang zwischen Klassengröße und

Leistung her. Einige wenige Studien meinen, es gebe keinen Zusammenhang. So kamen Wissenschaftler erst kürzlich zu dem Schluss, dass ein Einfluss der Klassengröße auf die Leseleistung nicht nachweisbar sei. Auch spiele die Anzahl der Schüler beim Stress-Empfinden der Lehrer nur eine untergeordnete Rolle. Lehrer-Berufsverbände und -Gewerkschaften sehen solche Aussagen «in diametralem Widerspruch zur Alltagserfahrung so gut wie aller Lehrenden». Auch wir kennen nur Lehrer, die eindeutig sagen: «Jeder einzelne Schüler mehr oder weniger ist deutlich zu spüren!» Wer jemals einen Tag in einer Klasse mit dreißig und einen Tag in einer Klasse mit zwanzig Schülerinnen und Schülern (auch das ist mehr als genug) verbracht hat, der weiß, dass jedes einzelne Kind einen Unterschied macht, und zwar für alle Anwesenden im Raum. Je mehr lernschwache oder verhaltensauffällige Schüler sich in einer Klasse befinden, desto stärker fällt ihre Größe ins Gewicht. Große Klassen verhindern, dass eine menschliche Beziehung zwischen Lehrer und einzelnem Schüler entsteht. Das gilt für Hauptschulen ebenso wie für Gymnasien. Fachlehrer verbringen zwei, drei Stunden in der Woche in einer Klasse mit 28 Kindern. Da kann es schon schwierig werden, sich die Namen zu merken, geschweige denn einen persönlichen Eindruck von einzelnen Schülern zu gewinnen.

Ein halbes Jahr nach unserem Umzug von Washington nach Hamburg hatte Sabine zufällig Gelegenheit, mit einem Fachlehrer unserer Tochter zu plaudern, und erfuhr: Er hatte die ganze Zeit über keinen Schimmer, dass unsere Tochter aus den USA kam und zum ersten Mal in Deutschland wohnte. Er unterrichtete zwei Stunden pro Woche in ihrer Klasse. Es hätte sein können, dass der Wechsel über den Atlantik anfangs Schwierigkeiten mit sich bringt. Den Fachlehrern wäre es nicht aufgefallen, oder sie hätten keine Erklärung dafür gehabt.

Dreißig jungen Menschen gleichzeitig gerecht zu werden, ist unmöglich. Es zerrt auf jeden Fall an den Nerven der unterrichtenden Person, sicher auch an denen unserer Kinder. Denn die sollen – so will es die moderne Leistungsbeurteilung – nicht nur in ein, zwei schriftlichen Tests, sondern vor allem durch ihre mündliche Beteiligung zeigen, was sie gelernt haben. 45 Minuten durch 30 Schüler macht eineinhalb Minuten pro Schüler, vorausgesetzt der Lehrer hält während der gesamten Unterrichtsstunde den Mund. Zeit für besondere Fragen und Beiträge bleibt nicht. Ein Mädchen meldet sich und sagt, sie habe etwas nicht verstanden. Der Lehrer beginnt zu erklären, unterbricht sich dann selbst mitten im Satz: «Aber ich glaube, die Mehrheit hat das verstanden.» Ende der Erklärung. Und das ist keine Ausnahme. Auch für beratende Gespräche, zum Beispiel über persönliche Entwicklungsmöglichkeiten, bleibt keine Zeit, die nimmt man sich nur, wenn gravierende Probleme auftauchen, also wenn es brennt. In der Masse können die Schüler nicht als Persönlichkeiten mit ihren besonderen Talenten oder Schwierigkeiten wahrgenommen und gefördert werden.

In vielen Schulen sind sogar die Räume zu klein. An der Schule unserer Töchter werden bis zu dreißig Kinder in Räume gesteckt, die für 24 Schüler ausgelegt sind. Die Gewerkschaft Erziehung und Wissenschaft in Hamburg beobachtet «mit wachsender Sorge die Tendenz, dass sich die Schüler und Schülerinnen wie Sardinen in der Büchse in die Klassenräume quetschen müssen». Auch neue Räume werden nicht großzügiger gebaut, obwohl die Senkung der Klassenfrequenzen bisher nur ein Versprechen ist. «In den dicht gedrängten Klassen steigen Lärmpegel, Unruhe und Aggressivität», stellt die GEW fest.

Erstaunlich, dass niemand auf die Barrikaden geht! Wen wir auch ansprechen, Lehrer oder Eltern, die Antwort ist fast immer: «Natürlich bin ich auch für kleinere Klassen, aber das ist doch überall so, daran kann man eben nichts machen.» Die meisten diskutieren sich lieber die Köpfe heiß über die «Schulstruktur» und das «Bildungssystem». Das sind die Themen, die ideologischen Zündstoff bieten und Wahlen entscheiden. Die Diskussion

67

um praktische Veränderungen tritt in den Hintergrund, zumal wenn die Veränderungen Kosten verursachen würden. Geld ist sowieso nicht da. Also bleibt es – trotz Versprechungen hier und da – bei viel zu großen Lerngruppen in oft zu kleinen Räumen. Nicht mal die sinkende Geburtenrate schafft Entlastung, denn sie führt meist nicht zu kleineren Klassen, sondern zur Zusammenlegung, und damit werden die Lerngruppen noch größer.

Ein weiteres Problem ist der Unterrichtsausfall. Dieses Dilemma kennen wir schon aus der Deutschen Schule in Washington. Als sich Eltern über zu viele Fehlstunden beschwerten, wurde plötzlich eine bestimmte Methode des selbständigen Arbeitens über den Klee gelobt und propagiert: «Die Schüler müssen auch mal ohne Lehrkraft lernen!» Die wenigsten Bundesländer haben Reserven eingeplant, um Unterrichtsausfall abzufangen. In Bayern ist seit einiger Zeit der Einsatz externer Honorarkräfte zu diesem Zweck möglich. Der Plan, Personen ohne pädagogische Ausbildung einzusetzen, ruft gleich wieder Protest hervor. «Man setzt auch keine Metzger in der Chirurgie ein!», hieß es in der hessischen Debatte. Das Ergebnis: Substantielle Änderungen blieben aus. Viele Möglichkeiten erscheinen jedenfalls sinnvoller, als die Stunden einfach ausfallen zu lassen. Vertretungskräfte ohne pädagogische Ausbildung könnten die Kinder nach Absprache betreuen. Qualifizierter Ersatz aus der beruflichen Praxis könnte den Lehrplan durch Projektstunden ergänzen, gerade dann, wenn der Unterrichtsausfall vorhersehbar und planbar ist, nämlich verursacht durch Klassenreisen, Wandertage, Prüfungen, Konferenzen, Fortbildung und ähnliche Aktivitäten. Im Übrigen sollte die Frage gestellt werden, wie viele Konferenzen und Lehrerfortbildungen tatsächlich während der Unterrichtszeit stattfinden müssen.

Die meisten Eltern schimpfen über die ausgefallenen Stunden, aber es gibt auch einige, die meinen: «Die Schultage sind sowieso zu lang. Es ist gar nicht schlecht, wenn sie mal weniger ranmüssen.» In Deutschland herrscht die Befürchtung vor, wir könnten unsere Kinder überfordern. Dreijährige in den Kindergarten schicken, das könnte eine Zumutung für die Kleinen sein. Fünfjährige mit Zahlen und Buchstaben vertraut machen, das könnte sie unter Druck setzen. Nach unseren Erfahrungen in Frankreich und insbesondere Amerika können wir das nicht nachvollziehen. Wieso werden in Deutschland die Jahre der größten Neugierde und Aufnahmebereitschaft vergeudet, indem wir den Kindern Anregungen vorenthalten? In der Grundschule setzt sich das fort. «Die haben schon so viele Hausaufgaben!», hörten wir oft von anderen Eltern und: «Die Klasse geht viel zu schnell vorwärts im Stoff!»

Unsere Kinder sind keineswegs Überflieger, aber wir teilen diesen Eindruck nicht. Im Vergleich zu anderen Ländern erscheinen uns die Anforderungen in deutschen Grundschulen eher niedrig. Unser Eindruck ist, dass man sich in Deutschland Herausforderung zur Leistung nur als verbiestertes Anti-Spaß-Programm vorstellen kann. Amerikanische Eltern und Lehrer gehen davon aus, dass Kinder *lernen möchten*, dass sie etwas *leisten möchten*, auf das sie dann *stolz* sein können. Wir dagegen fürchten in erster Linie, die Kinder könnten sich quälen, wenn wir zu hohe Leistungen von ihnen verlangen. Deshalb schrauben wir die Anforderungen herunter, anstatt zu überlegen, wie wir sie zu Höherem anspornen und obendrein noch Spaß dabei bereiten. Letztendlich sind wir dabei, eine Kultur gegen das Lernen zu entwickeln. Manche Schulen beklagen tatsächlich ein «Anti-Leistungs-Klima», und das haben wir keineswegs nur von Hauptschulen gehört, sondern auch von Gymnasien.

Die wenigsten Schüler beherrschen nach Abschluss der vierten Klasse die deutsche Rechtschreibung, auch dann nicht, wenn sie eine Empfehlung fürs Gymnasium in der Tasche haben. «Wir wollen den frühen Schreibeifer der Kinder nicht durch Kritik bremsen», erklärten uns die Deutschlehrerinnen unserer Kinder übereinstimmend und ließen sie erst mal drauflosschreiben.

«Die akkurate Rechtschreibung können sie später lernen.» Diktate üben gilt heute weitgehend als überholt, unter Hinweis auf Studien, die herausgefunden haben wollen, dass man dabei sowieso nichts lerne. Fakt ist, dass Deutsch- und Mathelehrer an weiterführenden Schulen klagen: «Wir müssen Dinge nachholen, die eigentlich in der Grundschule gelernt werden sollten.» «Sture Paukerei» ist out. Dagegen wäre nichts einzuwenden, wenn man nicht den Eindruck hätte, dass damit nicht selten jegliche Art fleißigen Lernens gemeint ist. Das Auswendiglernen gilt als mindestens so altmodisch wie Diktate schreiben. Bloßes Auswendiglernen bringe keine selbständig denkenden Menschen hervor, betont die moderne Pädagogik. Richtig, aber in der Praxis wird diese Erkenntnis gerne etwas zurechtgebogen. Da geht es nicht mehr um «bloßes Auswendiglernen», sondern um «bloß nichts auswendig lernen!». Und damit ist eine althergebrachte, aber effektive Form des Gehirnjoggings abgeschafft. «Die Zeiten, wo in Arbeiten Wissen einfach abgefragt wurde, sind vorbei», erläuterte uns ein Lehrer seine pädagogischen Grundsätze, «gefragt ist heute zu kombinieren.» In Bayern kritisierten Gymnasial-Eltern und Lehrkräfte gemeinsam: «Im 21. Jahrhundert darf es nicht mehr nur um das bloße Vermitteln von Lernstoff gehen.» Die Heranwachsenden müssten stattdessen in die Lage versetzt werden, «selbständig Kompetenzen zu erwerben». Dabei gerät nicht selten in Vergessenheit, dass ein gewisses Maß an elementarem Grundwissen im Gedächtnis abrufbar sein muss, um Zusammenhänge herzustellen und kompetent zu urteilen.

Französische Schulen unterrichten nach diametral entgegen gesetzten Leitlinien. Hier gilt es zu pauken; Kombinieren und selbständiges Denken sind weniger gefragt. Dementsprechend haben viele erwachsene Franzosen, die das Lycée* durchlaufen haben, ein hohes Maß an Allgemeinbildung jederzeit präsent und

---

* Vergleichbar mit der deutschen Oberstufe, die zum Abitur führt.

abrufbar. Partygespräche verlaufen in Frankreich zuweilen auf bewundernswert hohem kulturellem Niveau. Auf der anderen Seite haben wir die Erfahrung gemacht, dass es richtig schwierig ist, französische Jugendliche in ein Gespräch zu verwickeln. Sehr oft beteiligen sie sich mit nicht mehr als einem verhuschten «Oui, madame!» oder «Non, monsieur!». Das sind die zwei Seiten einer Medaille, die Vor- und Nachteile des französischen Drills. In Frankreichs Klassenzimmern wird nicht nur gepaukt, dort herrschen auch Strenge und Disziplin.

Eine Freundin von uns lebt mit ihrer Familie in der Nähe von Paris. Während einer Deutschlandreise sollte ihr Sohn für eine Woche eine dritte Klasse in Hessen besuchen. In gespannter Erwartung betraten Mutter und Sohn das Klassenzimmer. Was sie dort erlebten, war ihnen völlig fremd: Schüler und Schülerinnen rannten wild im Raum herum, sprangen über Tische und Bänke, schmissen mit Schulmappen, Büchern und Stühlen um sich. Der Junge dachte an seine Klasse in Frankreich, wo sie die Lehrerin nach dem morgendlichen Appell auf dem Schulhof gemeinsam begrüßten: «Bonjour, maîtresse!» Und dann war natürlich Ruhe. Im deutschen Klassenzimmer versteckte er sich hinter dem Rücken seiner Mutter und flüsterte: «Die machen mir Angst!» Der Mutter ging es nicht viel anders. Schließlich bahnte sich eine ältere Lehrerin den Weg durch das Chaos und erklärte seelenruhig: «Entschuldigen Sie, das ist leider unser Alltag!» Erziehung zu Respekt und Rücksichtnahme würden inzwischen fünfzig Prozent des Lehrplans ausmachen, da die Kinder dies zu Hause nicht lernten.

Disziplin wird in Deutschland gleichermaßen gehasst wie vermisst. Dass Bernhard Buebs «Lob der Disziplin» die Bestsellerliste stürmte, zeigt, dass der Autor einen Nerv getroffen hat. Viele Erwachsene, die mit Kindern und Jugendlichen zu tun haben, beschleicht das Gefühl, dass hier etwas falsch läuft, dass wir zu wenig Richtwerte haben und zu wenig Mittel, sie durchzusetzen. Doch denken wir bei Disziplin sofort an Kadavergehorsam mit der Hand an der Hosennaht. Und damit wollen wir nichts mehr zu tun haben.

Wir haben erlebt, wohin der Gleichschritt der Nazis geführt hat, und lehnen nun alles ab, was daran erinnern könnte. Unsere Eltern waren noch felsenfest von der Gültigkeit eines ungeschriebenen Regelkatalogs überzeugt: «Das tut man nicht!» Der Befehl brauchte keine Begründung. Sie verschwendeten keine Gedanken an den Sinn oder Unsinn der Regeln und kamen nicht ins Wanken, wenn wir als Kinder etwas nicht einsehen wollten und schimpften oder weinten. Unbeirrt hielten sie fest an althergebrachten Normen und preußischen Tugenden: Pflichtbewusstsein, Gehorsam, Fleiß, Pünktlichkeit, Höflichkeit, Sauberkeit und Ordnung. Inwieweit diese Wertvorstellungen von den Nationalsozialisten missbraucht wurden, darüber wollten sie nicht nachdenken. Die Abrechnung mit den Untugenden der Nazis übernahm die nächste Generation 1968, und zwar gründlich. *Alles* wurde über Bord geworfen. Wir haben, wie man so sagt, das Kind mit dem Bade ausgeschüttet.

Eine Lehrerin äußerte uns gegenüber den Eindruck, Eltern würden heutzutage ihre Kinder anhalten, alles, was die Lehrkräfte sagen, zu hinterfragen, und so die Autorität der Lehrkräfte untergraben. Früher stellten sich Eltern automatisch auf die Seite des Lehrers: «Der wird schon seine Gründe gehabt haben, dich zu bestrafen.» Heute hat sich das in vielen Fällen umgekehrt. Eltern sind überzeugt: «Mein Kind tut nichts Böses und hat keine Strafe verdient.» Warum soll man tun, was der Lehrer sagt? Autoritäten akzeptieren wir nicht mehr. Man sieht ja in der deutschen Geschichte, wofür das benutzt wurde.

Von mehreren uns bekannten Familien hören wir, es komme häufiger vor, dass die Einrichtung der Klassenzimmer ihrer Kinder von Mitschülern mutwillig beschädigt werde. Stühle und Schränke werden zerbrochen, Wände beschmiert, Müll wird aus dem Fenster gekippt. Keine dieser Schulen befindet sich in einem sozial problematischen Umfeld. Fast alle Eltern berichten, dass in den meisten Fällen keine unmittelbare Reaktion erfolge. «Ich habe das Gefühl», sagt ein Vater, «keiner fühlt sich verantwortlich. Niemand scheint Zeit zu haben, sich darum zu kümmern.» Ein anderer Vater bedauert: «An unserer Schule wollen die Lehrer etwas unternehmen, aber sie sind hilflos, weil es keinen Katalog von Sanktionen gibt, die die Schüler wirklich spüren würden.» Auf der anderen Seite beklagen viele Lehrkräfte, dass gerade die Eltern der «Übeltäter» ihre Kinder meist in Schutz nehmen. Die Klassenräume seien «ja sowieso nicht so schön», bekam eine Lehrerin von einer Mutter zu hören. Mit der Rückendeckung von zu Hause sehen die Schüler keinen Anlass, ihr Verhalten zu ändern: «Wir Lehrer erhalten auch nur freche Antworten, wenn wir in solchen Situationen einschreiten», resigniert eine Pädagogin.

Es gibt heute in Deutschland nur noch wenige Verhaltensmaßstäbe, die allgemeine Gültigkeit besitzen. Jeden Tag steht nun jeder Einzelne vor der Herausforderung, Regeln neu zu definieren und zu begründen. Warum gibt man ausgerechnet das «schöne Händchen»? Warum darf man beim Essen nicht kleckern? Warum muss man überhaupt darauf bestehen, dass ein Kind grüßt oder sich gar vorstellt? Warum soll man ordentlich, pünktlich oder fleißig sein? Es gibt durchaus Antworten. Man muss sich nur vorstellen, wie es aussieht, wenn jeder spontan entscheidet, ob er nun gerade die linke oder die rechte Hand oder gar keine gibt. Auf jeden Fall führt das zu Unsicherheiten. Regeln erleichtern uns den Alltag und den Umgang miteinander. Sie geben uns Sicherheit. Wenn wir Erwachsene selbst permanent alle Regeln in Frage stellen, können wir den Kindern keinen Verhaltenskodex vermitteln und nehmen ihnen damit auch ein Stück Sicherheit.

Auf amerikanischen Spielplätzen haben wir mehrmals täglich einen Satz gehört, den bestimmt keine deutsche Mutter sagen würde: «That's the rule, honey!» – «Das sind die Regeln, mein Schatz!» Ein kleiner Junge möchte auf die Schaukel, die besetzt ist, ein Mädchen möchte den Eimer, den gerade ein anderes Kind benutzt … Es gibt Gezanke und Gejammer, dem die Mutter recht schnell und entschieden ein Ende setzt: «That's the rule, honey!» Darüber gibt es keine Diskussion. Nur selten wird eine Mutter laut, aber wenn alles nichts hilft, schnappt sie ihr Kind und trägt es aus der Streitzone, um es abzulenken. Auf Pariser Spielplätzen lässt man die Kleinen eher gewähren. Sie tragen ihre Händel um Eimerchen und Schippe selber aus. Der Stärkere siegt. Auf deutschen Spielplätzen wird schon eher mal geschrien: «Lass das sofort sein!», oder lange diskutiert. Ein Vierjähriger hat einem anderen Jungen den Bagger weggenommen, hält ihn fest unter seinem Pulli versteckt und guckt trotzig vor sich hin. «Gib dem kleinen Jungen seinen Bagger zurück!», sagt der Vater. Kopfschütteln. Der andere Junge weint. «Guck mal, der ist ganz traurig!» Kopfschütteln. «Das ist aber nicht nett von dir!» Keine Reaktion. Der andere Junge weint lauter. Es dauert länger als zehn Minuten, bis der Vater schließlich mit sanfter Gewalt den Bagger unter dem Pullover seines Sohnes hervorzieht und ihn an den schluchzenden Besitzer zurückgibt.

Viele Eltern zögern, ihren Kindern Grenzen zu setzen. Sie sollen «frei» aufwachsen. Nur wird die Freiheit zum Egoismus, wenn man nicht auch an die Freiheit des anderen denkt. Eines Abends gibt es in der Aula unserer Schule ein gemeinsames Konzert mit dänischen Gastschülern. Als die ersten Schüler fertig sind mit ihren musikalischen Vorführungen, haben sie keine Lust mehr, sitzen zu bleiben, um den anderen zuzuhören. Sie stehen auf, gehen durch die Reihen, tuscheln, verlassen in Gruppen den Saal, kommen zurück, kurz gesagt: Es ist unglaublich unruhig. Wir verbieten unserer Tochter schließlich, durch die Gegend zu laufen. Sie findet uns viel zu streng: «Der Lehrer am Eingang ist viel netter. Der hält sogar allen die Tür auf.» Zwischen den einzelnen Darbietungen war das Kommen und Gehen also durchaus erlaubt. Der nette Lehrer hatte Verständnis für den Bewegungsdrang der Unterstufenkinder. Aber was lernen die daraus? Sie müssen doch denken, dass man auf Gäste keine Rücksicht nehmen muss und dass es nichts wert ist, was die anderen gerade auf der Bühne leisten. Und die Jugendlichen oben im Orchester werden sicherlich auch nicht motiviert, beim nächsten Mal wieder ihr Bestes zu geben. Die Schwester der Disziplinlosigkeit ist nicht die Freiheit, sondern die Rücksichtslosigkeit. Gewinnen können dabei nur die Lauten und die Starken.

Einmal wurden wir Eltern eingeladen, den neu gestalteten Klassenraum zu bewundern. Die Schüler hatten viel dazu beigetragen und waren sehr stolz. Damit ihr Werk gut zur Geltung kam, waren sie offensichtlich angewiesen worden, Mäntel und Jacken hinauszuschaffen. Kurzerhand hatten die Kinder die lästigen Kleidungsstücke auf die schmutzige Treppe im Flur geworfen und stiefelten nun achtlos darüber hinweg. Eltern und Lehrer standen gleich daneben. Keiner sagte etwas. Wir auch nicht. Wer will schon pedantisch erscheinen?

Dagegen erinnern wir uns an einen winzigen Vorfall auf dem Schulhof in Washington: Eine Lehrerin ist gerade im Gespräch mit uns, als sie sieht, wie eine Fünftklässlerin achtlos eine Coladose zu Boden fallen lässt. Sie unterbricht unser Gespräch und geht sofort auf die Situation ein. «Ich zeige dir den Mülleimer», sagt sie freundlich, nimmt das Mädchen an der Hand und begleitet es, bis der Müll dort ist, wo er hingehört. Eine disziplinierende Maßnahme, kein böses Wort ist gefallen.

Im Land der Freiheit hat man überhaupt keine Probleme damit, Vorschriften zu machen und dafür zu sorgen, dass sie befolgt werden. Diese Erfahrung wird nun auch unsere Tochter machen müssen, die für ein halbes Jahr in ihrer alten Heimat zur Schule gehen will. Über Freunde haben wir Kontakt zu einer Schule in Wisconsin gefunden. Wir studierten die Website und stießen auf den *dresscode*, der unsere Tochter zu einer Reihe spitzer Schreie provozierte. Die Kleiderordnung ist ungefähr eineinhalb Seiten lang und beschäftigt sich mit allem, was man so am Körper trägt. Hosen haben beige, braun, olivgrün, grau, dunkelblau oder schwarz zu sein; der Bund muss in der Taille sitzen; Jeans sind nicht erlaubt. Obenherum sind auf jeden Fall Hemden oder Blusen zu tragen, zugeknöpft bis zum Schlüsselbein. Oberteile dürfen nicht bedruckt sein, es sei denn mit dem Logo der Schule. Piercing ist nicht erlaubt, außer für Ohrringe. Davon dürfen Jungen nur jeweils einen in jedem Ohr haben. Und dann wird es richtig intim: «Das Haar muss sauber, ordentlich gekämmt, aus den Augen, in natürlicher Farbe sein und eine vernünftige Frisur haben. Das Haar von Jungen darf nicht länger sein als bis zum mittleren Ohr und im Nacken über dem Kragen.» Zu lange Koteletten und Bart sind ebenso wenig erwünscht wie jede Art von Kopfbedeckung. Das ist nur eine kleine Auswahl, die Richtlinien an sich sind noch detaillierter. Selbstredend gelten diese Regeln auch für Lehrkräfte. In Deutschland dagegen, so mokieren sich Freunde, «könnten nicht nur Schüler, sondern auch Lehrer im Schlafanzug zur Schule kommen, und niemand würde eingreifen». Ihre Kinder sähen gar nicht ein, warum sie in der Schule auf ihre Kleidung achten sollten, denn: «Wenn Herr X sich nach vorne beugt, dann können wir seine Poritze sehen!», erzählen sie lachend über einen ihrer Lehrer.

Nun handelt es sich bei der Schule in Wisconsin um eine katholische Highschool, aber man sollte deswegen nicht denken, dass der penible Dresscode einzigartig wäre. Die Mehrzahl der amerikanischen Schulen sorgt dafür, dass die Schüler «anständig» zum Unterricht erscheinen, die einen durch Schuluniformen, die anderen durch eine Kleiderordnung. Es gibt wohl kaum eine gute Schule, die *flip flops* und *baggy pants*, also Badelatschen und ausgebeulte, tiefhängende Hosen, durchgehen lässt. Daher heißt es jetzt für unsere Tochter: Ade Spaghettiträger, durchlöcherte

76

Jeans, gefärbte Haare und freier Bauchnabel! Einer Sechzehnjährigen bleibt da nur noch eine gehörige Portion Humor.

Unsere Tochter hat sich – trotz Schock über die Kleiderordnung – entschieden, an diese Schule zu gehen, und wir sind zuversichtlich, dass es ihr dort gefallen wird. Denn etwas, das sie hier öfter vermisst, wird sie dort sicher bekommen: Zuspruch, Ermutigung und Lob. Das alles wird in amerikanischen Klassenzimmern – wie in der Gesellschaft insgesamt – großzügig verteilt.

In deutschen Schulen dagegen werden Schülerinnen und Schüler häufig «auf die Probe gestellt». Aus allen Bundesländern hören wir Klagen von Schülern, dass in einer Arbeit zum Teil ganz andere Fragen gestellt werden als angekündigt. «Ist doch klar, auch was länger zurückliegt, muss man beherrschen», entgegnet dann der Lehrer. «Ich habe eine kleine Überraschung eingebaut.» Aus Sicht der Schüler klingt das wie: «Ich habe euch eine Falle gestellt.» Mit dieser Haltung spürt die Klassenarbeit nicht dem Wissen, sondern den Wissenslücken nach. Ein Frust-Test. In Washington erläuterte die Lehrerin vor Klassenarbeiten haarklein, was sie abfragen würde. Tenor: «Wenn du diese Dinge lernst und beherzigst, wirst du eine Einser-Schülerin.» Und so haben die Kinder Kontrolle über ihren Erfolg. Das eine Konzept lautet: «Lass mich dir helfen, erfolgreich zu sein.» Das andere Konzept sendet das Signal aus: «Ich finde schon etwas, was du nicht weißt.»

Noch trauriger ist es, mit anzusehen, wenn Kinder sich anstrengen und ihre Bemühungen ins Leere laufen. «Ich möchte endlich mal ein ganz perfektes Referat halten!», hat unsere Tochter einmal verkündet und sich in die Arbeit gestürzt. «Und, wie ist dein Vortrag gelaufen? Was hat die Lehrerin dazu gesagt?», fragen wir später. «Nichts», antwortet sie, «wir hatten auch nicht viel Zeit.» So schnell wird sie sich wohl nicht wieder vornehmen, ein ganz perfektes Referat zu halten.

Die Lehrer können manchmal gar nichts dafür. Vielleicht lässt der Lehrplan einfach keine Zeit. Was auch immer die Gründe sein mögen – die Auswirkungen sind verheerend: Kinder lernen sehr schnell, wie sie sich verhalten müssen, um sich zu schützen vor Frust über vergebliche Anstrengung auf der einen und Misserfolg wegen zu geringer Leistung auf der anderen Seite: Sie wählen den Mittelweg. Das ist vernünftig und ökonomisch. Nicht zu viel und nicht zu wenig machen, damit wurschtelt man sich am besten durch die Schulzeit – bis ins Erwachsenenleben hinein. Wollen wir ein Land sein, das im Mittelmaß stecken bleibt, oder ein Land mit Kindern, deren Augen leuchten, wenn sie sich in ein Wissensgebiet stürzen und die Welt entdecken? Schule muss nicht unglücklich machen!

Wie sehr wir längst Mittelmaß geworden sind, zeigten vor einigen Jahren die Pisa-Ergebnisse. Alle waren schockiert, aber die Tatsache, dass wir nur wenige Spitzenleistungen haben, rückte schnell in den Hintergrund. Darüber wird mittlerweile kaum mehr gesprochen. Das Einzige, was uns von dem Schock-Ergebnis noch beschäftigt, ist die andere Erkenntnis: Die soziale Spaltung im Bildungswesen ist größer als anderswo. Es kommt nur wenigen in den Sinn zu fragen, ob da vielleicht ein Zusammenhang besteht: Die Leistungen unserer Schüler werden schlechter *und* ihre Chancen immer ungleicher.

Mit der sozialen Spaltung ist das Reizwort gefallen, das alle in ihre jeweiligen Schützengräben treibt. Wir gehen wieder unserem deutschen Lieblingssport nach: Statt zu fragen, wie wir ganz konkret die Qualität der Pädagogik verbessern können, streiten wir über das beste System. Das ist schade. Denn man mag unser Schulsystem für sozial ungerecht halten, die Klassen für zu groß und vieles andere für kritikwürdig, aber grundsätzlich kann jedes Kind in Deutschland eine gute Schule besuchen, ohne dafür zu bezahlen. Das ist etwas, das wir nicht aufs Spiel setzen sollten. Private Schulen mit besonderen pädagogischen Ansätzen geben neue Impulse und beleben die Bildungslandschaft. Wenn allerdings ein Trend entsteht, dass immer mehr Eltern ihre Kinder lieber auf Privatschulen schicken würden, weil es an den öffentlichen Schulen durchregnet, die Klassen überfüllt und die Kinder unglücklich sind, dann gefährden wir damit unser öffentliches Schulsystem. Und darauf können wir eigentlich, trotz aller Unzulänglichkeiten, stolz sein – gerade im Vergleich mit Amerika.

Künstler oder Kanzler

Ist Handy-Verkäufer eigentlich ein Beruf?

Geschwister-Scholl-Gesamtschule in Hamburg-Osdorf. Kurz vor Beginn der vierten Stunde warten die Schülerinnen und Schüler der Klasse 9b im Flur vor ihrem verschlossenen Raum. Sie quatschen und lachen, irgendjemand quiekt wie ein Meerschweinchen. Der Sozialpädagoge der Schule, Jürgen Moser, nähert sich mit dem Schlüssel und öffnet die Tür. Das Knäuel von Jugendlichen entwirrt sich, alle strömen hinein. Das «Meerschweinchen» entpuppt sich als ein hoch aufgeschossener Junge mit zarten Gesichtszügen und glatten schwarzen Haaren. Kapuzen-Pulli, helle Jeans, Sneakers. Der Klassenclown. Er hat sich unüberhörbar geoutet, schlurft nun zu seinem Platz in der ersten Reihe, direkt vor dem Lehrerpult. An seinem Stuhl hängt ein Nike-Turnbeutel.

Es ist laut in der Klasse, aber die Stimmung ist freundlich. Die Tische sind im Kreis aufgestellt. Platz ist für 20 bis 22 Schüler und Schülerinnen, einige fehlen. An der Tafel steht: «Herzlichen Glückwunsch zum 53. Geburtstag!» Das gilt dem Klassenlehrer. Die Schüler frotzeln sich gegenseitig. «Wir müssen nochmal aufs Klo», verkünden zwei Mädchen mit bittender Miene und auf den Zehenspitzen wippend, als könnten sie kaum noch aufhalten. Freundlich grinsend weist Jürgen Moser mit einer Kopfbewegung zur Tür. Die Mädchen verschwinden trippelnd, während Ayhan, der Klassenclown, laut verkündet: «Die haben ihre Tage!» Gelächter.

Der Sozialpädagoge stellt sich vor die Klasse, ruhig und lächelnd. Mehrere Minuten steht er so da und schaut seine Schüler an. Ein schwarzhaariger Junge in schicker schwarzer Lederjacke, dessen Füße ohne Strümpfe in leichten Turnschuhen stecken (es ist Februar, und wir befinden uns in Hamburg), wirft mit ein paar Französischbrocken um sich: «Écoutez! Allez! Silence!» Eine Plastikflasche fliegt hin und her. Jürgen Moser wartet. Es wird tatsächlich leiser. Schließlich bittet er ein zierliches Mädchen mit Kopftuch, zwei Stühle in der letzten Reihe von den Tischen zu nehmen. «Immer ich!», mault diese, folgt aber. Nach und nach schlendern alle zu ihren Plätzen. Auch der «Franzose», er heißt Tarek, nimmt unweit vom Klassenclown vorne in der Nähe des Lehrertisches Platz. Muss er in der ersten Reihe sitzen, weil er so häufig stört? «Nein», erklärt er, «weil ich so schlecht sehe.» Und warum trägt er dann keine Brille? «Ich hatte mal eine, aber die habe ich verloren», antwortet er und zuckt mit den Schultern. Später wird sich herausstellen, dass Tarek, der französische Zwischenrufe so sehr liebt, vor einiger Zeit aus dem Französischunterricht hinausgeflogen ist.

Das Geburtstagskind erscheint. Klassenlehrer Thomas Benthack, Brille, graue Haare, trägt ein weißes Hemd zu schwarzen Röhrenjeans, schwarzer Weste und schwarzem Sakko. Gemeinsam mit Jürgen Moser erklärt er die Aufgaben für die nächste Stunde: Recherchieren für eine praxisorientierte Prüfung. Zettel mit Anweisungen werden verteilt, laut und in kleinen Häppchen erklärt. Ayhan, der Komiker, dem kein ernstes Gesicht widerstehen kann, sitzt windschief auf seinem Stuhl, streckt seine langen, dünnen Beine weit von sich und gibt sich den Anschein des Ordnungshüters: «Hört zu! Still jetzt!»

Kleine Gruppen von Schülern verlassen die Klasse, um im Computerraum, wo sie Jürgen Moser erwartet, zu recherchieren. Alina, eine Deutschrussin, Brille, graues Cordjackett, immer gut präpariert, weiß genau, was zu tun ist, ebenso Ayşe, eine strebsame türkische Schülerin mit grünem Kopftuch. «Stopp!», ruft Thomas Benthack, als zwei Schüler den Raum verlassen: «Was macht ihr mit den Ergebnissen?» Sie schauen ihn fragend an, und er zeigt auf einige Ordner. «Dort abheften!» Lakonisch, ruhig und unermüdlich ruft Benthack immer wieder dieselben Dinge in Erinnerung. Ayhan plappert unentwegt weiter. Zwei-, dreimal fordert der Klassenlehrer ihn auf, still zu sein. Ayhan ist ein sehr charmanter Störer mit viel Witz. Man muss einfach lachen, wenn man ihm zuhört. Die Klasse amüsiert sich. Dann ist Schluss mit lustig: «Du gehst jetzt raus!» Ohne laut zu werden, ohne Drama sagt Benthack das. Ayhan bewegt sich zur Tür. Er geht nicht, er schlendert, gibt seinem Schritt etwas leicht Zögerndes, gerade genug, um zu zeigen: Hier wird kein Gehorsam praktiziert, ich gehe, weil mir sowieso egal ist, was hier besprochen wird. «Mach die Tür zu!», ruft Benthack ihm nach, ohne sich aus dem Konzept bringen zu lassen. Ein routiniertes Spiel.

Schließlich haben sich alle bis auf drei Jungen zum Computerraum begeben. Diese drei haben nicht den leisesten Schimmer, an welchem Thema sie arbeiten sollen. Sie bilden einen kleinen Kreis und sitzen ratlos da, mit ernster, ausdrucksloser Miene. Ayhan, wieder dabei, meint: «Ich dachte, ich könnte Adolf Hitler als Thema nehmen.» Dumm ist Ayhan nicht. Er weiß seine Pointen zu setzen. «Wie wär's denn, wenn ihr die Erfahrungen aus eurem Praktikum einfließen ließet?», schlägt der Klassenlehrer vor. Alle schütteln unwillig den Kopf. Bohdan hat in einer Apotheke geholfen, aber er sieht das nicht als Thema. Alex musste nur Kisten stapeln. Auch Ayhan schüttelt mürrisch den Kopf. Monatelang hat er sich nicht um einen Praktikumsplatz gekümmert. Schließlich ist er im Büro seines Vaters hängen geblieben. Dabei dient das Praktikum dem Ziel, einen Schritt in die fremde Arbeitswelt zu wagen.

Die Tür geht auf, drei Mädchen stecken ihre Köpfe herein: «Wir finden Herrn Moser nicht, und der Computerraum ist abgeschlossen!» Benthack dreht die Augen zur Decke. «Das kann nicht sein. Sucht nochmal!» Die Mädchen verziehen sich, und er sucht weiter geduldig nach möglichen Anknüpfungspunkten für die Jungen: «Ihr kennt euch doch alle mit Handys aus? Da hättet ihr zwei Gebiete zu recherchieren: einmal den Beruf des Einzelhandelskaufmanns und zum anderen die Warenkunde, also Fakten rund ums Handy. Auch ein Rollenspiel wäre möglich. Ist das was für euch?» Keine Reaktion. Der Klassenlehrer gibt nicht auf. «Bohdan, du machst doch Sport, du boxt! Wäre das nichts?» Bohdan guckt nachdenklich. Es kristallisiert sich heraus, dass Ayhan sich wohl der Handys annehmen will. «Ist Handy-Verkäufer eigentlich ein Beruf?», fragt Benthack in die Runde. «Ja», meint Ayhan. «Nein», korrigiert der Lehrer, «der übergeordnete Beruf heißt Einzelhandelskaufmann. Bohdan, wie heißt der Beruf?» Bohdan guckt den Klassenlehrer fragend an, und keiner seiner Mitschüler springt ihm zu Hilfe. Sicher nicht aus bösem Willen, sie haben es selbst schon wieder vergessen. Irgendwann hat Ayhan den Klassenlehrer mal gefragt: «Herr Benthack, braucht man eigentlich Real für Kanzler?»

«Nicht unbedingt», hat der geantwortet, «aber es kann nicht von Nachteil sein.» Daraufhin wollte Ayhan sich eigentlich anstrengen.

Es klingelt zur Pause.

An der Geschwister-Scholl-Gesamtschule im Nordwesten Hamburgs werden rund 500 Schülerinnen und Schüler von der fünften bis zur zehnten Klasse unterrichtet. Schulen wie diese gibt es viele. Zum Einzugsgebiet gehört der Osdorfer Born, Sozialwohnungen für fast 13000 Menschen auf einem Quadratkilometer. Vierzig Prozent der Schüler sind vom Büchergeld freigestellt, ein Zeichen für die Bedürftigkeit der Familien. Es gibt ein hohes Maß an Kindern, die zu Hause nicht erzogen werden und deshalb kein Sozialverhalten mitbringen. «Viele tun sich schwer, auch nur zehn Minuten konzentriert zuzuhören», berichtet Frieder Bachteler, der mehr als zehn Jahre Leiter dieser Schule war und vor kurzem in Pension ging. «Sie reden, es ist viel Unruhe in den Klassen. Sie tun sich schwer, Lernen als lohnende Sache aufzufassen und die Schule nicht nur als Unterbrechung der Unterhaltung mit den Kumpeln zu betrachten.» Die Schule kämpft mit gestörtem Sozialverhalten in vielerlei Hinsicht. Auch sich selbst zu organisieren, ein Schulsprecherteam und einen Schülerrat auf die Beine zu stellen, klappt nicht. «Sie sind zwar willens, aber sie schaffen es nicht», bedauert der ehemalige Schulleiter. «Sie verabreden sich und vergessen den Termin. Das kann man sich vielleicht nicht vorstellen, aber es ist ganz häufig so.»

Gut sechzig Prozent der Schülerinnen und Schüler haben einen Migrationshintergrund. Die Gruppen der Türken, der russischen Aussiedler und der Afghanen sind am größten. Ungefähr zwanzig Sprachen sind an der Schule vertreten. So mancher Jugendliche kann keine Sprache wirklich richtig, aber die bewilligte Sprachförderung entspricht weniger als einer Wochenstunde pro Klasse. «Unser Problem ist allerdings nicht so sehr die Migration», betont Frieder Bachteler, «die Probleme, die wir haben, sind sozialer Art. Wir haben auch eine ganze Menge deutscher Familien, die sich in schwieriger Lage befinden. Es sind die Probleme sozial schwacher Schichten.» So gibt es viele Patchwork-Familien und Alleinerziehende, die überfordert sind. Hoch ist die Zahl der Arbeitslosen und Hartz-IV-Empfänger. Die Kinder sind entsprechend unstabil. «Wir haben Eltern, die man nach dem ersten Elternabend nie mehr sieht», klagt der langjährige Schulleiter, «gerade die, deren Kinder Probleme machen, denen müssen wir hinterherlaufen.» In der Klasse 9b hat sich noch nie ein Vater oder eine Mutter an einen der Elternvertreter gewandt. Auch untereinander haben die Eltern keinen Kontakt. «Wir haben auch viele tolle Kinder, die die Oberstufe schaffen», betont Bachteler, «auch aus Familien, wo bisher keiner das Abitur gemacht hat.» Gerade diese Schüler gilt es zu fördern.

Die Schule kämpft mit ihrem Image. Eltern, die ihre Kinder anmelden wollen, glauben, das Schulleben werde bestimmt von Gewalt und Drogen. «Das ist ausdrücklich nicht so!», widerspricht Frieder Bachteler. Zwar hat die Schule aufgrund ihrer Lage mehr soziale Probleme zu bewältigen als Schulen in anderer Umgebung, doch ist das Klima keineswegs aggressiv. Das Gros der Schüler ist gut drauf und umgänglich. «Wir haben auch keinen Rassismus und kein Fremdenfeindlichkeitsproblem.» Wenn sich die Schüler gegenseitig mit «ey, du Russe», «du Kanake» oder «du Neger» ansprechen, dann nimmt das keiner krumm. Die Erwachsenen dürfen natürlich nicht so reden. Illegale Drogen sind nicht sehr weit verbreitet. Die klassische Droge im Osdorfer Born, auch für Jugendliche, ist der Alkohol.

So steht im Philosophie-Unterricht der 9b das Thema «Alkoholkonsum» auf dem Stundenplan. Thomas Benthack kommt in die Klasse, macht schweigend die Runde, klopft auf jeden einzelnen Tisch. «He? Was will er denn?», kreischen zwei Mädchen. Benthack knöpft Alex seine Jacke auf. Dann setzt er sich vorne an sein Pult und bimmelt zart mit zwei Glöckchen. Just als es ruhiger wird, platzt Ayhan, der Klassenclown, herein. Alles lacht. Der Klassenlehrer legt die Finger auf die Lippen und beginnt sehr leise zu sprechen. «Alex, jetzt habe ich deine Jacke schon aufgeknöpft. Willst du sie nicht ausziehen?» Alex zieht sich die Jacke von den Schultern. Er ist nicht der Einzige, der gerne winterlich verkleidet im Unterricht sitzt, am liebsten noch mit Mütze. Auch Tarek, der «Franzose» mit den nackten Füßen in den Turnschuhen, sitzt da in schwerer Lederjacke, einen dicken Schal um den Hals gewickelt. Es lohnt sich nicht, die Jacke auszuziehen, soll das wohl heißen, ich bin nur auf einen Sprung hier und sowieso gleich wieder draußen. Hier gehöre ich eigentlich nicht her, mein Revier ist auf der Straße.

Die Schüler hatten die Aufgabe, sich schriftlich zu einigen Fragen zu äußern. Wie viel Alkohol darf ein Sechzehnjähriger in der Disko oder auf einer Party trinken?

«Wer will vorlesen?», fragt der Klassenlehrer.

Ayhan meldet sich. Er liegt mehr, als dass er sitzt. «Setz dich nicht hin wie vorm Fernseher!», ermahnt ihn Benthack.

«Man kann auf einer Party eine Flasche Wodka Lemon trinken, damit man mehr Lust auf Party hat und nicht als Außenseiter dasteht», liest Ayhan.

Einspruch eines Mitschülers: «Das finde ich zu viel! Wenn der nur sechzig Kilo wiegt, dann übergibt er sich doch.»

Tarek: «Ich finde das in Ordnung. Wahrscheinlich wiegt er ja mehr.»

Pia: «Man sollte nicht trinken, nur weil man dann besser vor den anderen dasteht.»

Bohdan: «Am Ende bist du nur noch am Trinken, nicht am Tanzen.»

Juri: «Ein bisschen trinken ist okay, aber nicht eine ganze Flasche. Man ist doch sowieso kein Außenseiter, wenn man mit Freunden zusammen unterwegs ist.»

Lehrer: «Wo wäre denn die Grenze für dich?»

Juri: «Bis man sich gut fühlt. Wenn man so viel trinkt, dass man ein bisschen benebelt ist, aber immer noch bei Verstand, dann macht es mehr Spaß.»

Ayhan: «Heute kriegt man doch zu hören: Ej, was bist du für eine Flasche, du trinkst ja nicht mal!?»

Marco: «Ich finde, man kann trinken, bis man angeheitert und gut gelaunt ist, aber nicht so viel, dass man nicht mehr auf den Beinen stehen kann und rumkotzt.»

Ayhan: «Wenn einer mehr verträgt als eine Flasche, dann kann er auch mehr trinken als eine Flasche.»

Pia: «Man kann auch ohne Alkohol Spaß haben.»

Ayhan plappert die ganze Zeit dazwischen.

Benthack: «Schsch. Schsch.»

Sascha: «Man kann wirklich Spaß ohne Alkohol haben, sonst müsste man sich ja immer betrinken, bevor man auf den Dom geht.»

Die nächste Frage: Wie viel darf eine Dreizehnjährige auf einer Klassenfahrt trinken? Die Klasse ist fast einhellig der Meinung, Dreizehnjährige seien zu jung, um Alkohol zu trinken. Der Jüngste in dieser Klasse ist vierzehn.

Und wie viel darf ein Lehrer auf einer Klassenfahrt trinken? Bohdan: «Der Lehrer darf ein Glas Wein oder zwei, sonst verliert er den Überblick.»

Pia: «Ein Glas ja, aber nicht zwei.»

Ein anderes Mädchen: «Er sollte nicht besoffen sein.»

Gelächter.

Ayhan stimmt ihr zu: «Lehrer sollen auf der Klassenfahrt nicht trinken. Wir dürfen ja auch nicht.»

Tarek weiß die Lösung: «Der Lehrer muss ja nicht zugeben, dass er Alkohol trinkt. Er kann sagen, es ist Tomatensaft.»

Die Klasse einigt sich darauf, dass einem Lehrer ein, zwei Gläser Alkohol zu gönnen seien. Nur ein Mädchen ist für die Null-Promille-Lösung, wegen der Vorbildfunktion.

Dies war eine gute Stunde mit reger Beteiligung. Überhaupt bilden diese neunten Klassen einen guten Jahrgang. Nicht wenige werden Abitur machen. Thomas Benthack führt seine Klasse bereits seit fünf Jahren. Er kennt die Schülerinnen und Schüler. «Einige vergessen ständig ihre Arbeitsmaterialien», erklärt er nach dem Unterricht. «Wenn ich mal ein Formular austeile, das die Eltern unterschreiben sollen, kann es Wochen dauern, bis es unterschrieben zurückkommt.» Die Vergesslichsten muss er nach Hause schicken, um die Unterschrift direkt abzuholen. All das tut er mit bewundernswerter stoischer Geduld. «Das ist gar nicht bewundernswert!» Fast verärgert schüttelt Benthack den Kopf. «Wirklich bewundernswert ist etwas, das man nicht sofort sieht. Wenn es ein Problem gibt und ich löse das, loben alle: der Held! Aber wenn es kein Problem gibt, beachtet keiner, wie es eigentlich dazu kam, welche Vorarbeit geleistet wurde. Warum zum Beispiel gehen in der Klasse alle freundlich miteinander um?

Da es kein Problem gibt, fällt das gar nicht auf. Aber es erfordert eine bestimmte Klassenführung. Die ist sehr wichtig. Wenn einer im Unterricht zuschaut und es läuft gut, dann denkt er: Das kann ich auch. Erst in der Praxis merkt man, dass es so einfach nicht geht.» Thomas Benthack jedenfalls hat seine Klasse gut im Griff. Auch das unentschuldigte Fehlen hält sich in Grenzen. Es passiert durchaus an der Schule, dass der Sozialarbeiter, Jürgen Moser, losziehen muss, um Schüler, die nicht zum Unterricht erschienen sind, zu wecken. Gerade erst rief ihn eine Mutter an, sie bekomme ihre Tochter nicht aus dem Bett. Moser machte sich auf den Weg, klingelte, begab sich in das Zimmer des schlafenden Mädchens, rüttelte leicht an ihr: «Komm mit in die Schule!» Dann gab er ihr etwas Zeit zum Anziehen. Eine halbe Stunde später verließen sie gemeinsam das Haus, und die Schülerin blieb für den Rest des Tages im Unterricht. Wenn sein Erscheinen nicht ausreicht, droht Moser schon mal, die Polizei vorbeizuschicken, den Cop4U (Polizist für dich) – das ist die «coole» Bezeichnung für Hamburger Polizeibeamte, die mit einzelnen Schulen kooperieren.

Die Eltern sind oft keine große Hilfe: «Sie sagen häufig ja, ja, haben aber nicht die Kraft oder nicht das Interesse, etwas durchzusetzen», weiß Moser aus seiner täglichen Praxis zu berichten. «Sie haben andere Sorgen oder keine Konfliktfähigkeit. Nicht selten haben Schüler einen Fernseher in ihrem Zimmer. Das ist sehr bequem. Wenn der Fernseher dudelt, haben die Eltern ihre Ruhe. Und wenn sie die Kinder ins Bett schicken, dann gehen die auch, weil dort der Fernseher steht. Am nächsten Morgen schlafen sie im Unterricht ein.» Manchen Schülern, so der Sozialpädagoge, müsse man erst mal grundlegende Fähigkeiten beibringen: Wie packe ich meine Tasche? Wie organisiere ich mich? Es gilt herauszufinden, ob sie zu Hause überhaupt einen Platz für ihre Schulsachen haben. Wenn es kein Regal gibt, rät er ihnen, sich einen Bananenkarton unter den Tisch oder unters Bett zu stellen, damit Hefte und Bücher nicht in der Wohnung herumfliegen. Das alles kostet viel Zeit. Die Schule hat eineinhalb Stellen für Sozialpädagogen. Was die nicht schaffen, müssen die Lehrkräfte übernehmen. «Früher konnten wir das besser machen», meint Frieder Bachteler, der langjährige Schulleiter, « aber in den letzten zehn Jahren hat sich das Arbeitsvolumen für Lehrer deutlich vergrößert. Wir haben schätzungsweise eine dreißigprozentige Zusatzbelastung. Als ich anfing, hatte ein Gymnasiallehrer 23 Stunden zu unterrichten, heute sind es 28 oder 29 Unterrichtsstunden. Dadurch haben die Kollegen weniger Zeit, sich darum zu kümmern. Und die Sozialarbeiter können das nicht alles auffangen.» Häufig heißt es, Lehrer sollten sich mal in der Wirtschaft bewähren. Bachteler macht den umgekehrten Vorschlag: «Ich würde mir wünschen, dass ein paar Wirtschaftsbosse hier eine Woche lang ausprobieren, wie sie mit den Schülern sechs Stunden am Tag klarkommen. In eine Klasse zu kommen, und die Schüler tun so, als seien Sie nicht anwesend. Sie sagen: Könnt ihr mir mal bitte zuhören! Und es interessiert niemanden. Das muss man alles erst mal aushalten!» Eine Schule im sozialen Brennpunkt, so meint er, brauche unbedingt einen besseren Personalschlüssel und kleinere Klassen.

Die größte Sorge gilt der Frage, was die Schüler machen, wenn sie die Schule verlassen. In der achten Klasse fängt die Berufsorientierung an, Bewerbungen und Lebensläufe werden geschrieben. «Da gibt es Kinder», seufzt Sozialpädagoge Jürgen Moser, «die wissen nicht, was ‹Adresse› heißt. Sie kennen das Wort nicht. Sie können normal Deutsch sprechen, aber wenn da steht ‹Geburtsort›, dann schreiben sie: ‹Krankenhaus›. Das sehen wir durchaus auch bei deutschen Kindern. Da muss man erst mal drauf kommen, dass sie das nicht wissen!» In der neunten Klasse gibt es für einige Schüler deshalb ein spezielles Rechtschreibprogramm. Und für alle ein mehrwöchiges Praktikum in der Arbeitswelt.

Die Schülerinnen und Schüler der 9b haben das gerade hinter sich. Sie waren in Autowerkstätten, in der Zahnarztpraxis, im Kindergarten, im Verkauf, beim Versicherungsmakler, Rechtsanwalt oder beim Friseur. Einige wollten eigentlich etwas anderes machen, haben sich aber zu spät drum gekümmert. Der Weg aus dem Stadtteil hinaus scheint vielen zu weit, manche große Firma zu fremd. Sie halten sich lieber an Vertrautes und bleiben so beim Bäcker oder in der Drogerie an der Ecke hängen. Nur wenigen hat das Praktikum gefallen. Die meisten empfanden es als «langweilig» oder «zu anstrengend», meist beides gleichzeitig. Nun sollen sie ihre Erfahrungen schriftlich auswerten, beschreiben, welche Stellen ihr Praktikumsbetrieb anbietet und welche Voraussetzungen dafür verlangt werden.

Die Konzentration fällt ebenso schwer wie das Formulieren. Alina ist schon fertig. Sie hat eine dicke, vorbildliche Mappe über ihr Praktikum in einer Anwaltspraxis angefertigt, obenauf ein sehr gutes Zeugnis. Tarek, der «Franzose», starrt Löcher in die Luft und wackelt nervös mit den Beinen. Juri hat – wie immer – kein Arbeitsmaterial mit. An einem Kugelschreiber lutschend, läuft er von einem zum anderen, um sich einen Bleistift zu leihen. Alina erbarmt sich schließlich. Juri möchte sich nun nach vorne neben den Lehrertisch setzen. Klar, darf er. Dort schreibt er einen Satz. Fertig. «Keine Lust!» Marco liegt über dem Tisch neben ihm. Er malt und verkündet, dass er sowieso Künstler werden möchte: «Wo man nicht so viel tun muss und trotzdem viel Geld verdient.» Immerhin hat er eine halbe Seite in Viertklässler-Deutsch über sein Praktikum in der Küche eines Kindergartens zu Papier gebracht. Ein paar Mädchen schreiben und tuscheln.

«Gleich kommt Herr Moser und bietet an, mit einigen zum Recherchieren in den Computerraum zu gehen», flüstert der Klassenlehrer. «Das wollen sie alle und vertrödeln dann viel Zeit am Computer ohne Ergebnis.» Und warum wird das nicht einfach gestrichen? Das geht nicht, denn einige brauchen wirklich

Informationen. Thomas Benthack weist die Klasse nochmal auf vorhandene Nachschlagewerke wie «Beruf aktuell» hin. Nein, da stehe das alles nicht drin, behaupten die Schüler. Der Sozialpädagoge erscheint, und tatsächlich: Alle wollen an die Computer. «Früher», bedauert Jürgen Moser, «konnten wir den einen oder anderen bei einfachen Tätigkeiten unterbringen. Diese Arbeiten gibt es nicht mehr.» So sind aus Kfz-Mechanikern und Autoschlossern Mechatroniker geworden, die zwar nicht mehr verdienen, aber höhere Anforderungen erfüllen müssen. Früher reichte ein Hauptschulabschluss, heute ist der Realschulabschluss Voraussetzung. Hinzu komme, dass Berufe im handwerklichen und technischen Bereich bei Eltern und im Umfeld der Schüler kein gutes Image haben. «Bevorzugt werden Jobs, wo man sich nicht die Finger schmutzig macht», stellt Jürgen Moser fest, «Bauberufe haben ein ganz schlechtes Ansehen.»

«Damit können wir den Eltern nicht kommen», pflichtet ein Lehrer bei. «Ihr wollt ja nur, dass wir Ausländer die niedrigen Arbeiten für euch machen», heißt es dann. Wenn aber die Zeugnisse nicht gut genug sind, verbauen allzu ehrgeizige Ansprüche den Jugendlichen ihre realistischen Chancen.

Tarek zum Beispiel wollte eigentlich gerne Bauingenieur werden. Der Sozialpädagoge hätte sich gut vorstellen können, dass er nach der Ausbildung in einem handwerklichen Beruf den zweiten Bildungsweg nimmt. Doch offensichtlich haben die Eltern Einspruch eingelegt. Nun plant der Junge eine Ausbildung im Anwaltsbüro. Viel Schreibarbeit sei das, klärt eine Mitschülerin ihn auf: «Man muss sehr gut Deutsch können, auch Grammatik. Man muss Diktate schreiben, und zwar schnell.» Nicht unbedingt Tareks Interessengebiet, aber er zuckt nur mit den Schultern. Später will er das Abitur nachholen. «Es heißt oft», berichtet Moser: «Geh weiter zur Schule, nach dem Motto: Die eine Prüfung hast du nicht geschafft, aber in der nächsten wird es klappen.» Natürlich sei höhere Qualifikation wichtig, aber für viele Schüler sei eine Ausbildung direkt nach der Schule von Vorteil. «Da einen guten Abschluss zu erreichen, ist oft sinnvoller als eine weitere Schulkarriere.» Danach bleibt immer noch der zweite Bildungsweg. Wie weit es ein Schüler schafft, so seine Beobachtung, sei nicht so sehr von der Nationalität abhängig als vielmehr davon, welches Gewicht die Familie auf Bildung lege.

Aus der 9b wird die 10b, im Juni 2009 feiern alle ihren Abschied. Und siehe da, sie haben es geschafft, eine Abschlussfeier zu organisieren. Das gelingt längst nicht jedem Jahrgang. Vierhundert Mütter, Väter, Lehrer und Geschwister sitzen in der Aula. Die Jungen erscheinen in Jackett und Schlips oder wenigstens in weißem Hemd. Die Mädchen sind vormittags beim Friseur gewesen, ihre ondulierten Haare schwingen beim Gehen auf den hohen Absätzen. Sie tragen farbenfrohe, glänzende Cocktailkleider in Knallrot, Türkis und Weiß, dazu die passenden Pumps. Jungen wie Mädchen sind aufgeregt und haben gerötete Wangen. Alle Schüler der 10b haben einen Abschluss geschafft: Ein Drittel der Schüler erreichte den Hauptschulabschluss, ein Drittel den Realschulabschluss, und das letzte Drittel hat eine Versetzung in die gymnasiale Oberstufe in der Tasche.

Preise werden ausgelobt, natürlich nicht für die Zeugnisse, sondern für ganz besondere Leistungen. Der erste «Scholli», ein goldgefärbter Tintenfisch aus Ton, geht an einen Jungen, weil er nie gefehlt hat, der zweite an ein Mädchen für das gefährlichste Schuhwerk, zwei weitere «Schollis» werden für das schönste Lächeln vergeben. Marco erhält einen Preis als besondere pädagogische Herausforderung und Ayhan für den ausgefallensten Berufswunsch (Kanzler). «In eurem Jahrgang herrscht ein sehr gutes soziales Klima», lobt die neue Schulleiterin. «Geht los und seid euch darüber klar, dass die Zukunft nicht von Zufällen abhängt, sondern von euch selbst!» Alle sind glücklich, diesen Schritt geschafft zu haben; heute denken sie nicht darüber nach, was die Zukunft bringen wird. In einer Disko feiern und tanzen sie bis tief in die Nacht. Es fließen auch ein paar Tränen: Erleichterung, Abschiedsschmerz, Zukunftsangst und Freude – ein Cocktail der Gefühle.

Ein halbes Jahr später lädt der ehemalige Klassenlehrer zum Wiedersehen ein. Fast alle kommen. Manche hatten tatsächlich während der letzten Monate keinerlei Kontakt zu ihren ehemaligen Mitschülern. Bei Chips und Cola albern sie herum, amüsieren sich über alte Filme von früheren Klassenfahrten. Pia macht eine Ausbildung zur zahnmedizinischen Angestellten. Das war ihr Ziel, sie ist zufrieden, wird aber die Praxis wechseln, denn: «Der Arzt lässt mich nicht oft genug an den Stuhl.» Tarek ist tatsächlich bei einem Rechtsanwalt gelandet. «Es ist nicht langweilig», meint er, «na ja, manchmal schon, aber auch ein bisschen lustig.» Juri muss gerade sämtliche Körperteile auswendig lernen, er will Fitness-Pädagoge werden und besucht eine Privatschule. Ayhan arbeitet in der Firma seines Vaters. «Ich mach jetzt halt 'ne Ausbildung», erklärt er, «als Verkäufer für Immobilien, Immobilienmakler sozusagen.» Im Umgang mit den Kunden lässt er seinen Charme spielen. Die meisten aus der früheren 10b gehen weiter zur Schule: Gymnasium, Gesamtschule oder Handelsschule. Kanzler wird wahrscheinlich keiner, aber einige werden es zu etwas bringen im Leben.

Es gibt nichts Gutes – außer man tut nix

Trüffel und Schampus für reiche Schulkinder

Wir Deutsche zahlen viel Steuern, aber wir hatten lange das Gefühl, dass wir dafür eine gute Infrastruktur bekommen. Solidität ist uns wichtig. Inzwischen klaffen beim Gegenwert allerdings immer mehr Lücken, buchstäblich: Nach einem harten Winter bleiben in den Straßen Schlaglöcher zurück. Theater schließen, in kommunalen Schwimmbädern wird das Wasser immer kälter, wenn sie nicht ganz privatisiert werden. Weil die öffentlichen Haushalte aus dem letzten Loch pfeifen, sind auch viele Schulen in einem bedauernswerten Zustand. An der Schule unserer Töchter zum Beispiel regnet es durch, viele Räume wurden seit dreißig Jahren nicht vernünftig saniert. Es musste erst einem Lehrer ein Fenster auf den Kopf fallen, bevor ein Topf gefunden war, aus dem sich der Fensteraustausch bezahlen ließ. Eng ist es auch, es kommen viel mehr Schüler, als ursprünglich mal vorgesehen war. Die technische Ausstattung der meisten Klassenräume geht nicht über das hinaus, was wir aus eigener Schulzeit kennen: eine grüne Tafel vorne an der Wand.

Immer häufiger sehen sich Eltern gezwungen, zweimal in die Tasche zu greifen: einmal über ihre Steuern und außerdem in Form von Eigeninitiative, um der Schule ihres Nachwuchses zu helfen. Manche kaufen Farbe und streichen am Wochenende die Klassenzimmer, andere sammeln Geld für die Ausstattung der Räume – je nachdem was nötig ist.

Für amerikanische Schulen ist das ohnehin normal; sie leben von der Mitarbeit der Eltern. So hatten wir in Washington die Selbsthilfe als selbstverständlichen Teil des Schullebens kennengelernt. Wir verkauften Weihnachtsbäume und lieferten sie auch aus, halfen bei Basaren und Schulfesten. Natürlich stöhnen auch Amerikaner manchmal angesichts der vielfältigen Aktivitäten, die ihnen abverlangt werden: Bibliotheksdienst machen, Unterrichtsmaterial besorgen – das alles mehrmals im Jahr. Aber zum Wohle ihres Nachwuchses tun die Eltern alles: Sie investieren sehr viel Zeit und Geld, an öffentlichen ebenso wie an privaten Schulen. Nebenbei bemerkt, sind es auf beiden Seiten des Atlantiks in erster Linie die *Mütter*, die aktiv werden, und zwar unabhängig davon, ob sie berufstätig sind oder nicht.

«Ohne diesen Einsatz der Eltern», so der Leiter einer öffentlichen Schule in Washington, die unsere ältere Tochter besuchte, «hätten wir keinen Sport- und keinen Kunstunterricht, auch keine Bibliothek! Nur Lesen, Schreiben und Rechnen gehören zum Basisangebot einer Grundschule, für den Rest müssen Eltern und Lehrkräfte selbst sorgen!»

In manchen Gegenden – das ist regional sehr unterschiedlich – genügen öffentliche Institutionen nicht einmal den Mindestanforderungen. Die Eltern dort wissen: Entweder engagieren sie sich, oder sie müssen das Geld für eine kostspielige Privatschule aufbringen. Eine Freundin, die viel Zeit für die Schule ihrer Kinder aufbrachte, erklärte uns ihre Alternativen: Eine Privatschule – die konnte sie sich nicht leisten. Bliebe noch der Umzug in irgendeine fremde Gegend, die gute staatliche Einrichtungen zu bieten hat. «Oder», so ihre Entscheidung, «ich helfe meiner öffentlichen Schule, sich zu entfalten. Das ist für mich die beste Alternative, wenn auch anstrengend.» Packen Eltern in Amerika nicht an, um die Schule ihrer Kinder – sei sie nun staatlich oder privat – attraktiver zu machen, wird es garantiert niemand anders tun.

Eine Form der Geldbeschaffung wollten wir für die Unterstützung der neuen Schule unserer Kinder importieren: die sogenannte *Stille Auktion*. Das Phantastische an so einer Auktion ist, dass man nicht einfach jemandem Spendengeld aus der Tasche zieht, sondern dass alle Beteiligten am Ende davon profitieren. Versteigert werden nicht nur Sachen, sondern vor allem auch Dienstleistungen: Laubharken zum Beispiel, Nachhilfe, ein Kochkurs oder ein komplett organisierter Kindergeburtstag. In Washington erstellte eine Klasse im Kunstunterricht einen Wandteppich, der 800 Dollar einbrachte, weil sich alle Eltern um dieses gelungene Gemeinschaftswerk ihrer Kinder rissen und sich gegenseitig überboten. Auch Unternehmen aus der Nachbarschaft werden einbezogen: ein Haarschnitt vom Friseur, ein Delikatessenkorb vom Lebensmittelladen an der Ecke, eine Testamentsberatung vom Rechtsanwalt. Die örtlichen Firmen machen mit, weil ihnen eine gute Bildung der Kinder ihrer Stadt wichtig ist und weil sie mit der Spende für sich Werbung machen.

Schulen in wohlhabenden Gegenden bringen es unter Umständen auf bestaunenswerte sechsstellige Summen. An einer teuren Privatschule im Bundesstaat Wyoming stand zum Beispiel eine Woche auf einer luxuriösen spanischen Finca zur Versteigerung. Gleich zwei Familien waren ganz erpicht darauf, dort ihren Urlaub zu verbringen, und boten bis weit über den realen Wert. Dann fragte der Schulleiter den Spender, ob er die Finca vielleicht auch für *zwei* Wochen zur Verfügung stellen würde. Der willigte ein, und die Schule kam in den Genuss von zweimal 35 000 Dollar. Das ist natürlich kein alltägliches Ergebnis und schon gar keins, das sich an irgendeiner deutschen Schule wiederholen ließe. Aber auch Schulen mit einer nicht so exklusiven Elternschaft können durchschnittlich immerhin mit fünfstelligen Summen rechnen, wenn sich genügend Leute engagieren. Entscheidend für den finanziellen Erfolg einer *Stillen Auktion* ist nämlich nicht allein das Portemonnaie der Eltern, sondern wesentlich auch die Bereitschaft aller Gruppen an der Schule, sich für das gesetzte Ziel starkzumachen. Eltern und Lehrer entwickeln oft Ideen aus ihren Hobbys und besonderen Fähigkeiten.

Ein Vater, der Handwerker ist, bietet an, ein Regal zusammenzubauen. Eine Großmutter backt einen Kuchen. «Wir schauen nicht darauf, wer wie viel gibt», betonte eine amerikanische Mutter, «wir freuen uns über jeden Beitrag. Jeder gibt nach seinen Möglichkeiten.» Wenn die Spenden – meist Hunderte von Gegenständen und Dienstleistungen – beisammen sind, werden sie während eines Schulfestes versteigert, aber nicht, wie man das aus Filmen kennt, wo alle in einem Raum sitzen und die Hand zum Gebot heben, bis der Hammer fällt. *Stille Auktion* heißt: Für jede Spende hängt eine Liste aus, in die man sich mit einem Gebot eintragen kann. Dann schlendert man durch die Schule, redet mit anderen Eltern, besucht andere Stände und schaut von Zeit zu Zeit nochmal vorbei, um zu prüfen, wie hoch auf das Objekt der Begierde inzwischen geboten wurde. Vielleicht erhöht man sein Gebot für das Babysitting, den Restaurant-Gutschein oder was einen sonst interessiert. Das Mindestgebot beträgt meist fünfzig Prozent des wirklichen Wertes. Die Grundhaltung beim Bieten ist spielerischsportlich. Manche Teilnehmer entwickeln eine diebische Freude daran, Konkurrenten durch höhere Gebote aus dem Feld zu schlagen, andere freuen sich über ein Schnäppchen. «Am Ende ist ja alles für die Schule», freute sich ein Vater, «und zum Friseur muss ich sowieso.» Die Auktion dauert zwei, drei Stunden; der Letzte auf der Liste ist der Gewinner und zahlt. Das Geld geht direkt an die Schule. Die gemeinsame Aktivität hat auch einen sozialen Effekt: Das Sammeln und Einlösen von Spenden bringt unverhoffte Bekanntschaften, der Einsatz für ein gemeinsames Ziel schweißt die Schulgemeinschaft zusammen.

Dieses Ziel vor Augen, fand sich an der neuen Hamburger Schule unserer Kinder recht schnell ein Team von Eltern, die Lust hatten, eine *Stille Auktion* zu organisieren. Alle wussten, es würde ein Kraftakt werden. Denn selbst an amerikanischen Schulen, wo die jährliche Versteigerung schon Tradition ist, kämpfen die Aktiven gegen die Lethargie der restlichen Schulmitglieder und müssen jedes Jahr erneut Überzeugungsarbeit leisten. Etwas Fremdes einzuführen, eine unbekannte Form des Fundraisings, würde sicher noch schwerer sein. Aber in gewisser Weise machte es den Reiz des Unternehmens aus. Wir erwarteten also Hindernisse und Schwierigkeiten. Wir rechneten allerdings nicht mit dem schweren ideologischen Geschütz, das später gegen uns aufgefahren werden sollte.

Arglos begann die Elterninitiative mit der Vorbereitung. Eine Mutter entwickelte ein Design für Logo und Veröffentlichungen. Ein Vater baute eine professionelle Website auf. Wir entschieden uns, dazu beizutragen, dass die Schule ein neues Kunstatelier bekommt. Denn fast tausend Schüler müssen mit zwei Kunsträumen auskommen. Die Gesamtkosten von schätzungsweise 90 000 Euro würde die Versteigerung zwar längst nicht einbringen, aber sie würde einen Grundstock schaffen, der weitere Sponsoren motivieren könnte. Das Auktionsteam verteilte Infos, schrieb Rundmails und warb bei schulischen Veranstaltungen für das Vorhaben. Auf manchen Elternabenden und Lehrerkonferenzen machten wir nun eine Erfahrung, die Lehrer wohl tagtäglich machen: vorne stehen, reden und keine Ahnung haben, wie das Gesagte ankommt. «Haben Sie noch Fragen?» Schweigen. Hier und da zustimmendes Klopfen. Meist blieb die Ungewissheit: Was halten die nun eigentlich von der Idee?

Wir hielten durch und sammelten fast 400 Spenden: Fußballtickets und Theaterkarten, Hörbücher und Gutscheine für Abendessen, Selbstgebackenes, Katzenimpfungen, Autowäschen und Zahnreinigungen. Alles zusammen ergab eine sagenhafte Summe von rund 45 000 Euro. Das Highlight hatten wir der Großzügigkeit einer Washingtoner Freundin zu verdanken. Die fand es «crazy», sehr verrückt, dass eine typisch amerikanische Schulauktion nach Deutschland importiert werden sollte, und stellte spontan ihr großes Haus für eine Woche zur Verfügung. «Ich reise sowieso viel durch die Gegend», meinte sie, «ihr könnt es haben, wenn es euch hilft.» Es wurde die Top-Spende. Wir waren froh über diesen Erfolg, aber wie wir lernen mussten, darf man in Deutschland nicht zu erfolgreich sein. Auch nicht für einen guten Zweck.

Wir präsentierten alle Angebote auf der Website und in einem Hochglanzkatalog. Wer wird schon fotokopierte und zusammengeklammerte Seiten lesen?, überlegten wir. Wir wollten ein ansprechendes Magazin, das die Leute neugierig macht und auch für Anzeigenkunden attraktiv ist. Das war ein Risiko, denn besseres Papier kostet. Aber unsere Rechnung ging auf, der Katalog finanzierte sich durch Inserate. Im nächsten Schritt kam es drauf an, die gespendeten Artikel zu verkaufen. Amerikanische Schulen nehmen durchschnittlich die Hälfte des gespendeten Wertes ein; also konnten wir im besten Fall mit gut 20 000 Euro rechnen. Die Versteigerung startete online – ähnlich wie bei eBay. Der entscheidende letzte Akt, die eigentliche *Stille Auktion*, sollte im Rahmen des alljährlichen Schulfestes stattfinden, das immer sehr gut besucht wird. Jetzt musste es nur noch gelingen, die Besucher in die etwas abgelegene Aula zu locken. Wir brauchten einen Paukenschlag, der von niemandem überhört werden würde.

Eine Mutter, Redakteurin für das Thema Essen und Getränke, hatte schließlich die zündende Idee: «Hamburg hat doch außergewöhnlich viele Sterneköche. Vielleicht können wir einige überreden, in unserer Aula zu zeigen, wie ein leckeres, gesundes Pausenbrot aussehen sollte.» Als Startschuss für die Versteigerung planten wir also eine Veranstaltung mit dem Titel *Das ultimative Schulbrot*. Auch unser indonesischer Schulkoch sollte mitmachen. Er hat als Ein-Euro-Jobber in der Schulcafeteria angefangen. Inzwischen sorgt er als Kleinunternehmer täglich für warmes Mittagessen und veranstaltet Kochkurse für Schüler und Erwachsene. Er war sofort begeistert, die angesprochene Prominenz zu unserer Überraschung ebenso: Fünf Gourmetköche sagten zu. Sie alle haben knüppelharte Arbeitszeiten. Es ist bemerkenswert, dass sie sich einen halben Tag freimachten, um für eine Schule ein gutes Werk zu tun. Das Auktionsteam hatte es geschafft, fünf Hamburger Top-Köche zum ersten Mal zu einer gemeinsamen Benefizaktion zusammenzuführen. Tom sollte moderieren. Die regionalen Zeitungen kündigten sich an. Es wurde ein Lehrstück über voreingenommene schlampige Pressearbeit und Sozialneid.

Eine junge Reporterin von der «Hamburger Morgenpost», Wiebke Toebelmann, rief an und fragte vor allem nach Zahlen: was der Katalog gekostet habe, wie viel Quadratmeter der Kunstraum haben solle, wie viel Geld wir einnehmen würden usw. Dann drückste sie etwas herum und meinte: «Nun muss ich mal fragen, diese Schule gehört ja zu den privilegierten ... Es gibt Schulen, die es nötiger haben, Schulen, bei denen es durchregnet ...» Da konnte Sabine sie beruhigen, denn das angeblich «privilegierte» Dach war schon seit längerem undicht. Dass die Schule im bürgerlichen Hamburger Westen steht, hat keinerlei Auswirkung auf ihre Ausstattung. «Nach dem letzten Regenguss mussten die Schüler mal wieder einen Bogen um die Wassereimer in der Pausenhalle schlagen», erklärte Sabine der Lokalreporterin, die darauf ganz enttäuscht reagierte: «Oh, da kann ich ja jetzt mit meinem kritischen Fragenkatalog gar nicht mehr weitermachen.» Lachen an beiden Enden der Leitung.

Am Tag danach erschienen die Sterneköche zum Fototermin. Einer hatte Verpflegung mitgebracht, damit alle etwas zum Knabbern hatten und nicht so steif vor den Fotografen herumstanden. Die Köche waren entspannt und bester Dinge, erzählten von ihrer eigenen Schulzeit und bissen lachend in die Pausenbrote. Mittenmang unser indonesischer Schulkoch. Die Schulleiterin bot Frau Toebelmann von der «Morgenpost» eine Tour durch das Gebäude an, um ihr die renovierungsbedürftigen Räume zu zeigen. Die Reporterin lehnte ab. Nicht nötig, das könne sie sich schon vorstellen. Sie wollte sich wohl ihre Vorurteile nicht durch einen Blick auf die Wirklichkeit erschüttern lassen. Am nächsten Morgen erscheint ihr Artikel. Titel: «Promiköche fördern reiche Schulkinder»*.

«Promiköche», das klingt nach Kaviar, Trüffel und Champagner. «Reiche Schulkinder», die haben sowieso schon viel zu viel, wurden großzügig bedacht vom Leben. «Promiköche und reiche Schulkinder» – das klingt obszön! Ein «reiches Schulkind» ist kein Kind, das einen netten Lehrer und einen schönen Klassenraum verdient hat, von einem neuen Kunstatelier gar nicht zu reden. Hier schwimmen Leute im Geld und können den Hals nicht vollkriegen, liest man zwischen den Zeilen, wo lauter hohe Summen und bewährte Reizworte aneinandergesetzt werden: 90 000 Euro! 45 000 Euro! *Luxus*haus in Washington! *Hochglanz*-Katalog! *Edel*-Gymnasium! … Will sagen: Die Reichen schmeißen mit dem Geld nur so um sich. Durch «persönliche Kontakte» seien die Anzeigenkunden gewonnen worden, wird ausdrücklich erwähnt, als habe man gerade ein Komplott aufgedeckt: «Auch dass Sterneköche die Werbetrommel rühren, ist kein Zufall … Man kennt sich eben.» Eine Verschwörung von Müttern, Unternehmern und Michelin-Köchen zur Förderung eines Edel-Gymnasiums!

Abgerundet wird der Bericht durch ein Zitat des Landesvorsitzenden der Gewerkschaft Erziehung und Wissenschaft, der wunschgemäß bekräftigt, dass eine derartige «Versteigerungsaktion in ärmeren Stadtteilen so nicht möglich (sei), weil die zahlungskräftige Schulöffentlichkeit dort fehlt». Mit anderen Worten: An einem Gymnasium darf nichts laufen, was nicht auch an einer Förderschule umsetzbar wäre. In einer biederen Einfamilienhaus-Gegend darf nichts unternommen werden, was nicht auch im sozial benachteiligten Hochhausviertel funktionieren würde.

---

* Hamburger Morgenpost, 12.9.2008.

Die meisten haben sich über dieses Stück sogenannter Bericht-erstattung nur amüsiert, aber es zeigt eine Haltung, die leider nicht untypisch ist und deshalb ein paar Worte verdient. An der Schule selbst gab es breite Unterstützung. Aber auch hier wurden Vorbehalte geäußert. Einige meinten, sie zahlten so-wieso schon genug Steuern und nun sei der Staat mal dran. Aber die meisten Bedenken hatten einen anderen Hintergrund. Inter-essanterweise provozierte insbesondere der großartig gestaltete Auktionskatalog Einwände: «Muss es denn Hochglanz sein?»

«Promiköche – Medien – unsere Schule, ich denke, da kommt Sozialneid auf», befürchtete eine Mutter und mochte deshalb die Auktion nicht unterstützen. Die Versteigerung sei «kein Modell für alle Schulen», gab eine andere zu bedenken, «man sollte dem Staat nicht die Möglichkeit geben, sich aus der Verantwortung zu stehlen». Ergo lieber nichts tun.

Es geht um Gerechtigkeit, und die ist in den Augen vieler nur herzustellen, wenn wir Gleichheit haben. Anstatt nun darüber zu diskutieren, wie man auch Schulen in benachteiligten Umgebun-gen eine bessere Ausstattung verschaffen könnte, hält man sich in Deutschland gerne damit auf, etwas zu verhindern. Was die ei-nen nicht haben, sollen die anderen auch nicht haben. Das nützt am Ende niemandem, aber für manche fühlt sich das offensicht-lich gerecht an. Der Ressortleiter der «Morgenpost» findet die Versteigerung «unfair». «Weil hier Geld für sowieso schon Pri-vilegierte gesammelt wird. Fakt ist», begründet er seinen Stand-punkt, «Sie machen das für eine Schule im Hamburger Westen und nicht für eine Schule in Billstedt.»

Fakt ist: Die Schulen im sozial benachteiligten Hamburger Stadtteil Billstedt können sich durchaus sehen lassen. Die Ge-samtschule Mümmelmannsberg – in einer Billstedter Hochhaus-siedlung, die man als Prototyp des sozialen Brennpunkts bezeich-nen könnte – gehört «deutschlandweit zu den angesehensten Schulen», urteilte eine Zeitung vor ein paar Jahren. Raten Sie mal, welche. Es war die «Morgenpost»: «Von der Ausstattung in Mümmelmannsberg können andere Schulen nur träumen.»* Sicher fände es niemand «unfair», wenn sich Eltern, Schüler oder Lehrer in Mümmelmannsberg um eine noch bessere Ausstattung bemühen würden, um ein Kunstatelier zum Beispiel. Selbst ein Lehrer unserer Schule befand, die aktiven Eltern müssten sich fragen lassen, warum sie sich nicht für «weniger privilegierte Kinder» einsetzten. Die Antwort ist simpel: weil diese Kinder unsere Kinder sind! Soll man ernsthaft seine eigenen Kinder vernachlässigen, weil es sonst nicht «gerecht» zugeht? Im Übrigen engagieren sich tatsächlich viele Eltern auch für benachteiligte Kinder – nachdem sie sich um ihre eigenen gekümmert haben.

Um Fakten geht es nicht in dieser Diskussion, sie wird vom Neidgedanken gespeist und rein emotional geführt. Die «Morgenpost»-Reporterin kam mit dem Auftrag im Kopf, der Elterninitiative im «reichen» Hamburger Westen kritisch auf den Zahn zu fühlen. «Na ja, Sie sind ja auch Journalistin», erklärte die junge Kollegin Sabine, «ich habe mit meinem Chef gesprochen, und … Sie kennen ja diese Zwänge.» Viel mehr erklärte sie nicht. Neid kommt an in Deutschland, ist immer eine Schlagzeile wert.

So sind die Sterneköche auf der einen Seite zwar sehr populär, doch auf der anderen Seite müssen sie sich als exponierte Vertreter teurer Genüsse auch schon mal gefallen lassen, dass ihre Buffets gestürmt und ihre Fenster eingeschlagen werden. Unter der Überschrift «Luxus ist, was Neid erregt» mokiert sich der Kolumnist und Gourmetpapst Wolfram Siebeck über «die misstrauische Einstellung der Deutschen zum kulinarischen Genuss, welche gleichzeitig durch Genügsamkeit und schlechtes Gewissen gekennzeichnet ist. Indem Luxus als unmoralisch und unsozial verdächtigt wird, gerät er in die Rolle der Trauben, die der Fuchs als sauer definiert, weil er sie nicht erreichen kann.»

* Hamburger Morgenpost, 19.9.2002.

Wer so teuer serviert, dem kaufen viele die soziale Ader nicht ab. Da mögen sie auch für die Welthungerhilfe, Obdachlose, Migrantenkinder und Krankenhäuser kochen, es findet sich schnell einer, der meint, das täten sie nur der Publicity wegen. In einem Internet-Blog, der sich mit der Unterstützung der Köche für das «Edel-Gymnasium» beschäftigte, kommt ein Beteiligter zu dem Schluss, die Pausenbrote seien nur für die Medien geschmiert worden: «Ich unterstelle mal, dass der Hintergrund der Köche doch eher darin liegt, für die eigenen Restaurants neue Kunden zu generieren.» Mit anderen Worten: Opfer müssen im Verborgenen gebracht werden, Spenden müssen weh tun, sonst ist die Hilfe nichts wert. Das sehen die Nutznießer der guten Taten sicher anders. Während Sponsorenwerbung im Sport allgemein akzeptiert wird, stößt sie im karitativen Bereich auf große Skepsis.

Wir fanden es gerade attraktiv, dass alle Beteiligten einen Nutzen aus der Auktion ziehen konnten, und der Erfolg hat uns recht gegeben. Nahezu 20 000 Euro sind alles in allem zusammengekommen. Kein schlechter Anfang! Unsere Ausgaben abgerechnet, bleiben 15 000 Euro für die Schule – dachten wir. Aber da hatten wir die Rechnung ohne den Wirt gemacht. Der Wirt, das ist in diesem Fall der Staat. Der hielt erst mal die Hand auf.

Als die Steuerberaterin des Schulvereins von den ungewöhnlichen Aktivitäten, die wir veranstalteten, Wind bekam, schlug sie die Hände über dem Kopf zusammen. Recht blauäugig hatten wir nicht bedacht, dass auch gemeinnützige Vereine steuerpflichtig sind. Die meisten hatten sich darüber noch nie Gedanken gemacht und erkannten nun einigermaßen erstaunt, dass der Staat am gemeinnützigen Sektor mitverdient. Auch das Verkaufen von gespendetem Kuchen, erklärte uns das Finanzamt, gelte als wirtschaftlicher Geschäftsbetrieb und sei somit steuerpflichtig. Übersteigen die Jahreseinnahmen 17 500 Euro, ist Umsatzsteuer zu zahlen, ab 35 000 Euro werden obendrein Körperschaftssteuern fällig. Würde aufgrund der Auktion die Freigrenze überschritten, müsste der Schulverein künftig jede Eintrittskarte für Schülerkonzerte und jeden auf dem Schulfest verkauften Wackelpudding versteuern.

Auch das Steuerrecht empfiehlt also: Nicht zu erfolgreich sein! Solange ein gemeinnütziger Verein nur um Spenden bittet und diese ohne Gegenleistung einstreicht, fallen gemeinhin keine Steuern an. Doch in dem Moment, wo jemand erkannt hat, dass die selbstlose Spendenfreudigkeit ihre Grenzen hat, und nach anderen Modellen des Sponsorings und Fundraisings sucht, wird die Lage unübersichtlich.

Willibald Geueke ist Leiter der Fundraising-Abteilung des Malteser Hilfsdienstes und rät, Energie nicht in kleinkarierten Steuerdebatten zu verschwenden, sondern die geforderten Abgaben einfach zu zahlen: «Der Bereich ‹Steuern und Gemeinnützigkeit› füllt meterweise Bücherregale. Der Sponsoring-Bereich ist sehr kompliziert, auch weil er von der Tagesform des jeweiligen Finanzamtes abhängt. Wenn Sie eine verbindliche Auskunft haben wollen, dann warten Sie so lange, bis das Sponsoring-Projekt schon gelaufen ist.» Wer nicht zu viel Geld verlieren will, muss entweder einen Steuerberater finden (und bezahlen) oder Broschüren und Paragraphen studieren und selbst mit dem Finanzamt verhandeln. Das gilt für eine Versteigerung ebenso wie für Tombolas und Wohltätigkeitsbuffets. Der Vorsitzende des Bundesverbandes Deutscher Stiftungen, Hans Fleisch, schlägt vor, die Freibeträge für wohltätige Versteigerungen und Ähnliches zu erhöhen: «Es ist wirklich nicht einzusehen, dass jeder Verein, der Kaffee und Kuchen verkauft für neue Kirchenbänke, gleich einen Steuerberater braucht.»

Das Hamburger Auktionsteam hatte Glück: Eine Steuerberaterin bot honorarfrei ihre Hilfe an und fand in Gesprächen mit dem Finanzamt einen Weg, der im konkreten Fall Steuerzahlungen vermied.

Die Versteigerung durfte nun nicht mehr im Namen des Schulvereins, sondern musste im Namen einer Elterninitiative durchgeführt werden. Diese wiederum ist kein eingetragener Verein und darf deswegen keine Spendenbescheinigungen ausstellen. Einige Spender hat dies verärgert, sie machten nicht mehr mit. Völlig unverständlich für Finanzamt und Steuerberater, die das unaufgeregt kommentieren: Die meisten Unternehmen hätten nicht begriffen, dass ihnen Steuerbescheinigungen für Sachzuwendungen sowieso keine Vorteile brächten. Denn die Sache, die gespendet wird, müsse zuvor als Einnahme verbucht werden. Für jeden Steuerexperten eine völlig logische Angelegenheit. Für den normalen Menschenverstand allerdings nicht.

Nach diesen Erkenntnissen waren wir gar nicht mehr so sicher, ob unsere gutgemeinten Aktivitäten für die Schule nun eher Fluch oder Segen bedeuteten. Aber die zweite Versteigerung brachte wieder eine ansehnliche Summe ein und ermöglichte es, fünf Klassenräume mit modernen Medien auszustatten, die von Schülerinnen, Schülern und Lehrkräften begeistert genutzt werden. Ein Erfolg! Aber wenn solche Anstrengungen als «unsozial» gebrandmarkt werden, dann wird sich irgendwann niemand mehr ehrenamtlich engagieren. Warum Gutes tun und sich beschimpfen lassen?

Familienmodelle: drei Jobs für zwei Personen

Zum Geburtstermin beim Rolling-Stones-Konzert

Wir sind eine ganz normale Familie: Mama, Papa und zwei Kinder. Wir sind nicht geschieden, haben unser Auskommen und führen ein interessantes Leben; unsere Ältere findet uns viel zu streng und zu spießig, aber die Jüngere nimmt uns noch in Schutz. Wir ahnen, sie wird ihre Meinung auch noch ändern, aber alles in allem ist unser Familienleben eigentlich ganz in Ordnung, und wir haben die Hoffnung, dass auch unsere Kinder diesem Urteil – mit Abstrichen natürlich – einmal zustimmen werden. Trotzdem ist klipp und klar: Unsere Art zu leben können wir unseren Töchtern auf keinen Fall als Modell empfehlen.

Wir heirateten genau in dem Jahr, als man zum ersten Mal frei entscheiden konnte, dass beide Partner ihren Geburtsnamen behalten. Kein Zwang mehr zum einheitlichen Familien- oder zum Doppelnamen. Bis 1991 durfte der Standesbeamte noch automatisch den Namen des Mannes in die Heiratsurkunde eintragen, wenn sich die Ehepartner nicht einigen konnten. Seit 1976 ist es überhaupt erst möglich, den angestammten Namen der Frau zum Familiennamen zu bestimmen. Die DDR war etwas schneller in Sachen Gleichberechtigung und erlaubte das bereits rund zehn Jahre früher. Sei's drum, all diese Änderungen sind nun seit Jahrzehnten in Kraft, aber noch heute wird Sabine regelmäßig gefragt: «Warum haben Sie denn nicht den Namen Ihres Mannes angenommen?» Sabine tut dann immer sehr erstaunt: «Oh, warum sollte ich? Fragen Sie ihn doch mal, warum er meinen Namen nicht angenommen hat!» Gute Frage: Warum heißt Tom Buhrow eigentlich nicht Tom Stamer?

Der Wandel des Namensrechts ist nur ein Zeichen, wie sehr sich die Institution Ehe in den vergangenen Jahrzehnten verändert hat. Tatsächlich bestanden noch zu unseren Lebzeiten Gesetze, die die Ehefrau quasi zum Eigentum des Mannes erklärten und von ihr verlangten, ihm zu gehorchen. Der Ehemann war in vieler Hinsicht der Herr und Gebieter im Haus. Unsere Töchter mögen das für einen Witz aus der Steinzeit halten, aber als wir so alt waren wie sie, da hatte der Ehemann noch das Recht, das Vermögen seiner Frau zu verwalten und alleinherrlich den gemeinsamen Wohnsitz zu bestimmen. Er durfte über die Berufstätigkeit seiner Frau entscheiden. Sie hingegen hatte die Pflicht zur Haushaltsführung. Letztere wurde erst 1977 abgeschafft. Und es dauerte noch einmal zwanzig Jahre, bis 1997, bis das Gesetz verheirateten Frauen ein Recht auf sexuelle Selbstbestimmung garantierte und Vergewaltigung in der Ehe als Verbrechen einstufte.

Die Ehefrau als Untertanin – das kam nach der 1968er Studentenbewegung bei immer weniger Frauen gut an. Frauen wollten ihre Rechte nicht mehr freiwillig aus der Hand geben. Umgekehrt begannen die Männer zu ahnen, dass die Pascha-Zeiten vorbei waren und dass sie mit einer Ehe von nun an mehr und mehr Verpflichtungen eingehen würden. Das verdarb so manchem den Spaß am Heiraten. Die Institution Ehe geriet in Misskredit, die Zahl der Eheschließungen nahm kontinuierlich ab. Obwohl das aktuelle Eherecht nach zahlreichen Änderungen nun auf Gleichberechtigung basiert, entscheiden sich viele Menschen heute für andere Formen des familiären Zusammenlebens.

Ob wir nun heiraten oder nicht, Tatsache ist, dass alle Kinder zunächst von einer Mutter und einem Vater gezeugt werden und dass sich spätestens ab dem Zeitpunkt ihrer Geburt jemand um sie kümmern muss. Dafür sollte die Ehe lange Zeit einen Rahmen bieten. Dieser wird von vielen Müttern und Vätern nun nicht mehr akzeptiert. Das Problem ist nur, dass wir eine wirkliche Alternative noch nicht gefunden haben. Während wir uns daranmachen, alte Strukturen zu demontieren, befinden wir uns noch auf der Suche nach akzeptablen Lösungen. Egal für welche Form des Zusammenlebens sich Familien entscheiden, nichts scheint wirklich zur Zufriedenheit aller zu funktionieren. Irgendeine/-r hat fast immer das Gefühl, den Kürzeren zu ziehen. Ob formal verheiratet oder nicht, alle Eltern stehen vor der Frage: Wer wendet wie viel Zeit auf für Kinder und Haushalt?

Wir haben uns für eine ungleiche Aufgabenteilung entschieden, ein eher traditionelles Modell: Mann geht raus in die große weite Welt und sorgt für den Unterhalt. Frau bleibt zu Hause und versucht zwischen Windelwechseln und Spielplatzbesuchen ihre freischaffende Tätigkeit als Teilzeitjob fortzuführen. Als die Tochter im Supermarkt Pipi auf den Käse im Einkaufswagen machte, wo war da der Vater? Im Schneideraum! Als sie halb ohnmächtig ins Krankenhaus musste, wo war er? Auf irgendeinem kalifornischen Berg zum Drehen. Im Grunde fing alles schon vor der Geburt an. Wo war der werdende Papa zum errechneten Geburtstermin seines ersten Kindes? Im Stadion auf einem Rolling-Stones-Konzert! Zugegeben in derselben Stadt, aber nicht gerade um die Ecke.

Andere Familien finden andere Lösungen: Beide Eltern gehen auf Teilzeit; der Mann übernimmt die Hausmann-Rolle und wird hauptberuflicher Vater; beide gehen einem Vollzeitjob nach und vertrauen ihre Kinder einem komplizierten Geflecht aus Aupair, Haushälterin- und Großeltern-Betreuung an. Viele Varianten werden ausprobiert, um die klassische Arbeitsteilung zu überwinden. Wir persönlich kennen nur eine einzige Familie, wo nicht am Ende die letzte Verantwortung bei der Mutter liegt. Ob sie nun gar nicht oder Teilzeit arbeitet oder einen anspruchsvollen Karrierejob hat: *Sie* hat die Telefonnummer vom Kinderarzt und schreibt die Einkaufszettel. *Sie* organisiert Ersatz, wenn die Kinderfrau krank wird. *Sie* weiß, wann der Turnbeutel mitgenommen werden muss und wann die Flötenstunde anfängt.

Wenn irgendetwas schiefgeht, baut *sie* in den meisten Fällen ihren Zeitplan um. Zwar drängen Frauen ins Berufsleben, doch kann man nicht behaupten, dass es ein Gedränge gibt, wenn es darum geht, die traditionellen Familienarbeiten zu verteilen. Sicher sind die Patriarchen, die sich nach dem Essen mit der Zeitung in den Ohrensessel fallen lassen, während in der Küche das Geschirr klappert, auf dem Rückzug, doch noch haben sich die Verhältnisse nicht grundsätzlich geändert.

Gleichgültig, wer sich darum kümmert, Fakt ist: Kinder und Haushalt machen Arbeit. Wie viel, das ist abhängig von Zahl und Alter der Kinder. Für eine ganze Reihe von Jahren muss man dafür aber mindestens eine Vollzeitstelle veranschlagen. Bis vor einiger Zeit wurde das meist in bekannter Weise gehandhabt: Einer verdient das Geld, eine bleibt zu Hause. Jetzt wollen beide Geld verdienen, und wir haben ein Problem: Nämlich drei Vollzeitjobs für zwei Menschen. Wer will den dritten Job schon annehmen, wenn er weder Geld noch Ruhm einbringt? Im Gegenteil: Er verursacht Kosten und bringt ein schlechtes Image.

Es gab Zeiten, da war das anders. Es galt als erstrebenswert, von *einem* Einkommen leben zu können, sodass die Frau nicht arbeiten gehen musste, und zwar sowohl in Arbeiterhaushalten als auch in begüterten Familien. In vielen Migrantenfamilien gilt das heute noch. Natürlich gab es schon immer Frauen, die dagegen rebellierten, dass ihnen ein Teil der Außenwelt verschlossen blieb, aber die meisten wussten zu schätzen, dass sie von Doppelbelastung verschont blieben. Hausfrau und Mutter war von jeher ein unbezahlter Job mit vielen Beschränkungen, aber immerhin wurde anerkannt, dass hier ein Haufen Arbeit zu erledigen war, den jemand anpacken musste. Das scheint jetzt nicht mehr überall der Fall zu sein. «Tätigkeit: Hausfrau» kreuzten Frauen früher ganz selbstverständlich auf Formularen an. Heute dagegen hat so manche das Gefühl, sich rechtfertigen zu müssen, weil sie nur (!) Haushalt und Kinder versorgt. Wir haben einige Bekannte, die sich deswegen tatsächlich genieren: «Wenn sich andere auf Partys mit Namen und Beruf vorstellen, dann hoffe ich, übergangen zu werden», erzählt eine Freundin, «das klappt allerdings nicht immer. Wenn ich sage, dass ich nur für meine Kinder da bin, dann gucken alle komisch.» Andere Frauen berichten ausführlich von ihren gemeinnützigen Tätigkeiten oder beruflichen Zukunftsplänen, um zu überspielen, dass sie gerade keiner bezahlten Arbeit nachgehen. «Tätigkeit: Hausfrau und Mutter» – in bestimmten gesellschaftlichen Milieus scheint das ein Grund zu sein, sich zu schämen.

«Mir geht's doch gut zu Hause! Wir kommen mit einem Gehalt aus», hat eine etwas ältere Freundin in den 1980er Jahren zu Sabine gesagt. Sie hatte Mann und Sohn und genoss ihr Hausfrauendasein in vollen Zügen: «Wenn ich morgens die Betten gemacht habe, setze ich mich erst mal mit einem guten Buch hin und lese. Warum sollte ich in einem Büro ackern gehen? Ich wär ja schön blöd!» Auch in Frauengruppen, erinnert sich Sabine, kam der skeptische Einwand: «Wir kritisieren immer die Arbeitswelt, weil sie nichts mit Selbstverwirklichung zu tun hat. Warum sollen wir jetzt die Frauen zum Malochen drängen?» Die Fragen verhallten im Nichts. Wahrscheinlich, weil viele Frauen endlich in diese Arbeitswelt *wollten*. Es war allerhöchste Zeit, das Haus zu verlassen. Und niemand wird es schaffen, die weibliche Hälfte der Gesellschaft wieder in Küche und Kinderzimmer zu verbannen.

Allerdings: Was ursprünglich als Befreiungsschlag gemeint war, ist inzwischen zum Zwang geworden. Frauen müssen ebenso wie Männer arbeiten, nicht nur für ihr Selbstwertgefühl und aus Prestigegründen, sondern um für ihren Lebensunterhalt zu sorgen. Erstens ist die Haltbarkeit von Ehen und Partnerschaften drastisch gesunken, sodass Frauen sich vernünftigerweise besser darauf einstellen, sich und ihre Kinder allein durchzubringen. Und zweitens bietet eine Ehe heute keinen umfassenden Versorgungsanspruch mehr. Die Reform des Unterhaltsrechts von 2008 appelliert an die sogenannte nacheheliche Eigenverantwortung, mit anderen Worten: Nach der Ehe muss jeder selbst sehen, wie er zurechtkommt. Der Ehepartner, der beruflich zurücksteckt, um sich der Kinder anzunehmen, steht nach der Scheidung mehr oder weniger im Regen. Die Unterhaltszahlungen werden zeitlich begrenzt. Geschiedene sollen möglichst schnell wieder arbeiten. Das trifft nach wie vor in erster Linie Frauen, und zwar auch die, die ihre Ehe vor längerer Zeit unter ganz anderen Voraussetzungen eingegangen sind.

Eine Frau, die fünf Jahre ausgestiegen ist, um zwei Kinder zu betreuen (von mehr Kindern wollen wir hier mal gar nicht reden), kann nicht einfach dort wieder einsteigen, wo sie aufgehört hat. Sie hat den Anschluss verpasst, Beziehungen verloren, ist nicht mehr auf dem neuesten Stand. Falls sie in ihrem Berufsfeld wieder eine Stelle findet, dann sicherlich sehr viel weiter unten in der Hierarchie, als es ohne Kinder-Auszeit der Fall gewesen wäre. Das gilt besonders für hochqualifizierte Frauen. Reduzierung auf Teilzeit hat ähnliche Konsequenzen: Teilzeitarbeiterinnen machen nur selten Karriere.

Auch der Gesetzgeber hat das bedacht und deshalb besondere Entscheidungen im Falle «ehebedingter Nachteile» vorgesehen. Der benachteiligte Ehepartner (heutzutage fast ausschließlich Frauen) kann für eine begrenzte Zeit Aufstockungsunterhalt beanspruchen. Aber wer kann denn wirklich festlegen, was ein Mensch verdienen würde, wenn er nicht seine Karriere zugunsten der Familie aufgegeben hätte? Würden wir uns scheiden lassen, rein hypothetisch natürlich, würde Sabine selbstverständlich behaupten, dass sie ohne Kinderpausen und Teilzeitarbeit heute mindestens Chefredakteurin einer bedeutenden Zeitung wäre, und Tom würde versuchen zu beweisen, dass sie es sowieso nur zur hungerleidenden mittelmäßigen Autorin gebracht hätte. Kein Richter kann nachträglich in die Zukunft blicken.

Vielleicht stellt sich heraus, dass diese Entscheidung sowieso nicht so wichtig ist. Nämlich dann, wenn der Mann nicht genug Geld besitzt, um all seine Frauen, die ehemaligen und die aktuellen, ebenso wie seine Kinder ausreichend zu versorgen. Denn in diesem Fall haben die Kinder, die ehelich und die unehelich geborenen gleichermaßen, Vorrang. Wenn anschließend nichts mehr übrig ist, geht der Ehepartner, der seinen Beruf für die nun zerbrochene Familie aufgegeben hat, einfach leer aus. Das klingt auf den ersten Blick sehr kinderfreundlich und angesichts der vielen Patchwork-Familien sehr zeitgemäß. Aber wer bitte will denn noch das Risiko wagen, sich um die Kinder zu kümmern, anstatt an der eigenen Karriere zu basteln? Wer übernimmt nun den dritten Job, die Hausarbeit und die Kinderbetreuung?

Unseren Töchtern jedenfalls können wir nur empfehlen, unbeirrt ihren beruflichen Weg zu gehen und sich auf keinen Fall durch Mann oder Kinder davon abbringen zu lassen.

Wir kennen keine einzige Familie, in der beide Eltern Vollzeit arbeiten und sich anschließend den dritten Job noch gleichberechtigt teilen. Das funktioniert schon rein zeitlich nicht. Denn trotz der Erfindung der Spülmaschine, der Tiefkühlkost und der Einwegwindeln ist einfach noch zu viel zu tun. Kinder kann man nicht mühelos nebenbei haben. Der Elternjob ist mehr als eine Nebenbeschäftigung, und das nicht nur in den ersten Jahren nach der Geburt. Familien greifen zu einem in der Wirtschaft erprobten Mittel: zum *Outsourcing*, bei vielen Firmen eine beliebte Art, ungeliebte und wenig lukrative Unternehmensaufgaben an Dritte abzugeben. Das allerdings muss bezahlt werden. Von den Eltern zum Beispiel, die Kinderfrau und/oder Haushaltshilfe engagieren. Nicht alle Eltern können sich das leisten; diese Möglichkeit steht nur bestimmten Familien offen. Bleibt das *Outsourcing* in öffentliche Strukturen, in staatlich finanzierte Kindergärten, Kindertagesstätten, Ganztagsschulen. Diesbezüglich wird viel diskutiert und versprochen, doch sind wir noch meilenweit entfernt

113

von einem ausreichenden und wertigen Angebot. Zwar sollen ab 2013 alle Dreijährigen einen Rechtsanspruch auf Betreuung haben. Aber Sparzwänge und ideologische Vorbehalte in einigen Bundesländern lassen daran zweifeln, dass dieses Ziel tatsächlich erreicht werden wird.

Viele Menschen entscheiden sich für die letzte Konsequenz: Sie bekommen keine Kinder. Dies frei zu wählen, ist erst seit fünfzig Jahren möglich. Die Erfindung der Antibabypille 1960 hat Frauen in die Lage versetzt, ihr Leben berechenbar zu planen. Bis dahin machte die traditionelle Arbeitsteilung durchaus Sinn: Er – unabhängig, mobil und flexibel – geht raus, um Nahrung zu beschaffen, oder später, um das Geld zu verdienen. Sie, abhängig von nicht kalkulierbaren Schwangerschaften und Geburten, bleibt zu Hause und versorgt die Kinder. Seit dem Moment, als *die Pille* den Frauen eine autonome Lebensgestaltung erlaubte, entfällt die alte Geschäftsgrundlage. Frauen lehnen sich auf, sie wollen aus dem Haus, teilhaben am gesellschaftlichen und beruflichen Leben.

In den 1970er Jahren ist die Mutterschaft aus der Mode gekommen. Immer weniger Kinder werden geboren, die Geburtenrate sinkt merklich. Feministische Gruppen rufen sogar hin und wieder den «Gebärstreik» aus. Zwar bleiben diese Kampagnen ohne breite Gefolgschaft, doch die Stimmung ist eindeutig: Junge Frauen wollen erst mal studieren und beruflich Fuß fassen, bevor sie an Kinder denken. Obwohl dementsprechend die Pille sehr verbreitet ist, gilt sie in bestimmten feministischen Zirkeln als Machwerk der Männerwelt: «Es kann doch kein Zufall sein, dass wir Frauen dieses Zeug mit all seinen Nebenwirkungen schlucken sollen», meinen einige. Die Pille für den Mann lässt leider noch heute auf sich warten. So mussten andere Mittel ersonnen werden, um die Unabhängigkeit der Frauen von Mann und Kindern festzuschreiben. Sabine, damals aktiv in politischen Gruppen an der Uni, erinnert sich an skurrile Debatten:

«Du musst deinen Freund dazu bringen, sich sterilisieren zu lassen!», agitierten einige Oberfeministinnen ihre Kampfgenossinnen. «Aber ich weiß doch jetzt nicht, ob ich später nicht doch einmal Kinder möchte», dachten sich viele Frauen und verzichteten auf diesen endgültigen Schritt.

Kaum eine zerbrach sich den Kopf darüber, dass es irgendwann eventuell zu spät sein könnte für eine Schwangerschaft. Die «tickende biologische Uhr» der Frau war nicht im Bewusstsein. Einige Jahrzehnte später sind Unfruchtbarkeit und unerfüllter Kinderwunsch ein häufig diskutiertes Problem. Die meisten Kinder sind heute ausdrückliche Wunschkinder. Frauen überlegen sich sehr genau, wann sie wie viele Kinder haben möchten und wie das mit ihren beruflichen Ambitionen zu vereinbaren ist. In den 1950er Jahren hieß es noch: «Du brauchst nicht zu studieren, du heiratest ja doch!» Und noch in den 1970er Jahren genossen Mädchen eine schlechtere Bildung als Jungen und erhielten deswegen die niedriger bezahlten Jobs. Heute können sie oft die besseren Schulabschlüsse vorweisen – und verdienen immer noch weniger als ihre männlichen Kollegen.

In Unternehmen und Personalabteilungen ist die Moderne noch nicht angekommen. Obwohl die Zahl der erwerbstätigen Frauen beständig steigt, kann man Frauen in Führungspositionen in Deutschland mit der Lupe suchen. Die Frau gilt immer noch als die «Zuverdienerin», deren Verdienst nicht von existentieller Bedeutung ist. Wenn sie dann noch schlecht verhandelt, bekommt sie für dieselbe Arbeit schon mal ein Viertel weniger als der Mann am gleich großen Schreibtisch nebenan. Zwar wird Teilzeitarbeit zunehmend akzeptiert, doch herrscht in vielen Firmen immer noch die Meinung vor, höher qualifizierte Aufgaben seien nur in Vollzeit zu erledigen, ohne es jemals anders probiert zu haben. Andere Unternehmen zögern, eine Frau auf wichtigen Positionen einzusetzen, weil sie die Unsicherheit fürchten: Eine Frau könnte schwanger werden oder ausfallen, weil die Kinder krank sind. Offen ausgesprochen wird das nicht, denn es wäre Diskriminierung und ist verboten.

Freunde von uns sind beide berufstätig. Sie haben zwei kleine Kinder, die tagsüber von einer Kinderfrau betreut werden. Die erste Kinderfrau war sehr zuverlässig, sie kam immer, alles lief glatt – bis sie schwanger wurde und mit Komplikationen schneller ausfiel als geplant. Da war natürlich sofort klar, dass er, der Papa, auf keinen Fall plötzlich ein paar Tage freinehmen konnte, um sich um die Kinder und eine nachfolgende Betreuerin zu kümmern. Eigentlich war das bei ihr auch ganz klar: Ihr Job war nicht weniger anspruchsvoll, ihr Chef keineswegs verständnisvoller. Trotzdem: *Sie* blieb zu Hause, bis die Großeltern zur Überbrückung anreisten. Auf der Suche nach einer neuen Kinderfrau versuchte sie, in den Einstellungsgesprächen nun dezent herauszufinden, wie es um die Familienplanung der Bewerberinnen stand. «Ich weiß, dass man das normalerweise gar nicht fragen darf», seufzte sie, «aber ich kann meinen Kindern nicht zu viele Wechsel zumuten. Und mir übrigens auch nicht!» Sie engagierte schließlich eine 35-jährige sympathische Frau, die einen kleinen Sohn hatte, den sie immer mitbrachte. Das lief leider nicht so glatt, wie sie sich das vorgestellt hatten. Es passierte recht häufig, dass die Betreuerin ausfiel, weil sie mit ihrem Sohn zum Arzt musste und er so krank war, dass sie ihn nicht mitbringen konnte. Unserer Freundin blieb nichts anderes übrig, als sich wiederholt an ihrem Arbeitsplatz zu entschuldigen. «Als Mutter verstehe ich die Mutter, aber ich fürchte, meinen Job zu verlieren, und mein Chef fürchtet, seine Aufträge nicht pünktlich abliefern zu können.» Sie stellte dann eine ältere unverheiratete Dame ein und verhielt sich damit ebenso wie ein typischer männlicher Chef.

«Planen Sie, Kinder zu bekommen? Sind Sie schwanger?» Solche Fragen in Bewerbungsgesprächen zu stellen, ist gesetzlich verboten. Das macht Sinn und dient der Gleichberechtigung. Aber natürlich gibt es Interessenkonflikte. Sie müssen offen angepackt werden. Viele Frauen sehen sich heute gezwungen, ihr Mutterdasein am Arbeitsplatz zu ignorieren oder gar zu verheimlichen, um nach oben zu kommen. «Bloß nicht über die Kinder sprechen! Bloß nicht anmerken lassen, dass es zu Hause ein Problem gibt», sagen sich viele berufstätige Mütter, das könnte Zweifel an ihrer Verfügbarkeit und ihrem Einsatz wecken. Auch ein Vater, der regelmäßig um fünf Uhr das Büro verlässt, um seine Kinder abzuholen, hat bestimmt keine großartigen Chancen, die Leiter hinaufzuklettern, selbst wenn er nachts noch so lange von zu Hause aus weiterarbeitet. Umgekehrt müssen wir vielleicht wirklich einsehen, dass bestimmte Positionen, die flexiblen und mobilen Einsatz erfordern, mit der Fürsorgepflicht für den Nachwuchs nicht vereinbar sind. Aber wir haben längst noch nicht genug ausprobiert, um zu einem endgültigen Resümee zu kommen.

Zunehmend wollen sich Frauen diesen unangenehmen Situationen gar nicht erst aussetzen. Insbesondere Akademikerinnen und Frauen mit hoher Qualifikation entscheiden sich bewusst für die Kinderlosigkeit. Das ist der Preis der Emanzipation. Die wenigsten Frauen zahlen ihn gerne, aber immer mehr Frauen zahlen ihn.

Auch die Männer überlegen zunehmend, ob sie überhaupt Kinder wollen. Sie sehen, dass sie nicht mehr ganz darum herumkommen, wenigstens einen Teil der familiären Pflichten zu übernehmen, und bekommen Angst. Da die biologische Uhr ihnen weitaus mehr Spielraum lässt, schieben sie die Entscheidung für die Familiengründung auf die lange Bank.

Deutschland schrumpft – trotz Elterngeld und Mutterschutz, trotz Gleichberechtigungsgesetzen und Ausbau der Kindergärten. Im weltweiten Vergleich gehört es zu den Ländern mit der niedrigsten Geburtenrate: 1,35 Kinder pro Frau. Die wenigsten Kinder werden in unserer Hauptstadt Berlin geboren. Im Osten Deutschlands gibt es Gegenden, da werden vorhandene Kindertagesstätten geschlossen, weil sie nicht gebraucht werden. Nur in einigen Staaten des ehemaligen Ostblocks ist die Geburtenrate noch niedriger. Der Trend, der Anfang der 1970er Jahre einsetzte, ist nicht einfach umkehrbar. Denn nun fehlen die jungen Mütter, die Kinder bekommen könnten. In einer Gesellschaft, die sich erhalten will, müssen im Durchschnitt mindestens zwei Kinder pro Frau geboren werden. Das erreicht seit Mitte der 1970er Jahre kein einziges industrialisiertes Land mehr. Ob Skandinavien oder Australien, die Abwärtsspirale scheint unaufhaltbar.

Ein westliches Land macht die Ausnahme: die Vereinigten Staaten, wenn auch mit knappem Ergebnis. Sie können eine Geburtenrate von immerhin 2,1 Kindern pro Frau vorweisen, und das liegt keinesfalls nur an den vielen Einwanderern aus weniger entwickelten Ländern. Dass sich ausgerechnet in den USA die Mutterschaft noch relativer Beliebtheit erfreut, ist verblüffend. An der besonders guten Behandlung der Mütter kann es nicht liegen. Die USA gehören zu den wenigen Nationen der Welt, die Müttern keinerlei staatliche Unterstützung oder besonderen Schutz gewähren. Sie befinden sich diesbezüglich auf demselben Niveau wie Papua-Neuguinea und Swasiland. Es gibt weder bezahlten Mutterschutz noch Elternzeit, weder Kinder- noch Elterngeld. Und gleichzeitig gibt es nirgendwo so viele Frauen in hohen Managerpositionen wie ausgerechnet in den USA. Berufstätige Amerikanerinnen bekommen ihr Baby quasi im Urlaub. Nach der Devise «Schwangerschaft ist keine Krankheit» sitzen Managerinnen im Büro, bis die Wehen einsetzen. Nach der Geburt gewährt das Gesetz sechs Wochen Pause, doch keineswegs automatisch bei vollem Gehalt. Wie viel eine Frau erhält, hängt von der Dauer ihrer Betriebszugehörigkeit ab. Auch sonst gibt es nichts umsonst. Kindertagesstätten sind zwar vorhanden, müssen aber teuer bezahlt werden. Wer nun glaubt, das funktioniere alles, weil Mann und Frau so gut zusammenhielten, wird enttäuscht. Nirgendwo trennen sie sich häufiger als in den USA.

Fast jede zweite Mutter ist geschieden. Wie soll man sich darauf nun einen Reim machen?

Vielleicht ist das alles gar nicht so wichtig: wie viel Zeit und wie viel Geld man hat. Vielleicht kommen Amerikanerinnen, wenn sie an Kinder denken, nicht zuerst die Arbeit und die Kosten in den Sinn, sondern die Freude und das Vergnügen, das Kinder mit sich bringen können. Vielleicht denken sie auch gar nicht großartig darüber nach, weil Kinder einfach dazugehören. Kinder verkörpern das Leben. Der amerikanische Demograph Nicholas Eberstadt nennt drei Unterschiede zwischen Europa und den Vereinigten Staaten, die er in diesem Zusammenhang für maßgeblich hält: größerer Optimismus, größerer Patriotismus und strengere religiöse Werte in den USA. *Washington-Post*-Kolumnist Robert J. Samuelson argumentiert in dieselbe Richtung und zitiert eine Studie, die Menschen aus 33 Ländern aufgefordert hat, auf folgende Aussage zu reagieren: «Ich bin lieber ein Bürger meines Landes als Bürger eines anderen.» 75 Prozent der befragten Amerikaner stimmten dieser Aussage entschieden zu. In den europäischen Ländern waren es wesentlich weniger: Deutschland und Spanien 21 Prozent, Frankreich 34 Prozent. Ob es Zufall ist, dass in Frankreich mehr Kinder geboren werden als in Deutschland und Spanien?

Niemand wisse, so Samuelson, welche der vielen diskutierten Faktoren Einfluss habe auf die Entscheidung von Menschen, Eltern zu werden oder nicht, aber eins sei klar: «Keine Kinder zu bekommen, ist ein Votum gegen die Zukunft – gegen die ihres Landes oder ihre persönliche.»

«Marathon – das packst du nicht!»

Es geht nicht ums Laufen, es geht ums Leben

Die Einteilung der knappen Zeit ist eine der Hauptherausforderungen für Eltern, und zwar nicht nur, was die beruflichen Belange, sondern auch, was die Freizeit angeht. Ob uns eine einigermaßen faire Balance gelingt, ist eine Frage der Perspektive. Tom sagt ja, denn er betrachtet es als lobenswerte Selbstbeschränkung, dass er nicht zusätzlich zu seinem Job auch noch zeitfressende Hobbys pflegt. Sabine sagt nein, denn wenn es ums Laufen geht, sei er kompromisslos. Da unsere Meinung darüber auseinandergeht, kann die folgende Schilderung nur Toms einseitige, persönliche Sicht sein.

Ich glaube, wenn Sabine ehrlich wäre, würde sie sagen, dass ihr mein Laufen auch zugutekam. Es hält fit, einigermaßen schlank und macht ausgeglichen. Ich hatte damit schon angefangen, als ich noch studierte. Bis dahin konnte ich von meiner Jugend zehren. Irgendwann merkte ich, dass ich nicht mehr ganz von alleine fit blieb. Ich beschloss, regelmäßig etwas zu tun. Ein Freund machte Karate und lief sich jeden Tag vor seinem Training warm. Ich musste mich also nicht verabreden, sondern konnte je nach Wetter und Laune mitmachen. Das war entscheidend, denn ich hasse Verabredungen. Aber ich brauchte am Anfang einen Partner, denn eigentlich hasse ich auch den Dauerlauf. Dieses langsame, gleichmäßige Traben fand ich schon in der Schule stinklangweilig. Ich bin ein Sprinter. Schneller Antritt, kurze Spurts – das ist mein Ding. Schon beim Fußball hatte ich versucht, so meine mangelnde Technik wettzumachen. Ball lang vorlegen, dann am Gegner vorbei; das klappte allerdings nur, wenn Platz war. Auf engem Raum wurde ich meistens ausgedribbelt. Über die C-Jugend kam ich nicht hinaus. Meine einzigen zwei Erfahrungen mit Dauerlauf endeten nicht sehr ruhmreich: Beim Stadtlauf in meinem Heimatort Siegburg kam ich als Junge weit abgeschlagen mit Seitenstichen ans Ziel, weil ich unterwegs nicht aufhören konnte, mit anderen zu quatschen. Später, als Teenager beim Schüleraustausch in den USA, hängte ich mich beim ersten Training an den Schnellsten und musste irgendwann völlig außer Atem ausscheiden.

Mit Mitte zwanzig gab ich nun dem Dauerlauf eine neue Chance, aber mehr aus Notwendigkeit denn aus Leidenschaft. Ich brachte es auf etwa zwei Läufe in der Woche. Es war von Anfang an auch eine Art Verneigung vor der wunderschönen deutschen Natur. Damals sagte man noch nicht «joggen», man sagte Waldlauf. Wir fühlten den satten Boden, rochen die feuchte, kühle Luft und sahen das Licht durch die Blätter schimmern. Nach einem halben Jahr waren diese Läufe in Fleisch und Blut übergegangen. Ich merkte, dass mir etwas fehlte, dass ich schlecht gelaunt wurde, wenn ich eine Woche lang keine Ausflüge in den Wald machte. Ich hatte mir eine gesunde Angewohnheit zugelegt. Jetzt konnte ich allein weiterlaufen, ich brauchte keinen Partner mehr. Manche bewegen sich gerne in Gesellschaft, weil sie sich dann besser überwinden können. Ich laufe am liebsten allein. Dann spüre ich die Natur, kann die regelmäßige Bewegung übergehen lassen in etwas, das fast an Meditation grenzt. Das hört sich so an, als hätte ich relativ schnell Gefallen an dieser Art der Körperertüchtigung gefunden. Dem war nicht so. Jahrelang war Dauerlauf für mich nur Mittel zum Zweck. Er verschaffte mir genug Sauerstoff und sorgte für eine Grundfitness.

Richtig Spaß hatte ich eher bei anderen Sportarten. Die konnte ich aber erst mal abschreiben, als die Kinder zur Welt kamen. Zunächst ging es nur noch darum, einigermaßen Schlaf zu bekommen. Dann wurden aus Säuglingen Kleinkinder. Auch die können nie ohne Aufsicht sein, aber immerhin kann man darüber nachdenken, wie man sich bei der Betreuung abwechselt. Hier ergab sich eine schöne Überlappung der Interessen der Eltern. Denn inzwischen existierte eine Erfindung, die mir ermöglichte, zu laufen und gleichzeitig Sabine zu entlasten. Ich kaufte einen Spezial-Kinderwagen mit großen Rädern, einen Jogging-Stroller. Zunächst einen Ein-, später dann einen Zweisitzer. Ich nahm Fläschchen, Schnuller und Ersatzwindel für Notfälle mit. Sabine hatte ihre Ruhe und ich meine Bewegung. Ein prima Nebeneffekt ist, dass man vor den Frauen, denen man unterwegs begegnet, einen tollen Eindruck macht. In unserer Pariser Zeit riefen mir immer mal wieder sportive Damen ein «Bravo, Monsieur!» zu, wenn ich mit den Kindern in der Karre durch den *Bois de Boulogne* joggte. Ich muss wohl gewirkt haben wie ein moderner Vater, der vorbildlich seinen Pflichten nachkommt.

In Paris wuchs zum ersten Mal die Überlegung, einen Marathon anzugehen. Nicht aus Leidenschaft. Grundsätzlich waren mir Marathons immer unsinnig erschienen. Aber das gute Leben in Frankreich begann, sich auf die Hüften auszuwirken. Schon auf dem Weg zur Arbeit an jeder Ecke ein Metzger, ein Feinkostladen, ein Käsegeschäft. Jeden Abend kochen, lecker essen, dazu Wein – es war die Hölle. Das normale sportliche Pensum reichte nicht mehr. Trotzdem war es nicht allein das Kalorienargument, das den Ausschlag für so ein verrücktes Projekt gab. Beim Marathon geht es gar nicht ums Laufen, auch wenn das absurd klingt.

Niemand muss einen Marathon laufen. Im Gegenteil, schon der Gedanke daran kann Menschen davon abschrecken, überhaupt etwas für ihr Wohlbefinden zu tun. Laufen ist am schönsten ohne jeden Zwang, ohne Leistungsdruck. Das kann ein Leben lang reichen – und das ist gut so. Ich hegte lange das Vorurteil, Marathonläufer würden sicher mitleidig auf normale Freizeitläufer heruntergucken. Das ist Quatsch. Und umgekehrt sind die meisten Marathonläufer keine Fanatiker. Wie gesagt: Ums Laufen geht es eigentlich gar nicht. Man entschließt sich nicht, einen Marathon zu laufen, nur um *länger* zu laufen als bisher. Man nimmt sich solche Ziele nicht mal einfach so vor. Ein Schwimmer will nicht den Ärmelkanal durchschwimmen, weil er weiter schwimmen will, als er es je getan hat. Solche Vorhaben entstehen irgendwo tief in uns. So tief, dass wir nicht sofort wissen, was das alles bedeutet. Aber wir spüren etwas von uns selbst, und dem gehen wir nach, selbst wenn wir Opfer bringen müssen. Genauer gesagt: Nur unter Opfern lernen wir diese Lektion über uns selbst. Ja, ich weiß, das passt nicht in den wattebauschigen Kuschel-Zeitgeist: Es gibt Lektionen, die lernt man nur durch Opfer. Die Lektion ist sicher bei jedem anders. Hier ist meine:

Als ich Korrespondent in Washington war, kam 1998 Joschka Fischer in die Stadt – sein Antrittsbesuch als designierter Außenminister. Es war seine fitteste Zeit, er lief bei jeder Gelegenheit seine Runden, das war bekannt. Ich wollte ein Interview verabreden und lungerte um halb sechs Uhr morgens in Laufschuhen in der Lobby seines Hotels herum. Irgendwann kam er, und ich lief mit ihm durch das Regierungsviertel. Dabei redeten wir nicht über Politik, sondern übers Joggen. Ich gestand ihm, dass mir ein Marathon unerreichbar vorkam, und fragte, wie man das nur schaffen könne. Fischer supercool: «Sie haben zu viel Gewicht.» Ich fand mich eigentlich schlank und fühlte mich völlig falsch eingeschätzt. Damals wusste ich es noch nicht, aber in diesem Moment begann alles. Mein Gefühl war: «Dir werde ich's zeigen!» Es war noch nicht das klare Vorhaben, einen Marathon zu laufen. Aber es war ein Grundgefühl da. Heute weiß ich, was das war und was mich antreibt: Trotz. Ich brauche das Gefühl, unterschätzt zu werden, dann mobilisiere ich erst mein Potential.

Zwei Jahre später als Korrespondent in Paris reifte das Projekt «Marathon» heran. Aber ich brauchte jemanden, der es mir nicht zutraute. Auf einer Drehreise erzählte ich dem Kameramann von meinem Vorhaben. Er sagte: «Sei mir nicht böse, Tom. Aber das packst du nicht, du bist viel zu chaotisch.» Danke! Das war genau, was ich brauchte. Am nächsten Tag machte ich meinen ersten gezielten Trainingslauf. Er war knapp anderthalb Stunden lang – und am Ende hatte ich das Gefühl, ich hätte noch viel länger laufen können. Das heißt nicht, dass von da an alles wie von selbst lief. So einfach funktioniert das nur in Romanen oder Filmen. Es war der Anfang, der ganze Weg lag noch vor mir. Aber das Allerwichtigste war getan: Ich hatte es mir vorgenommen, und ich wusste, warum. Beides schrieb ich auf.

Sabine war nicht begeistert. Sie musste sowieso sehr früh aufstehen, um die Kinder zu versorgen. Und jetzt stand ich auf einmal noch früher auf und machte sie wach. Und anstatt mich um die Kinder zu kümmern, ging ich im Morgengrauen trainieren. Wenigstens am Wochenende hatte sie auch etwas davon, dann nahm ich die Kinder auf meine langen Läufe mit. Meine Kollegen fanden es bestenfalls seltsam, schlimmstenfalls bescheuert. Einige waren auch voller Bewunderung, aber das blendete ich aus. Wie gesagt: Ich suche ja den Gegenwind.

Dann merkte ich die nächste Hürde: Nach opulenten Abenden – und fast jeder Abend in Paris war opulent – fühlte ich mich am nächsten Morgen gar nicht wie Gott in Frankreich. Ich begann, am Vorabend von Trainingsläufen auf etliche Genüsse zu verzichten. Es fiel mir schwer. Das gab mir wiederum zu denken. Man lernt nicht nur Angenehmes oder Triviales über sich bei großen Vorhaben.

In dieser Zeit wuchs eine Erfahrung: «Ich habe mir etwas vorgenommen, das nicht leicht zu erreichen ist. Ich erreiche es nur, wenn ich diesem Ziel alles andere unterordne.» Ob das Vorhaben vernünftig ist oder nicht, spielt keine Rolle. Es ist mir wichtig. Wenn ich beruflichen Ärger hatte oder mich in meiner Entwicklung behindert fühlte, spürte ich bei meinen Trainingsläufen eine überraschende innere Kraft wachsen: Ich habe den Biss, ein halbes Jahr lang alles Notwendige zu tun, um mein Marathon-

Ziel zu erreichen. Auch in anderen Bereichen wird mich nichts und niemand aufhalten. Vielleicht kurzfristig, aber nicht langfristig. Es klingt komisch, aber ich spürte bei diesen einsamen Läufen, dass das ganze lange Training wichtiger und prägender war, als es der Abschluss sein würde, der Marathon selbst.

Das hört sich an wie «Der Weg ist das Ziel». Aber das ist für sich genommen nur eine Kalenderblattweisheit. Denn ohne ein Ziel machen wir uns gar nicht auf den Weg. Und ein Marathon ist nicht irgendein Ziel. Es ist kein kleiner Volkslauf, zu dem man sich mal eben anmeldet und dann schaut, wie es läuft. Es ist ein M-A-R-A-T-H-O-N! Man kann Blasen bekommen, sich die Brustwarzen und die Pobacken aufscheuern, sich übergeben, einen Kreislaufkollaps bekommen. Und – ja, man kann scheitern.

Hey, wenn es einfach wäre, dann wäre ja nichts dabei. Als Amerika sich entschloss, einen Mann auf den Mond zu schicken, da sagte Präsident Kennedy: «Wir haben uns nicht entschlossen, in diesem Jahrzehnt auf den Mond zu fliegen, weil es leicht ist. Wir haben uns dazu entschlossen, weil es schwer ist.» Als Kind in der Schule kannte ich einen Klassenkameraden, der im Schwimmverein war. Er erklärte mal, wie man mit den Händen am besten Wasser schaufelt: «Du darfst nicht den geringsten Widerstand suchen, du musst den größten Widerstand suchen.» Vor einiger Zeit erschien ein Buch auf Deutsch von einem Universitätsprofessor in den USA, der unheilbar krebskrank war und wusste, dass er bald sterben würde. Er hielt vor seinen Studenten seine «letzte Vorlesung», in die er alles packte, was ihm wichtig war – fachlich und persönlich. An einer Stelle sprach er über Widerstände. Er zeigte eine Zeichnung von einer Mauer und sagte dazu: «Wann immer ihr gegen eine Wand lauft, denkt an Folgendes: Mauern sind aus gutem Grund da. Sie zeigen uns, wie verzweifelt wir uns etwas wünschen.»

Das ist die Grunderfahrung: eine absolute Entschlossenheit, mit der man Trainingseinheit auf Trainingseinheit setzt und dann am großen Tag am Start erscheint. Meinen ersten Marathon lief ich im Jahr 2000 in Köln. Ich fuhr mit dem Zug von Paris aus hin. Nach der ganzen Vorbereitung war ich aufgeregt und dachte, ich hätte leichtes Fieber. Mit einem Infekt soll man nicht laufen, das sagt jeder Arzt. Denn der Infekt kann bei solch extremer Belastung das Herz angreifen. «Keine Panik, das ist völlig normal», beruhigte mich ein Freund. «Ich habe in der Nacht vor meinem ersten Marathon drei T-Shirts durchgeschwitzt.» Sabine ignorierte meine Wehwehchen und andere Bedenken. «Eins ist klar: Du wirst den Marathon zu Ende laufen», sagte sie. Und sie hatte recht: Wenn ich es mir vorgenommen habe, dann werde ich den Marathon zu Ende laufen. Falls ich in diesem Jahr an meiner Mauer abpralle, dann nächstes Jahr. Und wenn es dann nicht klappt, dann übernächstes oder überübernächstes Jahr. Aber ich werde nicht aufgeben, bis ich dieses Ziel erreicht habe. Und das nur aus einem einzigen Grund: Ich habe das so beschlossen! Es geht nicht ums Laufen, es geht ums Leben.

Als ich nach über fünf Stunden am Ziel ankam, schossen mir vor Erschöpfung und Glück Tränen in die Augen. Im langen Schatten des Doms, der über das ganze lebenslustige Rheinland reicht, sind schon meine Eltern und deren Eltern und deren Eltern aufgewachsen. Ich hatte mir meine Heimatregion neu erschlossen. So machte ich es dann mit Paris, wo wir damals wohnten, mit Washington, wohin wir bald zurückzogen und wo unsere Kinder zur Welt gekommen waren, und mit Chicago, der Metropole des amerikanischen Mittelwestens, der zu meiner zweiten Heimat wurde, seit ich als Jugendlicher zwei Jahre dort gelebt hatte.

Auch wenn es sich vielleicht so anhört, bin ich kein Fanatiker; ich sammele keine Marathons. Ich laufe nur einmal in jeder Gegend, in die es mich in meinem Leben verschlägt und in der ich den Anker auswerfe. Ich finde, das schulde ich der Stadt, in der ich lebe. Ist Ihnen schon mal aufgefallen, dass uns nur die Dinge etwas bedeuten, für die wir uns anstrengen?

Und damit sind wir bei Hamburg. Bei dieser wunderschönen, manchmal etwas herablassenden Stadt, die zu unserer neuen Heimat wurde. Sabine hatte schon elf Jahre hier gelebt und fühlte sich immer zu Hause in der Hansestadt. Auch ich genieße Hamburg seit dem ersten Moment, aber ich wusste, ich muss die Schöne auf meine Weise erobern, damit sie ganz meine Heimat wird. Manche Leute hier oben sagen, man gehöre erst nach drei Generationen dazu. Das ist mir völlig egal, das sind nur Rituale der Ausgrenzung, wie es sie an jedem Ort der Welt gibt, und ich habe schon einige gesehen. Ich wusste: Hamburgs Straßen würden meinen Schweiß und meine Anstrengung aufnehmen – sie werden mich wiedererkennen und akzeptieren. Dann würde ich angekommen sein und nicht, wenn es mir irgendjemand gnädigerweise zugesteht. Und ich wusste, es würde noch mehr bedeuten: Nach allen Widerständen, Herausforderungen und Fallen, die mit unserer neuen Lebensphase einhergingen, wurde es der Heimkehrlauf. Wir sind wieder in Deutschland, unserem komplizierten, oft zerstrittenen, wunderschönen Heimatland. Ich laufe die Elbe entlang und sehe die großen und die kleinen Schiffe. Ich sehe die Kräne, wie sie Ladung löschen, die über Schienen und Straßen nach ganz Deutschland, nach ganz Europa weiterverteilt wird. Im Sommer liegen Scharen von Menschen am Elbstrand und schauen mit mir auf den Fluss. Im Winter bin ich ganz allein, dann türmen Ebbe und Flut die Eisschollen zu bizarren Mondlandschaften auf. Dann pfeift der Wind kalt. Mal von Westen, mal von Osten. Wer will schon in die Karibik? Wir gehören hierher.

Der arbeitslose Kunde

Mit Yoga in den Gartenbau

Fünf bis sechs Wochen Ferien im Jahr – davon würden unsere amerikanischen Freunde nicht mal träumen. Sie schütten sich aus vor Lachen, wenn wir über unsere Urlaubsansprüche berichten, und können sich überhaupt nicht vorstellen, wie das funktionieren soll. Berufstätige Amerikanerinnen bekommen ihr Baby quasi im Urlaub, haben wir ein paar Seiten zuvor geschrieben, vergaßen aber zu erwähnen, dass sie sich dabei beeilen müssen. In den USA gibt es keinen gesetzlich festgelegten Mindestanspruch auf Urlaub. In der Praxis bieten eine Reihe von Unternehmen und öffentliche Arbeitgeber zehn bis fünfzehn Tage im Jahr, nicht unbedingt bei voller Bezahlung. Die Urlaubsregelungen sind unter anderem abhängig von der Dauer der Betriebszugehörigkeit, von der Position, der wirtschaftlichen Lage und – ganz einfach – dem guten Willen des Arbeitgebers. Es versteht sich von selbst, dass Berufsanfänger, die Ehrgeiz haben, gar nicht erst nach Urlaub fragen. Sollten sich die Aufträge auf dem Schreibtisch türmen, werden sie natürlich darauf verzichten und allenfalls hier und da ein paar Tage freinehmen. Amerikaner buchen in der Regel keinen dreiwöchigen Jahresurlaub, sondern eher verlängerte Wochenenden. Über siebzig Prozent der arbeitenden Deutschen haben ihre Urlaubspläne noch nie aus beruflichen Gründen verschoben. Der amerikanische Arbeitnehmer zeigt sich da – besonders in Krisenzeiten – wesentlich entgegenkommender. Fast überflüssig zu erwähnen, dass ein durchschnittlicher Arbeitstag in den USA länger ist als in Deutschland.

Doch nach wie vor gelten wir Deutsche im Ausland als em-

Deutschland im Umbruch
Hansestadt Wismar in Mecklenburg-Vorpommern, 2008

DDR-Bürger beim Einkaufsbummel in der Fußgängerzone im niedersächsischen Grenzort Helmstedt, 1989   Foto: Günter Mach

Anstehen für einen neuen Fernseher oder Kühlschrank.
Helmstedt, 1989   Foto: Günter Mach

Ausstattung Marke «Eigenbau»: Transportbänder für die Reisepässe,
Gedenkstätte Marienborn 2009

Adrett und pittoresk, Kleinstadtidylle West ..., Celle 2007

... Kleinstadtidylle Ost, Wismar 2008. Nach zwei Jahrzehnten präsentieren sich ostdeutsche Innenstädte ebenso gefällig wie ihre westdeutschen Schwestern.

Nicht selten verhindern unklare Eigentumsverhältnisse die Sanierung,
Rudolstadt 2008

Blühende Landschaften, leuchtende Farben: Künstlerin Katrin Hattenhauer vor einem ihrer Werke, Berlin 2009

«Wendekinder»: Daniel Ruddies als 17-jähriger Schüler, Berlin-Hohenschönhausen 1992

Daniel Ruddies mit Frau und Kindern im eigenen Heim, Familienvater
und Berufssoldat, Berlin-Hohenschönhausen 2009

«Wendekinder»: Grit Peilicke als 16-jährige Schülerin, behütet aufgewachsen in Berlin-Hohenschönhausen, 1992

Grit Peilicke in ihrem Friseursalon «WoMan's», mit ihrem Bruder Udo Peilicke, Berliner Maßmode-Unternehmer, Oldenburg 2009

Sterneköche in Aktion für ein Hamburger Gymnasium, 2008
Von links: Karlheinz Hauser, Ali Güngörmüs, Thomas Martin, Heinz
Wehmann, Cornelia Poletto, Schulkoch Vipan Tandon

Foto: Patrick Sun

Trüffel und Schampus für reiche Schulkinder? Gourmetküche als
Kunsthandwerk im Restaurant Louis C. Jacob 2008

Hahn im Korb: Klassenlehrer Thomas Benthack mit Schülerinnen,
Geschwister-Scholl-Gesamtschule Hamburg 2009

Künstler oder Kanzler? Abschlussfeier an der Geschwister-Scholl-
Gesamtschule, Hamburg 2009

Doppelter Nationalstolz, Hamburger Veddel 2008

Einer wird Millionär: Ian Kiru Karan in seinem Büro an der Alster, Hamburg 2010

Tischtennismatch um zehn Euro. Ian Kiru Karan in einem Hamburger Jugendzentrum, 2009

Dorcas, eine Asylbewerberin aus Liberia, in ihrem Zimmer, seit zehn
Jahren in Deutschland geduldet, 2009

Ehepaar Kilinc, vor über 20 Jahren eingewandert aus der Türkei, in
ihrem Eigenheim bei Hamburg, 2008

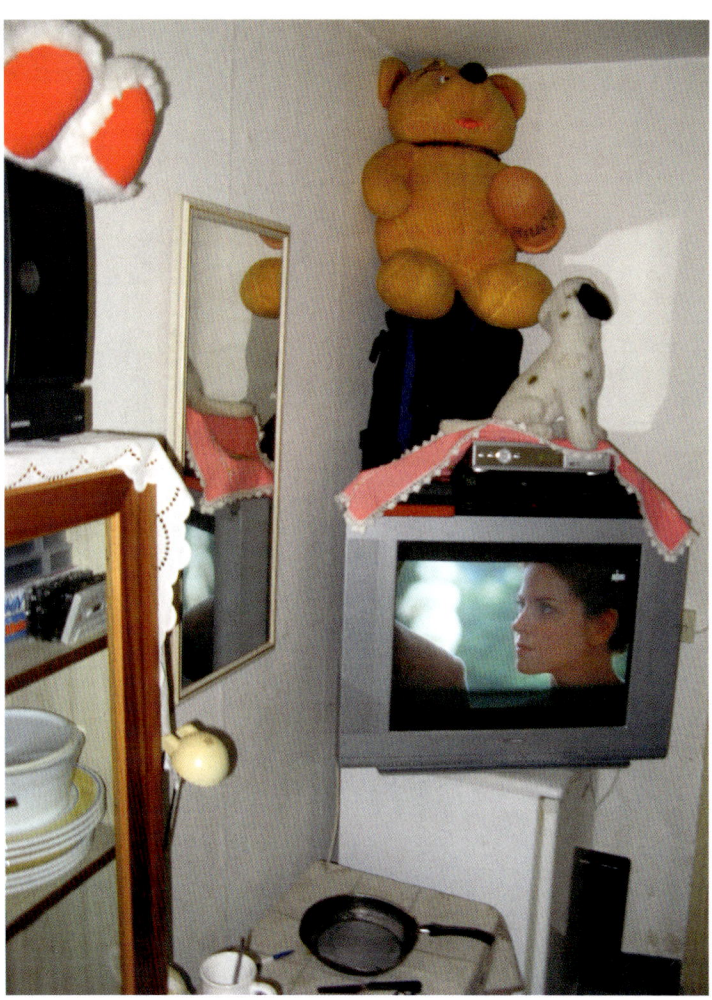

Zimmer in einer Wohnanlage für Asylbewerber, Hamburg 2009

Moscheebesucher nach dem Gebet, Islamische Gemeinde Vatan Camii, Hamburger Veddel 2008

Moscheebesucher beim Freitagsgebet, Islamische Gemeinde Vatan Camii, Veddel 2009

«Gedichte für Wichte»: Mütter aus Ägypten, Afghanistan und der Türkei mit ihren Kindern in der Veddeler Bibliothek, 2008

Freiwillige Helfer der Immanuelkirche, Veddel 2008

Es geht nicht ums Laufen, es geht ums Leben: Tom mit Laufkumpel Hannes Verclas und Jaap Kiers nach dem Hamburg-Marathon 2008

Wasserscheu sind die Hamburger jedenfalls nicht! «Strandperle» im Herbst 2009

sig und fleißig. Wir rackern und schaffen, heraus kommen weltweit geschätzte Produkte deutscher Wertarbeit – «Made in Germany». Entspricht dieses Bild aus den Aufbaujahren nach dem Krieg eigentlich noch der heutigen Wirklichkeit?

«Deutsche im EU-Vergleich am fleißigsten», titelte eine Tageszeitung nach den Ergebnissen einer Studie, die herausgefunden hatte, dass Deutschland mit einer wöchentlichen Arbeitszeit von 41,2 Stunden im EU-Vergleich einen der vordersten Plätze belegt.* Dabei ging allerdings unter, dass wir mit dreißig bezahlten Tagen im Durchschnitt die Spitzenurlauber der Europäischen Union sind. Nur die Schweden machen noch länger Ferien. Und so kommt am Ende heraus, dass wir umgerechnet auf das ganze Jahr zu jenen Nationen gehören, die am wenigsten arbeiten. In anderen europäischen Ländern wird durchschnittlich hundert Stunden mehr im Jahr malocht. Zu den Fleißigsten zählen wir also nicht mehr – zumindest quantitativ.

Wir machen nicht nur länger Urlaub als andere Nationen, wir faulenzen auch gerne in dieser Zeit. Während Franzosen am liebsten Sport treiben, verbringen Amerikaner ihre kurzen Urlaube vornehmlich mit Besichtigungstouren. Die bevorzugte Urlaubsaktivität der Deutschen ist – trotz dünner werdender Ozonschicht – nach wie vor das Sonnenbaden. Halbe Ewigkeiten im Liegestuhl braten oder stundenlang gemütlich beim Bierchen herumsitzen, das hielten unsere amerikanischen Freunde nicht aus. Sie scheinen ein ausgeprägteres «Aktiv-Gen» zu besitzen. Ihre Freizeit ist wesentlich schneller getaktet als unsere. Eine Stunde Kirche, eine Stunde Lunch, eine Stunde Tennis spielen oder eine halbe Stunde joggen, zehn Minuten duschen, eine Stunde shoppen, zwischendurch schnell auf den Spielplatz oder die Nachbarin besuchen – in so einen sonntäglichen Tagesablauf passt eine

---

* Studie des European Industrial Relations Observatory über Arbeitszeiten im Jahr 2008, Hamburger Abendblatt, 31.7.2009.

Menge, wenn man will. Gemütlich ist das natürlich nicht, aber Amerikaner scheinen sich dabei entspannen zu können.

In allen industrialisierten Ländern gibt es Diskussionen um die sogenannte *work-life balance*, die Ausgewogenheit von Arbeit und Leben. Wobei eigentlich für Amerikaner ganz klar ist, dass es sich hier nicht um zwei unabhängige Bereiche handelt: Arbeit hier – Leben da. Denn sie leben nicht nur von ihrer Arbeit, sie leben *für* ihre Arbeit. Leben heißt arbeiten. Und das gilt nicht nur für jene Traumjobs, die ein hohes Maß an Selbstverwirklichung versprechen. In Deutschland dagegen arbeiten die meisten Leute, *um* zu leben. Das Leben beginnt für viele erst, wenn sie den Arbeitsplatz verlassen haben. Unsere Gesellschaft erscheint eher freizeitorientiert. Arbeitseifer und Aufstiegswille der Nachkriegszeit scheinen verflogen.

Was wir immer noch zu bieten haben, ist ein «Qualitäts-Gen». Wenn wir etwas anfangen, dann wollen wir es vorher völlig durchdringen, machen einen Plan und führen ihn gewissenhaft aus. Einfach mal etwas ausprobieren und dann schauen, ob es funktioniert – das ist nicht unsere Sache. «Keine halben Sachen», das ist unser Markenzeichen. Ein Onkel von Tom sagte immer, wenn er etwas reparierte: «Der flück jedon un der jot jedon, die künne nit zosamme jon.» Frei übersetzt aus dem Kölschen: «Gut getan und schnell getan, das passt nicht zusammen.» Allerdings ist heute der Stolz auf gut zu Ende gebrachte Arbeit auch nicht mehr so selbstverständlich wie noch für unsere Eltern.

Wie viel Zeit ein Mensch mit Arbeit oder Müßiggang verbringt, das ist eine ganz private Entscheidung – solange er dabei für sich selbst sorgt. Nimmt jemand staatliche Unterstützung in Anspruch, wird die persönliche Arbeitseinstellung zum öffentlichen Thema. Nach «Florida-Rolf», der sein Strandleben unter Palmen von deutscher Sozialhilfe finanzierte, wurde auf Mallorca die «frechste Sozialabzockerin» erwischt, um später dem «frechsten Arbeitslosen» vorzuwerfen, er sei «sogar zu faul zum

Singen». So eine Schlagzeile trägt in der Boulevardpresse für mehrere Tage, Aufregung ist garantiert. Nicht alle Arbeitslosen seien faul, versichern sofort die einen, während andere das «soziale Absahnen» anprangern. Es ist fast unmöglich, den Missbrauch staatlicher Gelder zu thematisieren, ohne dass jemand meint, alle Hartz-IV-Empfänger würden nun diskreditiert. Dabei erleben Arbeitsvermittler in den Ämtern ebenso wie in privaten Agenturen tagtäglich, dass ihre Bemühungen vergebens sind, wenn jemand eigentlich gar nicht arbeiten will.

Sybille K. ist Mitarbeiterin einer privaten Jobvermittlung in Nordrhein-Westfalen. Diese bietet bestimmte Maßnahmen an, um die staatlichen Jobcenter (auch Argen, kurz für Arbeitsgemeinschaften, genannt)* bei der Arbeitsvermittlung zu unterstützen. Die Klienten werden ihr von der Arge geschickt und sind zur Mitarbeit verpflichtet. Wenn sie nicht an den Seminaren und anderen Maßnahmen teilnehmen, laufen sie Gefahr, dass ihre Bezüge von der Arge gekürzt werden. Sybille K. schätzt, dass mindestens die Hälfte ihrer Klienten unbedingt einen Job will. Unter den anderen, die das Jobcenter schickt, sind viele, die gar nicht arbeiten können, weil sie krank sind. Und dann gibt es eben auch solche, die sich eingerichtet haben in ihrer Lage und alles daransetzen, die Arbeitsvermittlung scheitern zu lassen. Sie kommen tatsächlich nur, um sich die entsprechenden Bescheinigungen abzuholen.

Sybille K. erzählt von Frau R., einer Pädagogin aus der Ukraine. Sie ist sehr gebildet und hat einen Minijob in einem Kindergarten gefunden. So bessert sie ihren Hartz-IV-Satz etwas auf. Die Kolleginnen im Kindergarten sind ganz begeistert von ihr. Man will sie einstellen. Voraussetzung ist, dass sie eine Fortbildung besucht und eine Prüfung ablegt. Frau R. erscheint nicht zu den Seminaren. «Sie laviert sich raus und unterläuft alle Maßnah-

---

* Die Jobcenter bzw. Argen übernehmen seit der Hartz-IV-Reform die Arbeitsvermittlung. Sie sind auch zuständig für die Auszahlung des Arbeitslosengeldes II, das die frühere Arbeitslosen- und Sozialhilfe zusammenfasst.

men», stellt Sybille K. enttäuscht fest. «Es bleibt also alles beim Status quo. Und den will sie auch behalten.» Frau R. ist nämlich an einer Vollzeitstelle aus familiären Gründen gar nicht interessiert. Sie ist mit der gegenwärtigen Situation – Hartz IV plus Zuverdienst durch Minijob – recht zufrieden. Und sie ist nicht die Einzige.

Die private Arbeitsvermittlerin will nicht länger mitspielen und teilt Frau R. mit, sie werde sie aus dem Fortbildungsprogramm herausnehmen. Frau R.s Reaktion: «Aber ich werde doch keine Schwierigkeiten beim Jobcenter bekommen?» Sybille K. erklärt ihr, dass sie einen Bericht schreiben müsse: «Ich werde versuchen, Ihnen nicht zu schaden», verspricht sie, «aber Sie müssen damit rechnen, dass Sie eingeladen werden.» In diesem Moment ändert Frau R. ihre Meinung: «Na, dann hab ich's mir überlegt, ich komme ab jetzt zu den Fortbildungen.» Die Geduld der Jobvermittlerin ist allerdings aufgebraucht: «Das ist jetzt zu spät! So geht es nicht!» Sie findet das Verhalten ihrer Klientin «wirklich dreist».

Menschen, die nicht arbeiten wollen, haben verschiedene Gründe. Das können – wie bei Frau R. – familiäre Verpflichtungen sein. Andere sind einfach schon zu beschäftigt; sie arbeiten nämlich schwarz. Eine unserer Bekannten suchte eine Haushaltshilfe. Sie hatte zunächst überlegt, jemanden richtig anzustellen, war aber unsicher, wie die Formalitäten für ein Anstellungsverhältnis korrekt zu erledigen sind. Sie selbst war Angestellte und hatte keinerlei Erfahrung als Arbeitgeberin. Also versuchte sie, sich beim Finanzamt und der Agentur für Arbeit zu erkundigen. Man schickte sie von Pontius zu Pilatus, und außerdem dämmerte ihr bald, dass sie als Privatperson die Lohnnebenkosten einfach nicht aufbringen könnte. Also entschied sie sich für einen Minijob, rief wieder bei der Agentur für Arbeit an und hatte wohl die falsche Durchwahl erwischt: «Ha, Hilfe im Haushalt», raunzte eine Dame am anderen Ende der Leitung: «Sie meinen doch wohl nicht, dass ich das tue?!» Nein, meinte sie natürlich nicht, telefonierte weiter und fand heraus, dass die Jobcenter sich mit Minijobs nicht lange aufhalten wollen, sondern sich auf die Vermittlung von versicherungspflichtigen Vollzeitjobs konzentrieren.

Schließlich gab sie eine Anzeige in der regionalen Zeitung auf. Es meldeten sich mehr als vierzig Interessentinnen. Von denen wollte nicht mal ein Drittel legal arbeiten. Einige hatten keine gültige Arbeitserlaubnis. Andere erklärten schon am Telefon: «Ich würde gerne arbeiten, aber als Minijob geht es nicht, ich habe bereits einen angemeldet.» Zwar darf man mehrere Minijobs annehmen, doch nicht mehr als 400 Euro insgesamt verdienen. Und die nächsten gaben unumwunden zu: «Ich bekomme Hartz IV. Wenn ich den Job anmelde, wird ein großer Teil des Geldes einbehalten. Das lohnt sich für mich nicht.» Es ist keine Einzelerfahrung und auch schon lange kein Geheimnis mehr: Dienstleistungen im Haushalt erfolgen weitestgehend schwarz.

Aber auch einige Firmen bedienen sich illegaler Methoden. «In der Gastronomie ist das üblich, bei Zimmermädchen zum Beispiel», weiß Sybille K. «Da heißt es: Ich gebe dir einen Vertrag über 150 Euro, den Rest machen wir so. Das ist richtig Betrug!» Das Zimmermädchen bekommt weiterhin Hartz IV und erhält vom Arbeitgeber offiziell nur, was sie im Rahmen eines Minijobs ohne Abzüge dazuverdienen darf, der Rest wird unter dem Tisch erledigt. Im Grunde ist es eine Art Kombilohnmodell: Den Grundlohn bezahlt die Allgemeinheit in Form von Hartz IV, Wohngeld etc., und der variable Teil wird durch Minijob und Schwarzarbeit selbst verdient. Dieses Arrangement ist für beide Seiten – Arbeitgeber ebenso wie Arbeitnehmer – einträglicher, als regulär zu arbeiten. So wird unser vergleichsweise strenges Arbeitsrecht mit weitreichendem Kündigungsschutz und hohen Lohnnebenkosten in der Praxis tiefer und tiefer ausgehöhlt. Arbeitsuchende und Arbeitsvermittler klagen, dass immer weniger

Vollzeitjobs angeboten werden. Vom Bauarbeiter bis zur Arzthelferin: Arbeitgeber suchen nach Minijobbern.

Als wir unsere Ausbildung beendeten, standen viele Kommilitonen nach dem Studium auf der Straße. Sie schlugen sich mit Jobs durch. Damals gab es noch keine «Ich-AG», aber etliche Freunde machten genau das: Sie wurden selbständig und übernahmen Projekte von Firmen oder öffentlichen Einrichtungen. Manche mauserten sich nach kargen Anfangsjahren und können längst gut davon leben. Wenn wir fragen, wie es läuft, hören wir häufig eine Klage, die absurd erscheint, aber eine Grundhaltung wiedergibt. Es gehe nicht etwa schlecht, sondern «zu gut», meint ein mit uns befreundeter Kleinunternehmer. «Ich müsste eigentlich jemand einstellen, aber dann wird das alles zu teuer und zu riskant. Was ist, wenn die Aufträge nachlassen? Dann habe ich einen Angestellten und kann ihn nicht bezahlen. Also lehne ich Aufträge ab und mache mit meiner Frau alleine weiter.» Lieber nicht wachsen als jemanden einstellen.

Wenn wir das Amerikanern erzählen, können sie es nicht glauben. Dort ist die Hemmschwelle, Personal einzustellen, gering. Als Tom eine Reportage über deutsche Einwanderer drehte, traf er einen der Eingewanderten in einer mittelständischen Firma in Texas. Er fragte ihn, wie sein Arbeitsvertrag aussehe. Er habe keinen, war die Antwort. Er sei per Handschlag eingestellt worden, wie alle in jenem Betrieb. Die meisten waren seit Jahrzehnten dort. Das sind die zwei Seiten der vielgescholtenen «amerikanischen Verhältnisse»: ein Arbeitsrecht, das Arbeitern in manchen Bundesstaaten kaum soziale Sicherheit garantiert, das aber auf der anderen Seite dazu ermutigt, unbekannten Neuankömmlingen eine Stelle zu geben.

Vor allem für nicht besonders qualifizierte Arbeitsuchende stehen reguläre Arbeitsstellen, von denen man sich oder gar eine ganze Familie ernähren könnte, in Deutschland kaum zur Verfügung. Falls doch, werden die Lohnkosten mit allen Mitteln gedrückt. Das Arbeiten lohnt sich also nicht. Für viele Jobs werden Hungerlöhne geboten, die mit Hartz IV aufgestockt werden müssten, um über die Runden zu kommen. Nur 7,50 Euro Stundenlohn für einen erfahrenen Bauarbeiter! Sybille K. bringt es fast nicht übers Herz, qualifizierten Fachleuten so ein Angebot zu unterbreiten. Einer hat sich vorgestellt und kam «völlig geplättet» von der Baustelle wieder: «Ob Sie's glauben oder nicht, die haben noch versucht, das auf 6,50 Euro zu drücken.» Die Leute seien durchaus kompromissbereit, sie würden für 1300 oder 1500 Euro arbeiten gehen, obwohl sie früher das Doppelte verdient haben. Aber weniger, das macht für sie keinen Sinn, damit kommen sie nicht aus.

Nicht alle Klienten zeigen sich kompromissbereit. So betreute sie einen jungen Mann, dem sie ein Praktikum in einem noblen Hotel organisiert hatte. Er sollte sich nun vorstellen und hatte eine Einladung vom Direktor erhalten. Kurz vor dem Termin meldet sich das Hotel, bittet höflichst um Entschuldigung, der Direktor sei verhindert, sein Stellvertreter würde das Gespräch führen. Reaktion des jungen Mannes: «Nö, dann mach ich das natürlich nicht. Wer bin ich denn? Ich red doch nicht mit der Vertretung! Da geh ich nicht hin.» Zufällig bekam das ein junger Russe mit, schnappte sich die Telefonnummer, rief an und bekam den Platz. «Manchmal scheint mir», sagt Sybille K., «als würden sich die Jugendlichen an bestimmten Fernsehsendungen orientieren und zu dem Schluss kommen, das Beste sei für sie gerade gut genug, nach dem Motto: Wenn ich schon etwas mache, dann muss es top sein.»

So mancher ist recht wählerisch, auch was die Art der Arbeit angeht. Schon immer und überall waren Tätigkeiten mit unterschiedlichem Prestige behaftet, gab es eine Hierarchie zwischen Jobs, die im Blaumann, und Jobs, die im Anzug verrichtet werden. Wir haben den Eindruck, dass in Deutschland zunehmend darauf geachtet wird, nichts «unter der Würde» anzufassen. Dabei merkt keiner, dass Standpunkte, die scheinbar sozial wirken, eine Menge Herablassung zum Ausdruck bringen. Igitt, hier soll sich niemand die Finger schmutzig machen. Die Empörung über diese «Zumutungen» sind auch Ausdruck der Respektlosigkeit gegenüber jenen Menschen, die sogenannte niedere Arbeiten erledigen. In Amerika ist völlig klar: Wenn jemand keine Anstellung in seinem Job als Architekt oder Biologe findet, dann macht er eben etwas anderes. Arbeit jeglicher Art findet erst mal Anerkennung. Ein amerikanischer Bekannter war nach einem Auslandsjahr nach Washington zurückgekehrt. Eigentlich wollte er in einem der *think tanks*, einer Art politischer Denkfabriken, arbeiten, aber dort war gerade nichts frei. Also bediente der Akademiker in einem *coffee shop*. Weder hat das sein Selbstwertgefühl beeinträchtigt, noch wurde er schief angesehen. Bei uns ist so etwas nicht einfach möglich. Ein Akademiker hätte diese Arbeit abgelehnt, zum einen weil seine staatliche Unterstützung wahrscheinlich höher wäre als der Lohn einer Kaffeehaus-Bedienung. Zum anderen hätte es seine Chancen für einen höherwertigen Anschlussjob verschlechtert, da er nun einer «niedrigeren» Kategorie von Arbeitnehmer zugeordnet würde. Der deutsche Arbeitsmarkt ist weit weniger durchlässig. Unser Freund ist nach einem knappen Jahr Manager einer Telekommunikationsfirma geworden und verdient dort gutes Geld. Das amerikanische System lässt sich natürlich in vieler Hinsicht nicht auf Deutschland übertragen. Würden wir es zum Programm erheben, Uni-Absolventen an die Kaffeetheke zu stellen, blieben noch weniger Jobs für gering qualifizierte Arbeitsuchende übrig.

«Das Hauptproblem ist», stellt Frauke Müller vom Hamburger Jobclub fest, «es gibt zu wenig Arbeit für die Menschen, die arbeiten möchten. Und es gibt auch nicht die richtige Arbeit. Wir haben einen großen Prozentsatz an Menschen, die gering qualifiziert sind. Die Arbeit, die diese Menschen verrichten könnten, die gibt es gar nicht.» In vielen Fällen scheitert die Arbeitsver-

mittlung an unzureichender Qualifikation. Es fehlen Schulabschlüsse, Computerkompetenzen, Führerscheine, nicht selten
auch Deutschkenntnisse, von beruflicher Ausbildung gar nicht zu
reden. Viele Kunden der Arge wissen nicht, wie sie sich vorstellen
müssen und wie Bewerbungsunterlagen auszusehen haben.

Um diese Defizite auszugleichen, hat sich in Deutschland ein
gewaltiger Weiterbildungs- und Arbeitsvermittlungssektor entwickelt. Private Bildungsträger bieten an, was die Bundesagen-
tur für Arbeit allein nicht leisten kann, vom Bewerbungstraining
bis zur Berufsbildung. Private Jobagenturen vermitteln Arbeitsplätze. Die Aufträge erhalten sie von den staatlichen Jobcentern
und Behörden. Sie entwickeln Projekte, profilieren sich mit bestimmten Programmen für ausgewählte Zielgruppen unter den
Arbeitsuchenden. Es gibt EU-Töpfe, Bundestöpfe, Ländertöpfe,
die man für bestimmte Vorhaben anzapfen kann. Das Problem
ist: Diese wachsende «Industrie» kann nur überleben, wenn sie
nicht schafft, was sie sich vornimmt. Sie ist dazu da, die Arbeitslosigkeit zu überwinden, lebt aber nur davon, dass es Arbeitslosigkeit gibt. Viele leisten gute Arbeit, weisen weit höhere Ver-
mittlungsquoten auf als die staatlichen Stellen, weil sie intensiver
und individueller betreuen. Aber längst hat keiner mehr einen
Überblick über dieses weit verzweigte Netz und seine Effektivi-
tät.

«Wir haben hier einige Teilnehmer mit echten Weiterbil-
dungskarrieren», berichtet Frauke Müller vom Jobclub. «Wir
verstehen nicht, wieso auch die vierte Weiterbildung genehmigt
worden ist.» Eine Kollegin bestätigt das: «Wenn wir von Bewerbungstraining sprechen, dann verdrehen einige die Augen, weil
sie das schon mehrmals gemacht haben.» Da stellt sich das Gefühl ein, die Argen wollten einen Teil ihrer «Kunden» einfach
loswerden. Wer in Weiterbildung oder Bewerbungstraining engagiert ist, und sei es auch zum fünften Mal, der fällt aus der Ar-
beitslosenstatistik erst mal heraus. «Die Qualität ist oftmals auch

nicht gewährleistet», sagt eine andere Hamburger Jobvermittlerin: «Wir bekommen Rückmeldungen von Leuten, die einen Bewerbungstrainer hatten, der kein Deutsch sprach.»

Manche Programme haben auch ihre skurrile Seite: Da ist zum Beispiel Herr P. aus Thüringen, seit ein paar Monaten arbeitslos, eigentlich Kellner, aber zuletzt im Gartenbau tätig. Das letzte Jobangebot ist ihm durch die Lappen gegangen, weil er keinen Führerschein hat. Ein Telefon hat er auch nicht, und seine Uhr vergisst er öfter mal. Herr P. möchte wirklich gern möglichst schnell wieder arbeiten und nimmt deshalb an einem Training teil: «Die geben mir immer neue Termine. Ich weiß gar nicht, was die wollen», brummelt er vor sich hin. Was macht er denn da, bei diesen Terminen? «Ein bisschen Computer und so. Auch Gesundheitstraining.» Er hustet verächtlich. «Die wollen, dass ich Yoga mache, das ist das Schärfste!» Herr P. ist um die fünfzig und von der Statur eines mittelgroßen Bären. Sicher würde ihm etwas sportliche Betätigung guttun, aber Yoga-Kerze und -Kobra dürften ihm nicht ganz leichtfallen. Wir sind nicht wirklich überzeugt davon, dass unfreiwillige, von Steuergeldern finanzierte Turnübungen den direktesten Weg zum neuen Arbeitsplatz beschreiben.

Mit viel Geduld gelingt es Sybille K.s Agentur trotz aller Widrigkeiten, in über dreißig Prozent der Fälle erfolgreich zu vermitteln. Das gilt in der Branche als gute Quote. Trotzdem möchte sie manchmal am liebsten alles hinschmeißen, zum Beispiel, wenn sie sieht, wer ihr da wieder von der Arge geschickt wurde: ein 45-Jähriger, der seit zwanzig Jahren nicht gearbeitet hat. «Dass dieses System das zulässt!» Sybille K. kann nicht fassen, «dass der damit durchkommt! Er hat nicht mal ein Telefon! Man wundert sich, wie viele Leute ohne Telefon es gibt! Die haben buchstäblich den Anschluss verpasst.» Macht nichts, findet der arbeitslose Mann: «Schreiben Sie mir doch!»

«Aber so läuft das nicht!», entgegnet Sybille K. «Es dauert zwei Tage, bis der Brief bei Ihnen ankommt, zwei Tage, bis Sie antworten, bis dahin ist jede Arbeitsstelle weg. Das hat doch überhaupt keinen Zweck.» Der Mann ist durchaus mit ihr einer Meinung: «Mein Sachbearbeiter bei der Arge hat auch gesagt, er weiß nicht, was er mit mir machen soll. Deswegen hat er mich hierhergeschickt.»

Sybille K. erklärt sich diese Entscheidung damit, dass die Sachbearbeiter der Arge unter Druck stehen. «Kunden» werden die Arbeitslosen im Jobcenter genannt, damit auch kein Missverständnis auftaucht, wer hier wen zu bedienen hat. Vergessen ist, dass normalerweise der Kunde das Geld mitbringt und deswegen einen Anspruch auf königliche Behandlung hat. Eine weitere Stilblüte der politisch korrekten Sprache.

Thomas F. war selbst arbeitslos, bevor er sich als Vermittler in einem südwestdeutschen Jobcenter bewarb. Wie die meisten seiner Kollegen hat auch er nur einen Zeitvertrag. 350 bis 400 «Kunden» hat er zu betreuen, führt fünf bis sechs längere Gespräche am Tag. 80 bis 90 Prozent seiner Kunden, sagt er, hätten keine Berufsausbildung, das sei das Hauptproblem. Natürlich hat er nicht die Zeit, jemanden näher kennenzulernen. Das kann sich keiner merken, und aufschreiben darf er vieles auch nicht. Für seine Notizen über die Arbeitsuche gibt es ganz genaue Vorschriften. «Es gibt eine Liste von unheimlich vielen Begriffen, die ich nicht verwenden darf. Ich darf das Wort ‹Haft› nicht verwenden, ‹Sexualität› oder ‹vorbestraft› oder ‹Neigungen› – eigentlich alles, was irgendwie aussagekräftig ist», berichtet Thomas F. Dahinter stehen Datenschutzbestimmungen, die verhindern sollen, dass einzelne Arbeitsuchende stigmatisiert werden. Als datenschutzrechtlich riskant eingestuft werden Begriffe wie: Alkoholproblem, Berufskrankheit, fehlende Mitwirkung, Blindheit, taubstumm, arbeitsunfähig, spielsüchtig, medikamentensüchtig und viele mehr. Alles Umstände, die die Arbeitsuche wesentlich beeinflussen. «Es dürfen überhaupt keine Emotionen enthalten sein, auch keine Wertungen.» Ein Vermittler dürfte nicht notieren: «Meiner Einschätzung nach ist der Kunde demotiviert.» Er müsste das anders formulieren, zum Beispiel, dass ein Kunde sich mit seiner Situation abgefunden habe. «Das dürfte ich wohl schreiben», meint Thomas F., «im Zweifelsfall muss ich immer in die Liste gucken.»

«Was, das fragst du alles?» Eine Jobcenter-Kollegin staunte, als sie sich den Fragebogen von Sybille K.s privater Agentur anschaute. Nach Schulden, Kindern, Familienverhältnissen, pflegebedürftigen Familienmitgliedern, psychischen Problemen dürfen staatliche Arbeitsvermittler nicht fragen. Wenn der Arbeitsuchende von selbst erzählt, dürfen sie es nicht notieren. «Wenn jemand als Friseur arbeiten will, dann darf eine Allergie gegen Färbemittel vermerkt werden», weiß Sybille K., «aber nicht, dass er zu Hause eine kranke Mutter hat, die er pflegen muss. Ich habe Verständnis für den Datenschutz, aber das sind oft die Gründe, die eine Vermittlung behindern.» Ohnehin, erwähnt Thomas F., dürfe er desinteressierte Klienten nicht einfach fallenlassen. Und zu Sanktionen, zum Beispiel Kürzungen, greife er nicht gerne.

«Wir kommen alle aus der sozialpädagogischen Ecke», erläutert Marion D., eine private Jobvermittlerin aus Berlin. «Wir arbeiten mit dem Anspruch, für die Armen und Entrechteten einzustehen, und nun haben wir alle einen Prozess durchgemacht.» Marion D. hat gerade einen ihrer Klienten «ausgeschult» – so heißt das, wenn man einen Teilnehmer aus dem Programm wirft. Nach einem halben Jahr intensiver Suche hatte sie für Goran S. einen guten und passenden Job in seiner Branche gefunden, einen Vorarbeiterposten mit angemessener Bezahlung. Nach dem Vorstellungsgespräch meldet sich die Firma bei ihr: Herr S. habe sofort bekannt gegeben, dass er an der Stelle nicht interessiert sei. Daraufhin habe man auf ein weiteres Gespräch verzichtet. Das hat Konsequenzen, mit denen Herr S. offensichtlich nicht gerechnet hat. Marion D. schrieb nämlich eine Beurteilung für die

Arge, in der zu lesen stand, dass Goran S. nicht ausreichend motiviert sei zur Arbeitsuche. Eine Kürzung des Arbeitslosengeldes könnte die Folge sein. Daraufhin wurde sie von S. bestürmt, er entschuldigte sich vielmals und bat, sie solle bei der Firma anrufen und sagen, er habe das nicht so gemeint. Als sich die Jobvermittlerin nicht umstimmen ließ, verwies er auf gute Kontakte zu angeblich wichtigen Leuten und drohte, sie anzuzeigen. Zwei Kollegen stellten sich schützend vor Goran S. und kritisierten Marion D.: «Das kannst du doch nicht machen! Jetzt werden seine Bezüge gekürzt! Herr S. ist so ein netter Mann!» Eigentlich sei der Konsens, meint Marion D., Nachsicht walten zu lassen, wenn jemand krank geworden sei oder einen Trauerfall hatte. «Aber wenn jemand ganz offen blockiert, dann nicht.» In solchen Fällen treten die unterschiedlichen Auffassungen zutage, dann «knallt es» ab und zu im Team. Früher hätten fast alle die Klienten gesehen als «Opfer der Verhältnisse, die nichts für ihre Lage können». «Aber inzwischen», stellt Marion D. fest, «macht sich ein anderer Geist breit. Viele sehen die Leute mehr als autonome Persönlichkeiten, die für ihr Leben selbst verantwortlich sind. Der Wind dreht sich etwas unter den Beratern.» Hinter dem Versprechen «Ich kämpfe für die Armen und die Opfer!» entdeckt Marion D. auch eine gewisse Arroganz: «Ich als Berater weiß schon Bescheid, was für Sie richtig ist. Und wenn Sie alles so machen, wie ich vorschlage, dann sind Sie auf dem richtigen Weg. Ich finde es letztlich demokratischer, wenn wir sagen: Sie sind jetzt in dieser Situation. Wir können Ihnen helfen, da wieder herauszukommen, aber es ist Ihre Situation.»

Natürlich, betont Marion D., könne der Einzelne den Arbeitsmarkt nicht verändern, aber man müsse ihn ermutigen, seinen persönlichen Spielraum zu nutzen. Am Ende aber nützt der größte Arbeitseifer nichts, wenn die Jobs fehlen. Arbeitsplätze und Bildungschancen zu schaffen, bleibt die zentrale Aufgabe.

Traumjob oder einfach putzen?

Erfahrungen einer Arbeitsuchenden

Wir möchten einmal ausprobieren, was eigentlich passiert, wenn man sich in der Absicht zu arbeiten an die Arbeitsagentur wendet. Sabine lernt Fema N. kennen. Sie kommt aus Ghana, ist seit über zehn Jahren in Deutschland, nur geduldet, aber mit Arbeitserlaubnis. Sie lebt von Sozialhilfe. Als Analphabetin ist sie nach Deutschland gekommen, nie länger zur Schule gegangen. Der Deutschkurs, der ihr bewilligt wurde, fiel ihr nicht leicht. Sie hat einen neunjährigen Sohn, der fließend Deutsch spricht, hier zur Schule geht und dieses Land als seine Heimat sieht.

Fema ist entschlossen, Fuß zu fassen. Ihre Vermittlung stellt zugegebenermaßen eine größere Herausforderung dar: Ihre Deutschkenntnisse sind sehr mangelhaft, sie hat keinerlei Schul- oder Berufsbildung, und sie hat ein Kind. Aber sie will auf eigenen Füßen stehen; sie will arbeiten! Sabine begleitet sie eine Zeitlang bei ihrer Suche. Fema ist eine besonders schwierige, aber keine untypische «Kundin» der Arbeitsagentur. An den Stellenausschreibungen am großen Schwarzen Brett im Eingang des Jobcenters geht sie vorbei. Die sieht sie gar nicht. Sie muss keine Nummer ziehen und nicht warten. «Sie sind schon dran!», sagt eine nette junge Dame und händigt ihr ein Formular zum Ausfüllen aus. Fragend blickt Fema auf das Blatt Papier. Sie scheitert schon bei den einfachsten Fragen nach Vornamen und Geburtsort. Und was bitte ist ein «Familienstand»?

Bevor das alles geklärt werden kann, wird sie von Herrn M. aufgerufen. Er fragt nach Papieren, nach Sozialversicherungsausweis, Wohnungsbestätigung usw. und macht darauf aufmerksam, dass es eventuell noch Unterstützung gibt. Aber Fema ist gar nicht hier, um staatliche Gelder zu beantragen. Sie möchte eine Stelle, um ein paar Stunden am Tag zu putzen. Sie hatte gehofft, die Agentur mit einigen Adressen von Firmen, die es gerne etwas sauberer hätten, zu verlassen.

Aber so schnell schießen die Preußen nicht. Fema erhält eine «Kundennummer» und ein weiteres Formular. Herr M. klärt sie auf, die Agentur sei wie ein Arbeitgeber zu behandeln. Wer nicht kommen könne, müsse sich unbedingt entschuldigen. Außerdem müsse sie sich nun melden, wenn sie die Stadt verlasse. Dafür wird ihr die Agentur die Rentenausfallzeiten pro Tag bescheinigen. Fema weiß gar nicht, was das ist, Rentenausfallzeit, und sie hat auch keinen Anspruch auf Rente. Egal. In drei Wochen soll sie zu einem Beratungstermin wiederkommen. Dann werde ihr Frau Z. zur Verfügung stehen. Fema versteht gar nichts. Sie möchte doch nur eine Putzstelle!

Der Beratungstermin muss verlegt werden. Sabine will das erledigen. Sie ruft eine 0180-Servicenummer an. Die Sachbearbeiterin findet weder den Namen noch den Termin. Sie braucht Kundennummer und Geburtsdatum.

«Ist die Dame bei Ihnen mit im Raum?», fragt sie dann.

«Leider nicht.»

«Dann kann ich Ihnen nicht weiterhelfen», erklärt sie, «aus Datenschutzgründen».

«Aber ich möchte doch nur einen Termin für Frau N. verlegen!»

Nichts zu machen.

Erneuter Versuch am nächsten Tag. Eine andere Sachbearbeiterin. Sie sieht, dass Sabines Anwesenheit beim ersten Besuch protokolliert wurde, und ist deshalb bereit, mit ihr zu sprechen.

«Aber das ist ein Termin mit Rechtsfolgen, den kann ich nicht einfach löschen.»

«Rechtsfolgen?»

«Der persönliche Sachbearbeiter, Herr W., muss sich mit Ihnen in Verbindung setzen.»

Bisher bestand nur Kontakt zu Herrn M. Der nächste Termin sollte mit Frau Z. sein. Also, sehr persönlich ist die Beziehung zu Herrn W. noch nicht. Und überhaupt:

«Warum ist eine Terminverschiebung so kompliziert?»

«Ich weiß nicht, warum der Sachbearbeiter den Termin als Termin mit Rechtsfolgen angesetzt hat.»

«Frau N. möchte doch nur ein paar Stunden putzen, sie hat keinen Antrag auf Arbeitslosengeld oder Ähnliches gestellt.»

«Tut mir leid», sagt die junge Dame sehr freundlich, «aber das ist gesetzlich so vorgeschrieben.»

«Und was könnten die Rechtsfolgen sein?»

«Zum Beispiel, dass sie bei uns abgemeldet wird. Wir müssen mit Rechtsfolgen arbeiten, manche Leute bleiben den Terminen einfach fern.»

«Aber ich möchte doch gerade Bescheid sagen, weil sie dem Termin nicht einfach fernbleiben will.»

«Das kann nur der persönliche Sachbearbeiter entscheiden. Herr W. wird sich mit Ihnen in Verbindung setzen!»

Irgendwie bekommt Fema tatsächlich einen neuen Termin weitere drei Wochen später. Wir klopfen an Herrn W.s Tür. Keine Reaktion. Es stellt sich heraus, dass er krank ist. Man habe versucht, Frau N. zu benachrichtigen. Sie hat aber keine Nachricht bekommen. Das mag nun an der Agentur liegen oder an Fema und ihrem Handy. Wer weiß. Per Brief wird sie über einen neuen Beratungstermin, wiederum zwei Wochen später, benachrichtigt. Fema ruft uns an. Ausgerechnet an dem Tag hat sie zwei Zahnarzttermine, einen morgens und einen weiteren nachmittags. Sie will alles unter einen Hut bringen. Sabine rät ihr, eine Verabredung zu verlegen. Nach langem Hin und Her fällt ihr schließlich auf, dass sie sich geirrt hat. Der Zahnarzt war erst für den darauffolgenden Tag geplant.

Endlich klappt es mit dem Termin in der Arbeitsagentur. Herr W., ein junger, schmächtiger Typ in rotem T-Shirt, freundlich und zurückhaltend, erwartet Fema. Er entschuldigt sich, dass er letztes Mal krank war. Er möchte wissen, was bisher zur Arbeitsuche unternommen wurde. Fema erzählt, dass sie Bekannte gefragt hat. Herr W. bemüht sich, auf Englisch zu sprechen, ab und zu springt Sabine ein.

«Keine Zeitungsanzeigen studiert oder das Internet?»

Fema weiß nicht, wie das geht.

Der Berater betont, dass es nicht ausreiche, nur herumzufragen. Es wird geklärt, welche Arbeiten sie übernehmen würde und welche Arbeitszeiten sie sich vorstellt.

Das Computerprogramm erlaubt, drei Kategorien anzukreuzen:

«Reinigungskraft, Küchenhilfe und was noch? Vielleicht Lagerhilfe?»

Ihr ist alles recht.

Morgens muss sie ihren Sohn zur Schule bringen, vormittags geht sie dreimal pro Woche zum Deutschkurs. Sie kann also nachmittags und abends arbeiten.

Natürlich, sie würde auch in eine andere Stadt ziehen.

Er kreuzt also bundesweite Suche an.

Herr W. schaut zufrieden: «Da ist eine stattliche Liste von Angeboten zusammengekommen. Die werde ich jetzt ausdrucken, und Sie können sich dort bewerben. Mindestens zwei Bewerbungen pro Woche, das erwartet die Arbeitsagentur.»

Der Drucker druckt.

Herr W. schiebt Fema ein Infoblatt über Kombilohn zu, für den zukünftigen Arbeitgeber. Vielleicht falle ihm dann eine Einstellung leichter. Außerdem könne der Arbeitgeber eventuell Unterstützung bekommen für Trainingsprogramme oder erforderliche Arbeitskleidung. Noch ein Infoblatt.

Sie steckt alles in ihre Tasche und versteht gar nichts. Obwohl er englisch gesprochen hat. Mit dieser Zettelwirtschaft kann sie nichts anfangen.

Plötzlich stockt Herr W. – ihm ist aufgefallen, dass viele Arbeitsbeschreibungen Deutschkenntnisse erfordern. Die klickt er nun alle weg. Es bleibt fast gar nichts übrig. «Hier sind zwei Angebote für Küchenhilfen», resümiert er, «die verlangen kein Deutsch.» Eine magere Ausbeute, aber mehr kann er nicht tun.

Zum Abschied betont er, wie wichtig es sei, Deutsch zu lernen. «Sprechen Sie mit Leuten!», rät er. «Hören Sie deutsche Cassetten, schauen Sie deutsches Fernsehen!» Fema nickt. Sie schaut wenig fern. Ihr Sohn zappt immer von einem Sender zum nächsten. So schnell versteht sie rein gar nichts. Herr W. steckt ihr – wie zum Trost – noch einen weiteren Zettel zu: die Ankündigung eines dreiwöchigen Bewerbungstrainings im Herbst – falls sie bis dahin noch keine Arbeit gefunden hat. Jetzt ist Juni.

Die Beratung hat fünfzig Minuten gedauert. Fema verlässt Herrn W. mit zwei Stellenausschreibungen. Eine erledigt sich umgehend. Es sind durchaus gute Deutschkenntnisse gefordert, man hat nur vergessen, darauf hinzuweisen. Beim zweiten Angebot handelt es sich um eine Agentur, die Reinigungspersonal und Küchenhilfen vermittelt. Sie erhält einen Vorstellungstermin am anderen Ende der Stadt, eine Stunde Fahrt in unbekanntes Gebiet. Sie findet die Adresse ohne große Probleme, doch versteht sie nicht, was man dort von ihr will: einen Job-Lebenslauf und eine Kopie des Vermittlungsgutscheins. «Davon leben wir», erklärt die Reinigungsfirma. Mit diesem Gutschein erhalten private Vermittler vom Arbeitsamt eine Gebühr zwischen 1500 und 2500 Euro erstattet für den Abschluss eines versicherungspflichtigen Beschäftigungsverhältnisses von mindestens drei Monaten Dauer. Fema hat keinen Gutschein, sie erfüllt die Voraussetzungen nicht. Sie hat außerdem keine Ahnung, wie ein Lebenslauf anzufertigen ist. Also wird keiner geschrieben, und es passiert an dieser Stelle erst mal nichts.

146

Sabine vermittelt eine weitere Beratung beim Jobclub Altona, einer von vielen nichtstaatlichen Einrichtungen, die Arbeitslosen weniger bürokratisch helfen wollen als die Agentur für Arbeit. «Wir gehen von dem Menschen, der sucht, aus», erklärt die Leiterin Frauke Müller den Unterschied zwischen Jobclub und Behörde, «wir arbeiten mit ihm daran herauszufinden, welche Kompetenzen, auch verborgene Kompetenzen, er hat. Das machen wir individuell über einen längeren Zeitraum, um herauszufinden: Wo kann mein Platz im Bereich Beschäftigung überhaupt sein?» Allein wäre Fema sicher nicht auf den Jobclub gestoßen. Nun bekommt sie zunächst einen Kaffee. «Das bekommen hier alle», sagt die freundliche Mitarbeiterin, «das gehört dazu.» Sie möchte wissen, ob Fema einen Traumberuf hat. Solche Gedanken sind der aber fremd. Sie möchte einfach eine Arbeit finden, die sie ohne Deutschkenntnisse erledigen kann, um ihr eigenes Geld zu verdienen. Also schüttelt sie nur den Kopf.

Die Vermittlerin spricht kein Englisch, lobt Fema wiederholt für ihre Deutschkenntnisse und versucht herauszufinden, welche Vorbildung sie mitbringt. Es ist ein mühsamer Prozess, nicht nur wegen der Sprachschwierigkeiten.

Drei Jahre lang hat Fema wohl eine Schneiderschule in Ghana besucht.

«Gibt es darüber Zeugnisse oder andere Unterlagen?»

Nein, sie wurden alle zerstört durch eine große Überschwemmung. Das Wasser kam durchs Dach. 1973.

Die Beraterin stutzt: «Das kann nicht sein!» Fema wurde 1968 geboren, fünf Jahre später können ihr unmöglich Unterlagen über die Schneiderei weggeschwommen sein.

«Oh ja, das stimmt», gibt Fema nachdenklich zu. Sie will ihre Mutter anrufen und nachfragen.

Die Beraterin zählt auf, welche Beschäftigungs- und Ausbildungsmöglichkeiten es gibt:

- eine kleine Ausbildung im hauswirtschaftlichen Bereich,
- Projekte zum Nähen,
- eine Schule für Migrantinnen, um Altenpflege zu lernen (eineinhalb Jahre).

Möglich wäre auch, erst einmal einen Monat probeweise umsonst zu arbeiten. Sie ermahnt Fema, an die Altersvorsorge zu denken. «Das ist zwar noch lange hin, aber sehr wichtig!» Fema kann offensichtlich nicht einordnen, wovon die Rede ist. Sie ist voll und ganz mit der Sorge um die nächsten Wochen beschäftigt. Dreh- und Angelpunkt sind die mangelhaften Deutschkenntnisse. Die Beraterin ermuntert sie, sich Möglichkeiten zu schaffen, deutsch zu sprechen. Das Deutsche Rote Kreuz, so weiß sie, vermittelt zum Beispiel alte Leute, die sich gerne unterhalten.

Ein neuer Termin wird verabredet. Fema bekommt eine Hausaufgabe: einen Lebenslauf schreiben mit Jahreszahlen, wann sie in welchem Land war, welche Schule sie besucht und wo sie gearbeitet hat. Fema ist dankbar für die Aufmerksamkeit, doch versteht sie nicht, warum man sich so viel Zeit für sie nimmt, und Schreibkram ist ihre Sache auch nicht. Sie möchte einfach nur putzen.

Für eine Weile haben Fema und Sabine keinen Kontakt. Nach einigen Monaten treffen sie sich wieder. All die Lebensläufe, die man von ihr wollte, hat sie nie geschrieben, und das nicht nur wegen mangelnder Sprachkenntnisse. Auch für so manchen deutschen Arbeitslosen stellen diese Anforderungen unüberwindliche Hürden dar. Mit leeren Händen wollte sie nicht mehr zum Jobclub gehen. Fema hatte zwischendurch zwei Putzstellen, vermittelt durch Bekannte. Eine davon hat sie verloren, also bleibt ihr die andere. Sie putzt acht Stunden in der Woche.

Inzwischen kennen wir Fema länger als zwei Jahre. An ihrer Situation hat sich nichts Grundlegendes geändert. Sie hat die Zuversicht nicht ganz aufgegeben. Zumindest für ihren Sohn hofft sie auf eine lebenswerte Zukunft.

Sherry beim Chef

Einer wird Millionär

Es gibt sie, die Tellerwäscherkarriere, auch in Deutschland. Strahlend sitzt Ian Kiru Karan in seinem Büro. Beste Hamburger Lage mit Blick auf die Alster. Er lacht oft und gern. Und er hat Grund dazu. Ian Kiru Karan, Einwanderer aus Sri Lanka, ist Millionär. Ein deutsches Märchen. Der Handel mit Containern für den internationalen Transport hat ihn reich gemacht. Seine Firma *Capital Intermodal* ist nicht die erste, die er gegründet und zum Erfolg geführt hat. Seit 1970 lebt er in der Hansestadt Hamburg. Sein erstes Geld hat er tatsächlich als Küchenhilfe verdient, in einem vegetarischen Restaurant. 450 Deutsche Mark im Monat. Gut zwei Jahrzehnte später ist er Millionär.

Wir treffen Ian Karan bei verschiedenen Gelegenheiten. Er ist oft dabei, wenn in Hamburg etwas los ist, meistens nicht als Gast mit leeren Händen. Großzügig fördert er soziale und kulturelle Projekte. Einmal treffen wir ihn in einem Jugendzentrum in Hamburg-Osdorf. Er spielt Tischtennis. Zehn Euro will er zahlen, wenn ihn einer besiegt, einen Euro kassieren, wenn er selbst gewinnt. Die Jungs sind ganz heiß darauf, eine Spritztour mit seinem Bentley zu machen. Der Chauffeur lässt sie auf die ledernen Sitze des dunkelgrünen Luxuswagens krabbeln, während die Jugendlichen im Saal nacheinander gegen ihn antreten. Nach dem Spiel kommt eine zwölfjährige Türkin auf ihn zu: «Herr Karan, Sie haben mich absichtlich gewinnen lassen. Die zehn Euro will ich nicht haben!» Das beeindruckt ihn sehr.

Ian Kiru Karan wird 1939 in Point Pedro, einer kleinen Stadt im nördlichen Sri Lanka, geboren. Der Inselstaat im Indischen

Ozean heißt da noch Ceylon und ist britische Kolonie. Die Familie mütterlicherseits besteht weitgehend aus Bauern, der väterliche Zweig aus Soldaten. Die Familie gehört dem Volk der Tamilen an ist und christlich-methodistisch, eine Minderheit in der Minderheit also. Seine Mutter stirbt bei seiner Geburt, sein Vater wird als Flieger der britischen Luftwaffe 1943 über Libyen abgeschossen. Mit vier Jahren ist Ian Kiru Waise. Er wächst mit seinen vier Geschwistern bei der Großmutter auf. «Ich hatte Glück, sie war eine sehr starke Frau und für mich wie eine Mutter.» Die Großmutter ist angesehen und sehr gläubig. Sie lässt für die kleine Gemeinde in Point Pedro eine Kirche bauen und hat für ihren Enkel den Beruf des Priesters auserwählt. Es kommt allerdings anders. Denn als Ian Kiru elf Jahre alt ist, erwischt sie ihn mit einer Zigarette hinter dem Gotteshaus und befindet: «Du bist es nicht wert, Priester zu werden. Schluss damit!» Dem Jungen ist es gerade recht.

Als Ian 16 wird, ist die Großmutter bereits 92 Jahre alt. So schickt ihn die Kirche auf eine Schule in England. «Meine Großmutter wusste wohl, dass sie nicht mehr viel Zeit hatte, und sagte: Mach deinen Weg!» Kein normaler Weg für einen Ceylonesen. Später erhält er wegen seiner guten sportlichen Leistungen ein Stipendium an der *London School of Economics*, einer der weltweit führenden Universitäten für Rechts-, Wirtschafts- und Sozialwissenschaften. Er studiert am Vorabend der 1968er-Studentenbewegung. «Wir wollten etwas bewegen, nicht nur für uns selbst, sondern auch für die Studenten nach uns. Wir waren in einer Art Euphorie; wir kämpften für die Zukunft. Wir standen ziemlich weit links, gedanklich nicht weit entfernt vom Kommunismus.» Er organisiert die ausländischen Studenten und zwei seiner Freunde die englischen Kommilitonen. Sie protestieren gegen den Vietnamkrieg und sehen sich berittener Polizei gegenüber. «Von einem Polizisten habe ich richtig eine gewatscht gekriegt und habe noch Narben aus der Zeit.»

Von einem Tag auf den anderen ist Schluss damit. Sie werden zum Kanzler zitiert, und der fackelt nicht lange. Sechs Monate vor der Prüfung fliegt Ian Karan von der Uni. «Damals ging für mich eine Welt unter. Ich dachte daran, wo ich herkomme, an meine Großmutter und daran, welche Hoffnung meine Familie in mich gesetzt hatte. Wir sind gottesfürchtige Leute. Ich bin zwölf Jahre lang nicht nach Sri Lanka geflogen, weil ich mich so sehr geschämt habe.»

Ian Karan lässt alles hinter sich und geht für ein halbes Jahr nach Frankreich, um Französisch zu lernen. Anschließend kehrt er zurück nach London und arbeitet für eine einst deutsche Firma, die während des Zweiten Weltkriegs enteignet wurde. «Da habe ich mir überlegt: Wenn ich hier Karriere machen will, dann muss ich Deutsch lernen.» Und auf geht's im Januar 1970 nach Deutschland. Schnell dämmert ihm, dass ein Jahr nicht reichen würde, um die Sprache zu beherrschen. «Die Grammatik – das ist eine reine Katastrophe! Ich glaube, das haben die Deutschen extra gemacht: Ihr wollt Deutsch lernen? Na, dann kommt mal her, und wir zeigen euch, wie schwer das ist.» Er lacht, wie so oft.

Mit 3000 D-Mark in der Tasche ist er in Hamburg angekommen. Das Geld ist sehr schnell aufgebraucht. Allein 300 Mark muss er monatlich für die Miete zahlen. Dann verlangt die Wirtin noch einen Zuschlag – weil er jeden Tag duscht. Er sucht das Weite und zieht in eine Eppendorfer Wohngemeinschaft. Auch hier Probleme im Badezimmer: «Die Frauen haben wir nie gesehen, aber die Männer benahmen sich wie die Ferkel. Keine Deutschen, wir waren zusammengewürfelte Ausländer. Also die Badewanne, den Schmutz kann sich keiner vorstellen …» Wieder umziehen, allein in eine wunderschöne kleine Souterrain-Wohnung in Hamburg-Othmarschen, mit riesigem Fenster und Kacheln an der Wand. «Das sah aus wie ein Aquarium.»

Jetzt muss schnell ein Job gefunden werden. So kommt er zum

Tellerwaschen in einem vegetarischen Restaurant in der Hamburger Innenstadt. «Aber blöd war ich nicht», betont Karan. «Ich wusste damals schon: In deinem Lebenslauf wird das gar nicht schlecht aussehen. Außerdem, das gebe ich zu, brauchte ich dringend das Geld. Aber ich wusste, ich würde Karriere machen, entweder in Deutschland oder in England.»

Das ist ihm damals schon klar?

«Ja! Ich wollte mit 30 Millionär sein.» Diesen Plan hatte er schon immer im Kopf. «Das schaffst du, habe ich mir gesagt. Ich wusste, ich war nicht dumm, aber ich war faul. Ich wollte möglichst viel erreichen mit wenig Einsatz.»

Und, hat das geklappt?

Nein, denn er hat erst mal keinen Schimmer, wo und wie er seinen Einsatz bringen soll. Es kommen Zweifel. Eigentlich ist er überzeugt: Mit 30 Jahren weiß der Mensch, wohin er will. Und nun sitzt er hier an seinem 31. Geburtstag in diesem «Aquarium» – und heult. «Mann, wie ist das möglich?», denkt er. «Die Hälfte deines aktiven Leben liegt hinter dir.» Und er hat nichts Besonderes erreicht. «Vom Millionär-Sein war ich weit entfernt, selbst in italienischen Lire gerechnet.» Diesen 31. Geburtstag wird er nie vergessen. «Jetzt musst du dich irgendwie als Sachbearbeiter durchschlagen. Du bist ein Durchschnittsmensch wie jeder andere auch», lautet seine traurige Einsicht. Er heult, weil er mit 30 noch kein Millionär ist. Aber er hat Spaß gehabt im Leben, sagt er sich schließlich, hat sich ausgetobt, also: «So schlimm ist es nun auch wieder nicht.»

Nur wenig später arbeitet er tatsächlich als Sachbearbeiter in einer Spedition. Immerhin, er verbessert sich von 450 Mark Tellerwäscherlohn auf 750 Mark im Monat. «Mehr wert als die Differenz von 300 Mark war, dass ich nun eine sitzende Tätigkeit hatte und nicht mehr acht Stunden am Tag stehen musste.» Er betreut englischsprachige Geschäftspartner. Eines Tages schickt eine kanadische Firma ein dickes Lob an seinen Boss: «… Kompliment an Herrn Karan …» Daraufhin wird er zum Inhaber zitiert. Den hatte er bis dahin noch gar nicht kennengelernt. Am Donnerstagnachmittag um 15 Uhr soll er im Chefbüro sein. Er zieht seine besten Klamotten an, kämmt sich die Haare («Damals hatte ich welche»). Das Vorzimmer ist leer, die Sekretärin nirgends zu sehen. Er lugt vorsichtig um die Ecke, in dem Moment schaut der Boss zufällig auf: «Come in, please!», «Kommen Sie herein!», sagt er und spricht weiter auf Englisch: «Bitte setzen Sie sich! Wie geht es Ihnen? Möchten Sie einen Sherry?»

Der kleine Angestellte Ian Karan ist überrascht. «Mann, die Deutschen wissen, wie man's macht! Sherry um drei Uhr nachmittags», denkt er und sagt in seinem perfekten Englisch: «Warum nicht?» Eine Weile später kommt die Sekretärin zurück und macht ein sehr erstauntes Gesicht. Der Typ kommt doch aus Abteilung soundso, muss sie wohl denken. Was macht der Chef denn hier? Sie schiebt ihrem Boss einen Zettel zu. Zu spät, Karan und der Spediteur sind bereits Freunde. «Der Mann hat sehr gelacht. Der dachte, ich bin ein ausländischer Kunde. Deswegen der Sherry. Von diesem Moment an haben wir eine Beziehung gehabt, die ein Angestellter normalerweise zu seinem Chef nicht haben kann.» Der Inhaber der Spedition lädt Karan ein, von nun an jeden Donnerstag auf ein Stündchen vorbeizukommen, um sich auf Englisch zu unterhalten über Gott und die Welt, über die Firma und Politik. Getrunken wird Tee, kein Sherry mehr.

«Das war das kleine Quäntchen Glück. Und dann kommt das nächste Quäntchen Glück.» Der Boss fragt: «Sind Sie eigentlich glücklich hier?» Karan antwortet: «Sehr glücklich, nur mein Gehalt ist bisschen zu niedrig.» Der Spediteur hat keine Ahnung, was sein Englisch parlierender Angestellter verdient. 750 Mark?! Wie kann man einem qualifizierten Mann so wenig zahlen? Drei Monate nach seiner Anstellung in der Spedition verdoppelt sich Karans Gehalt; nach einem Jahr wird er Leiter der USA-Abtei-

153

lung, mit eigenem Zimmer und Blick auf die Alster, 24 Leute unter sich. 2500 DM im Monat plus einen VW-Käfer. «Ich war ein gemachter Mann! What do you want more? Was wollen Sie noch?»

Seine erste Ausfahrt mit dem Käfer wird er nie vergessen. Er lernt ein nettes Mädchen kennen. Seinen Wagen hat er draußen geparkt. Die ganze Zeit denkt er: «Wie bringe ich rüber, dass ich einen Wagen besitze, dass ich wirklich gut aufgestellt bin?» Nach dem dritten Tanz und langer Überlegung fragt er: «Darf ich Sie nach Hause verführen?» Sie schaut verdutzt. «Ich darf das», will er sie aufklären, «ich habe einen Wagen.» Ja, die deutsche Sprache ist schwer. Später besucht sie ihn mal zu Hause. Während er ihr den Mantel abnimmt, schlägt er vor: «Es wird Zeit, dass wir uns duschen!» Zeit zum Duzen, meint er eigentlich. Aber zu spät. Sie wird nicht seine Frau.

Beruflich gerät nun das Unglück eines anderen für ihn zum Glücksfall. Der Geschäftsführer einer amerikanischen Firma, zu der er als Abteilungsleiter Kontakt unterhält, stirbt bei einem Verkehrsunfall. Auf der Beerdigung trifft Karan den Chef des Unternehmens, einen Amerikaner, der froh ist, sich beim Leichenschmaus auf Englisch unterhalten zu können. Er bietet Ian Karan sogleich die Nachfolge des Verstorbenen an.

«Ich habe gutes Geld», lockt der Amerikaner.

«Nee», antwortet Karan, «kein Interesse. Ich habe einen guten Job.» Und dann geht er doch zum Vorstellungsgespräch, wo sich neben ihm noch ein Dutzend anderer Bewerber einfindet.

«Was willst du verdienen?», wird er gefragt.

«10 000!», verlangt Karan.

Warum auch nicht, er hat einen guten Job und keinen Grund zu wechseln.

Der Amerikaner schluckt und bemerkt: «Das ist viel Geld!»

«Ich weiß», bestätigt Karan, «du kriegst auch einen guten Mann dafür.»

«Du Idiot!», schimpft seine Freundin zu Hause. «Du verdienst 2500. Warum hast du nicht 5000 gesagt? Du Angeber!» Drei Wochen lang hört er nichts. Dann kommt ein Telex aus den USA: «Wir haben beschlossen, Sie zum Gehalt von 10 000 US-Dollar anzustellen.» Eigentlich hatte Karan nur 10 000 DM gemeint. Nun bietet man ihm mehr als das Doppelte: 22 000 DM im Monat.

Das Unternehmen geht vier Jahre später pleite. Karan wird von einer japanischen Firma übernommen. «Aber weder die Amerikaner noch die Japaner waren wirklich gute Kaufleute.» Und so macht Ian Kiru Karan sich 1975 selbständig. Er besitzt nur ein kleines Startkapital. «Ich hatte mein Haus – das kostete damals 175 000 Mark – zur Hälfte abbezahlt. Man denkt, dass man mindestens 10 000 Mark sparen kann, wenn man plötzlich 22 000 verdient. Das tut man aber nicht. Mit erhöhtem Einkommen erhöhen sich automatisch die Ansprüche. Wenn man früher eine Krawatte für 10 Mark gekauft hat, dann werden plötzlich 50 ausgegeben.» Er hatte also nicht viel Geld gespart – 50 000 DM.

Eine seiner ersten Maßnahmen in der eigenen Firma: Er kürzt sein eigenes Gehalt. «Wenn man selbst zahlen muss, wird man bescheidener.» Karan wusste schon seit einiger Zeit, dass der Handel mit Gebrauchtcontainern einen guten Markt bietet, auch wenn sich nicht viele Leute daran interessiert zeigten. Es bietet sich ihm eine Gelegenheit, 1500 gebrauchte Container zu kaufen, zu reparieren und wieder zu verkaufen. Er soll aber 500 000 DM Kaution hinterlegen. Die Bank gibt ihm nichts. Einen Freund, der eine halbe Million lockermachen kann, muss man erst mal haben. Karan hat einen. Der schlägt einen Deal vor: «Ich gebe dir das Geld, du musst es mit zehn Prozent verzinsen.» Ein Drittel vom Gewinn will er auch kassieren. «Da musste ich erst mal schlucken. Aber gut: Entweder seine Bedingungen akzeptieren oder kein Geschäft.» Die halbe Million gehört nicht seinem Freund, sondern der japanischen Firma, deren Geschäfte er führt. «Das hätte auch schiefgehen können. Dann wäre er seinen Job losgeworden.» Mindestens das. Karan sieht das entspannt: «Es war nicht ganz koscher, was er da gemacht hat. Aber das war nicht mein Problem, sondern seine Entscheidung.» Tag und Nacht arbeitet Karan. Von wegen faul … Er stellt zwei Leute ein. Ein halbes Jahr später verkauft er die Container für eine stattliche Summe. Mehr als ein Drittel geht an seinen Freund. Danach bleiben ihm selbst ungefähr 900 000 Mark Gewinn. «Und das war eine Plattform, worauf wir die Firma bauen konnten. Damit habe ich sowohl bei den Banken als auch bei den Kunden einen Namen etabliert, das Fundament für meinen späteren Erfolg gelegt.» Gut fünfzehn Jahre später, Anfang der 1990er Jahre, ist seine *Container Leasing GmbH* die zehntgrößte Firma ihrer Art auf der Welt.

Was braucht man, um Erfolg zu haben? Glück allein reicht offensichtlich nicht. Nicht jeder würde so risikofreudig sein, eine geliehene halbe Million aufs Spiel zu setzen. «Sie brauchen Sprache. Sie brauchen Überzeugungstalent. Sie brauchen einen unbändigen Willen, ihr Ziel zu erreichen. Und Sie müssen bereit sein, Opfer zu bringen für den Erfolg.» Zeit hat er geopfert, auch Familienfrieden und Familienglück. Seine erste Ehe ist im Grunde an seiner Arbeit kaputtgegangen. «Wenn ich nach Hause kam, war ich wirklich kaputt. Es war für mich der Ort, um mich zu regenerieren. Denn der nächste Tag, das würde kein Spaziergang sein. Ich musste richtig ranklotzen.» Irgendwann lernt er seine zweite Frau, Barbara, kennen. Er hat vier Kinder aus zwei verschiedenen Ehen, jeweils eine Tochter und einen Sohn, inzwischen fast alle erwachsen. «Der liebe Gott ist sehr nett zu mir», freut er sich.

Nicht immer meint der liebe Gott es gut mit ihm. «Viele denken: Der hat zwar hart gearbeitet, aber leichtes Spiel gehabt. Das stimmt nicht.» 1993 verkauft Karan seine damalige Firma *Container Leasing GmbH* an ein englisch-amerikanisches Unternehmen – ein Zwei-Milliarden-Geschäft. Das Unternehmen zahlt nicht. Er hat mit 21 Millionen Dollar Nettogewinn gerechnet und seinen Mitarbeitern, die am Aufbau der GmbH entscheidend mitgewirkt hatten, eine dicke Abfindung versprochen: sieben Millionen. Die hat er nun nicht. Er nimmt Kredite auf und verkauft seine wunderschöne Vier-Millionen-Villa, ein Liebhaberobjekt, um sein Versprechen einzulösen. «Ich habe mir gesagt: Du kannst in so einem Haus nicht auf Kredit wohnen.» Das ist ein schmerzhafter Schritt. «Die Leute denken: Der hat immer ein schönes Leben gehabt. Aber ich bin auch immer mal wieder auf den Nullpunkt gekommen. Damals war ich sogar im Minus.»

Fünf Jahre später hat Ian Kiru Karan sich wieder berappelt. Er hat eine Zwangspause einlegen müssen, denn der Verkauf der GmbH beinhaltete eine Konkurrenzklausel, die ihn drei Jahre vom Containergeschäft fernhielt. Als er wieder einsteigt, mit seiner neuen Firma *Capital Lease,* herrscht gerade Hochkonjunktur. Eine Glücksphase. Wie es der Zufall so will, hat der Käufer seiner Villa gerade jetzt eine Pechsträhne und wandert wegen Steuerhinterziehung in den Knast. Karan kauft sein wunderbares Haus zurück – für 150 000 DM weniger. «Diese Geschichte ist nicht normal. Es ist sehr unwahrscheinlich, ein Haus, das Sie verkauft haben, zurückzubekommen.»

Aus *Capital Lease* macht er das achtgrößte Container-Leasing-Unternehmen der Welt mit einer Flotte von 520 000 Standardcontainern. Auf dem Höhepunkt des Containerbooms verkauft er die Firma 2007 an einen Investmentfonds. Dieses Mal ohne Konkurrenzklausel. Umgehend gründet er eine neue Firma, *Capital Intermodal,* die den Schwerpunkt auf das Geschäft mit Spezialcontainern legt. Und da sitzt er nun in seinem Büro an der Alster und freut sich.

«Deutschland ist ein tolles Land!», sagt Ian Kiru Karan. Er liebt die «typisch deutschen Eigenschaften»: dass Autofahrer hier ordentlich einzuparken wissen, dass sie blinken, bevor sie abbiegen. Auf so etwas legt er Wert, zum Amüsement seiner Frau Barbara, einer geborenen Deutschen. «Deutschland ist ein unterbewertetes Land. Es müsste eigentlich übervoll sein von Touristen, die wissen wollen: Wie schaffen die das alles?» Er schätzt den «überproportionalen Beitrag» der Deutschen im Theater, in der Musik, der Wirtschaft und anderen Bereichen. «Deutschland hat eine Menge für das Wohlbefinden der Menschen geleistet.» Er fragt sich, ob er ein Held gewesen wäre, hätte er 1933 als junger Mann in Deutschland gelebt. Er weiß es nicht. «Und wenn ich das nicht weiß, dann darf ich auch keinen Stein werfen. Ich finde nicht, dass die Deutschen diese schrecklichen zwölf Jahre immer wie eine dunkle Wolke über sich hängen lassen müssen, obwohl ich das, was passiert ist, natürlich in keiner Weise entschuldige.» Er meint, das Schuldgefühl müsse abgelegt werden. Es werde sowieso eher eingeredet, als dass es wirklich vorhanden sei. «Wenn sich die Deutschen normal benehmen, mit sich selbst und ihrer Geschichte im Reinen sind, dann ist es auch leichter für die Einwanderer, sie zu mögen und sich mit diesem Land zu identifizieren.»

Ian Kiru Karan ist inzwischen selbst deutscher Staatsbürger, erst seit 2009, obwohl er schon seit über vierzig Jahren in Hamburg wohnt. Es ist seine dritte Nationalität, deshalb hat er so lange gewartet. Geboren als Ceylonese, erwarb er als 19-Jähriger in London den britischen Pass. «Man wechselt seine Staatsbürgerschaft ja nicht wie ein Hemd!» Den Einbürgerungstest hat er mühelos bestanden. Er kennt sich gut aus in Deutschland, aber gelernt hat er trotzdem für diesen Test – «für den Fall, dass dort der Text von ‹Hoch auf dem gelben Wagen› oder Ähnliches abgefragt wird». Der Anstoß zur Einbürgerung kam von ganz oben. Angela Merkel ließ ihm ausrichten, er solle doch mit gutem Beispiel vorangehen und endlich die deutsche Staatsbürgerschaft annehmen. «Es hat mich schwer beeindruckt, dass die Kanzlerin dies höchstpersönlich empfiehlt.»

Großzügig unterstützt er eine ganze Reihe von Projekten, vor allem solche, die Jugendliche mit Migrationshintergrund fördern. Er ersteigert Bilder für krebskranke Kinder, er sponsert junge Sportler, fördert die Hamburgische Staatsoper ebenso wie die Elbphilharmonie. Er ist ein Mäzen im klassischen Sinne. 2007 wird Ian Kiru Karan für seinen sozialen und kulturellen Einsatz mit dem Bundesverdienstkreuz am Bande ausgezeichnet. Er ist auch im Aufsichtsrat des Hamburger Sport-Vereins. «Ich will ein Stück meines Glücks zurückgeben», sagt er und hofft, seine Großmutter könnte, würde sie noch leben, ein wenig stolz auf ihn sein.

Einreise nach Absurdistan

«Wenn Sie arbeiten, werden wir Sie nicht mehr los!»

Bei den Recherchen für dieses Buch bestätigte sich für uns, was wir im täglichen Leben beobachten: Ein Thema in Deutschland ist verwoben mit vielen anderen, nämlich das Thema «Ausländer». Oder, wenn man andere Ausdrücke bevorzugt: Ein- oder Zuwanderer, Migranten, Deutsche mit Migrationshintergrund. Wir wollen hier nicht polarisieren, sondern einige schlichte Begegnungen mit unseren Lesern teilen. Uns stimmen sie nachdenklich. «Zuwanderung» ist kein in sich geschlossenes Thema. Man wird darauf gestoßen, gleichgültig womit man sich befasst – ob mit Bildungsfragen, Überalterung der Gesellschaft, Hartz IV oder anderen Problemen.

Einwanderer gehören zur Geschichte Nachkriegsdeutschlands. Und es sieht ganz so aus, als würde das so bleiben. Jahrhundertelang war Deutschland ein Auswanderungsland – und ist es noch. Aber vor allem ist es ein Einwanderungsland geworden. Egal, was man davon hält, das ist eine Tatsache. Die Umstellung ist uns jedoch noch nicht gelungen.

Auf beiden Seiten des politischen Spektrums hat man die Tatsachen durch seine eigene Brille gesehen: Links dominierte die Scham über die Verbrechen der Nazis die Überlegungen zur Einwanderungspolitik. Das führte zu einer Verklärung der Immigranten, bei manchen bis zum unausgesprochenen Dogma: «Der Deutsche ist hässlich, der Ausländer ist gut!» Rechts lautete das Dogma lange: «Deutschland ist kein Einwanderungsland!» Da schwangen Furcht oder sogar Feindseligkeit gegenüber Fremden mit. Beide Seiten blockierten sich gegenseitig, und sie blockierten eine sachliche Sicht auf eine wichtige, vielleicht sogar für die Zukunft entscheidende Frage: Wie steuert man die Einwanderung so, dass sie gelingt und allen Seiten nützt? Jahrzehntelang blieben einige Wege nach Deutschland resolut verschlossen, andere unkontrolliert und weit geöffnet. Das hat Folgen.

Für Alexander G. hatte die Wiedervereinigung Deutschlands eine ganz besondere Bedeutung. Als 18-jähriger Wehrpflichtiger der sowjetischen Armee kam er 1987 in die DDR. Er liebte die deutsche Sprache, hasste den Kommunismus und träumte davon, ein deutsches Mädchen zu heiraten. Alexander war Armenier, hatte aber mit seinen Eltern in der aserbaidschanischen Hauptstadt Baku gelebt. Damals gehörten beide Länder noch zur Sowjetunion. Seine zweijährige Stationierungszeit war fast um, als die Mauer fiel und das sowjetische Imperium begann, sich aufzulösen. Wir Deutschen haben vom Ende des Kalten Krieges und dem Zerfall des Ostblocks profitiert: Die Unrechtsherrschaft der Sozialistischen Einheitspartei wurde beendet, ohne Blut zu vergießen. Deutschland ist wieder vereinigt, und trotz wirtschaftlicher Probleme geht es uns vergleichsweise sehr gut. Nicht alle Länder haben die Auflösung des sowjetischen Machtbereiches so relativ reibungslos überstanden. In Alexanders Heimat brachen im Zuge dieser Veränderungen alte Konflikte wieder auf, es kam zu bewaffneten Kämpfen, fast zum Bürgerkrieg zwischen Armeniern und Aserbaidschanern. Seine Eltern fühlten sich in Baku nicht mehr sicher und zogen weg.

Der sowjetische Kommandant hatte ein Einsehen, schickte ihn nicht als Kanonenfutter zurück in die Heimat, sondern als Unteroffizier nach Fürstenwalde an der Spree. Dort lernte Alexander beim wöchentlichen Disko-Abend in der Kurklinik der Sowjetischen Luftwaffe kein deutsches Mädchen kennen, sondern Irina, eine sympathische Russin, die in der Kantine des Kurheims arbeitete. Die beiden heirateten recht bald und verließen Deutschland 1992. Da hatten sich alle Satellitenstaaten, Armenien und Aserbaidschan eingeschlossen, nacheinander von der UdSSR getrennt. Das Imperium war am Ende. Zwar blieben die russischen Truppen noch eine Weile auf deutschem Boden, aber als Armenier hatte Alexander in dieser Armee nichts mehr zu suchen.

«Armenier nach Armenien!», hieß die Parole nun. Aber wohin sollte ein Armenier aus Aserbaidschan? Man hätte ihn sofort in den Krieg geschickt. Es ging um uralte Ansprüche auf das Gebiet Berg-Karabach, einen kleinen Flecken Erde auf aserbaidschanischem Boden, der hauptsächlich von Armeniern bewohnt wird. Zehntausende haben in diesem Konflikt ihr Leben gelassen, Hunderttausende mussten sich auf die Flucht begeben. «Ich wusste, dass viele Gleichaltrige in diesem Krieg starben», sagt Alexander, «ich wollte ihr Schicksal einfach nicht teilen!» Das junge Ehepaar hatte inzwischen Nachwuchs bekommen, eine kleine Tochter. In Irinas russischer Heimatstadt 500 Kilometer nördlich von Moskau konnte die Familie nicht bleiben. «Nach dem Zusammenbruch der Sowjetunion ließen alle ihren Emotionen freien Lauf», erinnert er sich, «auch dem Hass auf die ‹Südländischen›, also auf mich. Meinem Namen hört man das Armenische sofort an.»

Deshalb kehrte Alexander Ende 1993 zurück nach Deutschland. Er stellte einen Antrag auf Asyl, der nach sechs Monaten abgelehnt wurde. «Wahrscheinlich war ich zu ehrlich», überlegt er, «denn als man mich fragte, ob ich persönlich unter den Auseinandersetzungen zwischen Aserbaidschanern und Armeniern gelitten hätte, habe ich nein gesagt. Ich war ja in Deutschland stationiert und bin deshalb weder selbst misshandelt noch vertrieben worden.» Er hat auch zugegeben, dass er mit einem illegal besorgten russischen Pass eingereist war. Das wurde natürlich nicht belohnt. Durch Mund-zu-Mund Propaganda unter den Flüchtlingen wusste er, dass die Möglichkeit bestand, den Beschluss vor

Gericht anzufechten, und welche Anwälte dabei helfen konnten. Zwischenzeitlich buchte er für Frau und Kind, die noch in Russland waren, eine sündhaft teure Reise nach Disneyland in Frankreich, von wo aus sie ungehindert nach Deutschland kamen. Das Geld hatte er von verschiedenen Bekannten zusammengeliehen. Auch Irina stellte einen Asylantrag.

Nach einer Odyssee durch verschiedene Flüchtlingsunterkünfte landete die Familie in Hamburg. In einer großen Stadt werde er Arbeit finden, hoffte Alexander: «Ich stellte mir den Hafen vor, Männer, die Fässer rollen, Säcke auf dem Rücken schleppen. Ich schwöre, das habe ich gedacht! Ich hatte keine Ahnung vom hoch entwickelten Containertransport.» Das Problem waren allerdings nicht die fehlenden Fässer und Säcke im Hamburger Hafen, sondern die fehlende Arbeitserlaubnis. «Wir wollten nicht auf Kosten des Staates leben», betont Alexander, «aber wir mussten.» Zeitweise durften sie Minijobs ausüben, Irina ging putzen, Alexander kochte und arbeitete in der Pflege. Die Senioren waren so begeistert von ihm, dass die Leiterin des Heims einen Brief an die Ausländerbehörde und den damaligen Bürgermeister schrieb mit der Bitte, ihn fest anstellen zu dürfen. Nichts zu machen. Im Gegenteil, irgendwann wurde ihnen auch die Erlaubnis für die Minijobs entzogen, und dann war die Stelle futsch. «Wenn Sie hier arbeiten, hieß es bei der Behörde», erinnert sich Alexander kopfschüttelnd, «bekommen Sie bestimmte Rechte, und dann werden wir Sie nicht mehr los.»

Deutsche Einwanderungspolitik wird in erster Linie von der Angst bestimmt, andere könnten uns die Arbeitsplätze wegnehmen. Durch restriktive Handhabung der Arbeitserlaubnis wollen Ausländerbehörden vermeiden, Migranten einen Anreiz zu bieten, nach Deutschland zu kommen. «Wenn man zu großzügig wäre und sagte, die Leute können von Anfang an arbeiten, bevor ihr Status geklärt ist, dann hätten sie ganz einfach das erreicht, wofür andere ein umständliches Verfahren über sich ergehen lassen müssen», erklärt der Pressesprecher der Hamburger Ausländerbehörde, Norbert Smekal, die gesetzliche Lage. «Sie können nicht einfach aus Südamerika kommen und sagen: Ich bin Dachdecker und möchte hier in Deutschland arbeiten. Das funktioniert nicht! Wenn jemand illegal einreist oder sofort eine Arbeitserlaubnis bekommt, dann hätte er genau das, was er in einem legalen Verfahren nicht erreicht hätte. Und das geht nicht! Das will man nicht.» Es gibt nur wenige legale Möglichkeiten, in Deutschland einzureisen. Wer hierherkommt, um sich eine Existenz aufzubauen, und nicht aus einem Land der Europäischen Union stammt, muss beträchtliches Kapital oder eine ganz besondere Qualifikation vorweisen. Man kann auch um Familienzusammenführung bitten oder um Asyl. Wer der Armut in der Heimat entfliehen möchte, hier weder Angehörige hat noch eine Verfolgungsgeschichte vorweisen kann, steht in der Versuchung, sich eine auszudenken.

In vielen Fällen dauert es Jahre, bis Gerichte herausgefunden haben, welche Geschichte wahr ist und welche nicht, wer wirklich politisch verfolgt wurde und wen «nur» der Hunger trieb. In diesen oft langen Jahren des Wartens erhalten die Antragsteller eine Aufenthaltsgestattung oder Duldung, die sie alle paar Monate verlängern lassen müssen. Das Auseinanderhalten der verschiedenen Aufenthaltstitel ist übrigens eine Wissenschaft für sich, die zwar durch das neue Ausländerrecht von 2005 vereinfacht wurde, aber für Laien immer noch kompliziert genug ist.* Jedenfalls wurde das Warten auf eine gültige Entscheidung dadurch nicht verkürzt. Die

---

* Es gab vor 2005 die Bewilligung, die Befugnis, die Genehmigung, die Berechtigung und die Gestattung – alles aus verschiedenen Gründen gewährt und mit unterschiedlichen Rechten ausgestattet. Heute gibt es nur noch eine Aufenthaltserlaubnis, die ist immer befristet, oder eine Niederlassungserlaubnis, die ist unbefristet. Ach ja, dann gibt es noch die EU-Aufenthaltserlaubnis. Und die Duldung gibt es nach wie vor, aber die ist eigentlich keine Erlaubnis, sondern verhindert nur, dass man sofort abgeschoben wird.

Geduldeten schlagen die Zeit tot in Wohnanlagen, die so schöne Titel wie «Fördern und Wohnen» tragen, aber eigentlich nicht fördern dürfen, solange der Aufenthaltsstatus nicht endgültig geklärt ist. Sozialarbeiterin Helga Rodenbeck: «Wir machen die Leute krank. Sie werden krank durch ihre Angst vor der Abschiebung und durch das Nichtstun. Viele landen in der Psychiatrie.» Wenn sie dann endlich mit einem normalen Leben beginnen könnten, sind viele gar nicht mehr fähig dazu. Auch dürfen die Wartenden die Zeit nicht zum Deutschlernen nutzen, es sei denn, sie zahlen die Kurse selbst. Doch die meisten haben angesichts sehr knapp bemessener Sozialleistungen dafür nichts übrig.

Irina und Alexander haben das Geld irgendwie aufgebracht und die Zeit genutzt. Sie sprechen heute hervorragend Deutsch, viel mehr als das rollende R verrät ihre Herkunft nicht. Es gibt Staaten, zum Beispiel die Niederlande, wo die Flüchtlinge vom ersten Tag an im Flüchtlingslager zu Holländisch-Kursen geschickt werden, ein Pflichtprogramm. Norbert Smekal von der Hamburger Ausländerbehörde wendet dagegen ein: «Es würde einen Anreiz bedeuten, wenn man Neuankömmlingen zu viele Möglichkeiten gibt, sich zu integrieren. Es würde sich in der Welt herumsprechen und einen Anreiz geben, nach Deutschland zu kommen. Das ist politisch nicht gewollt. Von daher ist es nicht sinnvoll, jemandem Integrations- oder Sprachkurse anzubieten, der vielleicht nicht auf Dauer hier bleiben soll.» Im Grunde, so muss man das interpretieren, setzt die deutsche Flüchtlingspolitik auf gezielte Desintegration.

«Man muss nochmal ganz deutlich sagen», erläutert Smekal, «wer eine Gestattung oder Duldung hat, hat perspektivisch keinen Anspruch darauf, in Deutschland zu bleiben. Es geht nicht darum, den Aufenthalt zu verfestigen. Dass einige unter bestimmten Bedingungen arbeiten dürfen, ist nur zugelassen worden, weil man den Sozialhilfeträger entlasten will. Es geht nicht darum, den Leuten etwas Gutes zu tun!» Irina und Alexander hätten den Sozialhilfeträger nur zu gerne entlastet, doch jahrelang durften sie das nicht. Migranten und ihre Kinder sind in Deutschland doppelt so häufig auf Sozialhilfe angewiesen wie der Rest der Bevölkerung. Das erkläre sich nur zum Teil durch geringere Bildung und Qualifikation, meint der Chefredakteur der «ZEIT», Giovanni di Lorenzo. Es dränge sich «der Verdacht auf, dass unser in Deutschland so angefeindetes Sozialsystem immer noch attraktiv genug ist, dass es eine massenhafte Einwanderung in die sozialen Netze auslöst – was das Prinzip der Einwanderung, in einem fremden Land durch eigener Hände Arbeit sein Glück zu finden, auf den Kopf stellte.»* Der Sozialhilfesatz, der einem Flüchtling in Deutschland zusteht, erscheint vielen verständlicherweise immer noch attraktiver als Hunger und Elend in der Heimat. Während die Europäische Union und auch der deutsche Staat und die Länder Millionen in Förderprogramme pumpen, um die Chancen von Migranten auf dem Arbeitsmarkt zu erhöhen, werden all diese Bemühungen an anderer Stelle torpediert. Wem nützt das?

Alexander beißt sich durch. Bis zur ersten gerichtlichen Entscheidung über seinen Asylantrag dauerte es mehr als drei Jahre. Das zuständige Verwaltungsgericht wies ihn 1997 ab, befand aber, dass wegen Gefahr für Leib und Leben keine Abschiebung nach Aserbaidschan erfolgen dürfe. Alexander wollte Berufung einlegen – doch das Urteil des Verwaltungsgerichts wurde für rechtskräftig erklärt.

Von nun an lebte er nur noch mit einer Duldung in Deutschland, was nicht mehr bedeutete, als dass seine Abschiebung erst einmal ausgesetzt wurde. «Man wird versuchen, ein drittes Land für Sie zu finden», versprach ihm ein Mitarbeiter der Hamburger Ausländerbehörde. «Suchen Sie dieses Land für mich?», wollte Alexander wissen. «Heh?», hat der Beamte nur zurückgefragt.

* DIE ZEIT, 18.2.2010.

«Jeder wusste, dass das nicht klappen konnte!», meint Alexander. Inzwischen war eine zweite Tochter geboren worden. Weder Armenien noch Russland wollten die vierköpfige Familie aufnehmen. Sie konnten also weder bleiben, noch gab es ein Land, in das man sie hätte abschieben können. Es tat sich nichts. Wieder jahrelang. Regelmäßige Behördenbesuche der ganzen Familie, um die Duldung zu verlängern. Manchmal ging es schnell, dann wieder warten sie neun Stunden – zwei Kleinkinder auf dem Schoß –, um zu hören, es sei nun zu spät, sie sollten am folgenden Tag wiederkommen. Ständig wechselnde Mitarbeiter, die mit ihrem Fall nicht vertraut waren und auch keine Zeit hatten, sich allzu genau damit zu beschäftigen. «Rufen Sie in zwei Wochen nochmal an!», hieß es. «Andauernd war jemand krank oder schwanger», erinnert sich Alexander. «Aber ich will mich nicht beschweren», betont er, «ich hätte verstanden, wenn Deutschland entschieden hätte: Wir haben genug eigene Probleme, wir können euch nicht aufnehmen.» Doch die jahrelange Unsicherheit zerrte an seinen Nerven. Die ständig drohende Abschiebung hing wie ein Damoklesschwert über der Familie. So waren sie bereit, wieder zu gehen. Aber wohin?

Im Jahr 2001 lebt Alexander, mit einer kurzen Unterbrechung, seit vierzehn Jahren in Deutschland, davon fast acht Jahre als Asylbewerber im Zustand der Duldung. Er durfte die meiste Zeit nicht arbeiten. Er besucht ein Abendgymnasium, wo er gute Leistungen zeigt. Doch da sein weiterer Verbleib in Deutschland unsicher ist, wird die Finanzierung nach eineinhalb Jahren eingestellt. Aus Angst, die Familie könnte auseinandergerissen werden, unterschreibt er, dass er auch mit einer kurzfristigen Abschiebung einverstanden wäre, vorausgesetzt, die Familie bliebe zusammen. Er kooperiert mit den Behörden, schreibt alle Botschaften an: die armenische, die aserbaidschanische, die russische. Kein Land will sie haben.

Die Mitarbeiter der Ausländerbehörde sind selbst ratlos: «Wir können Sie nicht abschieben, aber hier bleiben können Sie auch nicht!» Manche verstehen gar nicht, warum sich Alexander nicht einfach mit dem Status quo abfindet: «Was regen Sie sich auf? Sie werden doch nicht abgeschoben. Sie müssen nicht arbeiten und bekommen trotzdem Geld, Essen und eine Wohnung. Wir dagegen müssen hart arbeiten, um euch zu ernähren …» Solche und ähnliche Kommentare hört er bei seinen Behördengängen. Deutsche Bekannte stellen währenddessen Fragen wie: «Warum wollt ihr eigentlich nicht bleiben?» oder: «Warum lebt ihr denn immer noch im Heim?» und: «Warum arbeitet ihr denn nicht?» Sie können sich nicht vorstellen, dass all das nicht aus freiem Willen geschieht, sondern die Folge der deutschen Gesetzgebung und ihrer Handhabung durch die Behörden ist. «Da redet man immer von Integration», klagt Alexander, «wir Ausländer sollen Deutsch lernen, arbeiten, nicht kriminell werden und uns anpassen. Ich habe all das gemacht, aber es war nie genug.»

Nicht zum ersten Mal sucht er 2001 eine Anwältin auf. Diese beantragt, der Familie eine «Aufenthaltsbefugnis» zu erteilen, einen etwas besseren Status, den das Gesetz vor 2005 vorsah für Ausländer, die man aus verschiedenen Gründen nicht abschieben durfte. Vier- oder fünfmal hat die Anwältin den Antrag an die Behörde geschickt. Er ist wiederholt «verloren gegangen». «Ich habe häufig dort angerufen, um mich nach dem Stand zu erkundigen», berichtet sie. «Mal war der zuständig, mal ein anderer, mal war die Akte nicht auffindbar, es herrschte Chaos!» Eine Eingangsbestätigung für ihren Antrag vom März 2001 erhält sie schließlich im November 2002, also nach eineinhalb Jahren. Noch einmal zwei Monate später bekommt sie ein Behördenschreiben, in dem ihr Klient aufgefordert wird, eine Arbeit vorzuweisen. «Das ist in vielen Fällen so», weiß die Anwältin, «Geduldete erhalten erst keine Arbeitserlaubnis, sollen dann aber plötzlich nachweisen, dass sie ihren Lebensunterhalt selbständig finanzieren können.»

Endlich wird 2003 für Alexander zum Jahr der persönlichen Wende. Ein Jahrzehnt nach seinem ersten Asylantrag kommt Bewegung in die Sache. Bei einem Routinebesuch in der Ausländerbehörde ist der eigentliche Sachbearbeiter mal wieder krank oder in Urlaub, und Alexander trifft auf Herrn W. Der wendet das Schicksal. Eigentlich ist Herr W. nur als Vertretung eingesprungen, doch hört er sich Alexanders Geschichte sehr aufmerksam an, schaut nachdenklich und verspricht: «Ich werde Ihre Akte gründlich untersuchen!» Da kann sich Alexander eine ironische Anmerkung nicht verkneifen: «Dann hat Ihr Kollege das in all den Jahren wohl noch nicht erledigt.» Zu seiner Erleichterung versichert Herr W., den Unsicherheiten – so oder so – ein Ende zu setzen: «Sie werden entweder abgeschoben, oder Sie können bleiben!» Das war genau in Alexanders Sinn: «Wenn Sie nicht entscheiden, müssen Sie und Ihre Kinder mit Ihren Steuern für uns aufkommen. Wir wollen Ihnen aber gar nicht zur Last fallen.» Herr W. hält Wort. Alexander bekommt wenig später eine Aufenthaltsbefugnis, also ein wenig mehr Sicherheit und Rechte, und einen Ausweisersatz.

2003 – das Glücksjahr. Der Spediteur Ingwer Kröger bietet Alexander eine reguläre versicherungspflichtige Arbeit an. Nun allerdings stellt sich die Arbeitsagentur quer, denn deutsche Arbeitslose haben Vorrang auf dem Arbeitsmarkt. Die Spedition braucht aber jemanden mit Russisch-Kenntnissen, und Alexander beherrscht fünf Sprachen. Es gibt keinen deutschen Anwärter, der diese Anforderungen erfüllt. Eine ganze Reihe von Schreiben und Telefonaten sind nötig, um die Angelegenheit zu klären. Ingwer Kröger setzt sich für ihn ein: «Was mich persönlich sehr berührt, ist, dass er etwas will: eigenständig sein, nicht von anderen oder vom Staat abhängig sein. Das ist der Kern der ganzen Geschichte. Für ihn ist es das Höchste, seine Freiheit zu haben und sich selbst etwas erarbeitet zu haben.» Deshalb übt sich der Spediteur in Geduld und lässt sich von immer neuen Formularen und Bedingungen der Behörden nicht abschrecken.

Im Mai 2003 kann Alexander endlich eingestellt werden, zunächst im Lager. In der Folgezeit vertraut man ihm immer mehr Aufgaben an bis hin zur Leitung des Lagers. Inzwischen wechselte er ins Büro der Spedition und erledigt dort kaufmännische Arbeiten. Nachdem auch seine Frau Irina eine Arbeitserlaubnis erhalten und über eine Bekannte eine Bürostelle gefunden hat, kann die Familie eine hübsche Vier-Zimmer-Wohnung mieten und das Übergangswohnheim verlassen – ein Übergang, der zehn Jahre gedauert hat. Eine Wende zum Guten nicht nur für Alexander und seine Familie, sondern auch für den deutschen Staatshaushalt, dem nun vier Personen weniger zur Last fallen.

Weitere zwei Jahre später erhält Alexander eine unbefristete Niederlassungserlaubnis und ein Reisedokument für Ausländer, in dem sein Visum eingetragen ist.

Warum eigentlich hat das alles so lange gedauert?

«Ein Asylverfahren kann relativ schnell verlaufen», erklärt Norbert Smekal, Pressesprecher der Hamburger Ausländerbehörde. «Wenn tatsächliche, eindeutige Asylgründe vorliegen, kann das nach drei bis sechs Monaten geklärt sein. Wenn aber das Asyl abgelehnt wird und die Antragsteller den Rechtsweg nutzen, kann es Jahre dauern.» Wenn der Rechtsweg ausgeschöpft ist und der Asylantrag abgelehnt wurde, wird der Antragsteller nur noch geduldet und ist verpflichtet, das Land zu verlassen. Aber oft weiß man nicht – wie in Alexanders Fall –, wohin mit ihm, entweder weil in der Heimat Gefahr für Leib und Leben droht oder weil man dort den Geflüchteten nicht zurückhaben möchte. Oder die deutschen Behörden sind nicht sicher, woher der Flüchtling tatsächlich stammt. Oft verhindert eine Mischung aus alldem die Abschiebung, und die Duldung wird zum Dauerzustand, auch Kettenduldung genannt.

Rund 90 000 geduldete Menschen leben in Deutschland. Die meisten halten sich – legal oder nicht – schon länger als sechs Jahre in unserem Land auf. Sie hangeln sich weiter von Duldung zu Duldung. Obendrein sind mehr als 70 000 Menschen zur unmittelbaren Ausreise verpflichtet.* Davon wurden 2009 nur knapp 8000 Menschen abgeschoben, zum Teil unter dramatischen Umständen. Gut 3000 Menschen verließen das Land freiwillig. Was ist eigentlich mit den restlichen fast 60 000 Menschen, die eigentlich ausreisen sollen? Warum trifft niemand eine Entscheidung? Anwälte und Pro-Asyl-Gruppen begrüßen Bleiberechte für sogenannte Altfälle, machen aber darauf aufmerksam, dass die meisten Betroffenen die gestellten Bedingungen nicht erfüllen. Trügt der Eindruck, dass am Ende viele Geduldete einfach in Deutschland bleiben? «Der Eindruck ist nicht falsch», bestätigt Norbert Smekal.

Eines der Hauptprobleme ist, dass viele Flüchtlinge keine Pässe haben. Der Heimatstaat stellt aus irgendwelchen Gründen keine Papiere aus, oder der Betreffende selbst legt sie nicht vor, um seine Identität zu verschleiern. «Gerade bei Westafrikanern kommt es ziemlich häufig vor, dass die Leute falsche Nationalitäten angeben», so Smekal. «Und wenn Sie jemanden, der behauptet, aus Ghana zu kommen, in Wahrheit aber aus Togo stammt, nach Ghana abschieben, dann wird er postwendend zurückgeschickt. Das ist mit erheblichen Kosten verbunden und außerdem völkerrechtlich nicht korrekt.» Die Überprüfung ist kompliziert, langwierig und bleibt in vielen Fällen ergebnislos. «Wir haben das Problem, dass viele sagen, ich heiße ‹Meier› und komme aus dem und dem Ort», erklärt ein Mitarbeiter der Hamburger Ausländerbehörde, «aber tatsächlich heißen sie ‹Schulz›. In den Heimatländern wird durch die Botschaft recherchiert. Die stellen dann fest, den Namen gibt's da gar nicht. Dann müssen wir den nächsten Versuch starten.» Die deutschen Behörden sind abhängig von der Kooperation mit den Botschaften der Herkunftsländer. Die haben oft ein ganz eigenes Interesse – und sei es nur das, sich nicht mit unnötiger Arbeit zu belasten.

* Die Zahlen gelten zum Stichtag 31.12.2009.

171

Die Sozialarbeiterin Helga Rodenbeck hört aus der Sicht der Flüchtlinge, wie solche Befragungen verlaufen: «Es werden tückische Fragen gestellt, zum Beispiel: Wo ist die Kathedrale in Abidjan oder einer anderen Stadt? Das wievielte Haus ist es? Wie groß ist die Tür?»

Bei der Überprüfung durch die Botschaften der Heimatländer entstehen natürlich Probleme: «Wenn etwas umgebaut, abgerissen oder gestrichen wurde, wird der Asylbewerber sofort als Lügner eingeordnet. Oder die Verwandten im Heimatland bekommen es mit der Angst zu tun, wenn ein Offizieller vor der Tür steht, und behaupten sicherheitshalber: ‹Nee, den kennen wir nicht!›» Gerade Asylbewerber, die in der Heimat verfolgt oder gar gefoltert wurden, können solche Interviews kaum erfolgreich durchstehen, kritisiert Rodenbeck.

In Deutschland leben 45 000 Menschen mit ungeklärter Identität. Regelmäßig werden einige von ihnen zu den Botschaften der betreffenden Länder gefahren, um Licht ins Dunkel ihrer Herkunft zu bringen. Dort lässt man sie mit Botschaftspersonal sprechen – sofern sie dazu bereit sind. So werden Landeskenntnisse und Sprache überprüft. «Wir erleben es häufig, dass die Botschaften sagen: Der kann gar nicht aus unserem Land kommen, er spricht mit einem anderen Dialekt und hat keine Landeskenntnisse», berichtet ein Behördenmitarbeiter. «Und es gibt natürlich Leute, die sagen einfach nichts, um sich nicht zu enttarnen.» Auf die Aussagen der Botschaften ist laut Norbert Smekal nicht unbedingt Verlass, denn «wenn die Leute in Deutschland bleiben, ist das auch gut für die Heimatländer. Sie schicken Geld an ihre Familien und unterstützen letztendlich die Infrastruktur zu Hause.» Da müssen die deutschen Behörden manchmal etwas nachhelfen, um der Wahrheit auf die Spur zu kommen.

Ein Druckmittel ist die Abhängigkeit dieser Staaten von deutscher Entwicklungshilfe. «Wenn es Probleme gibt», weiß Smekal, «kommt es gelegentlich vor, dass die Botschafter dieser Länder vom Auswärtigen Amt einbestellt werden, um deutlich zu machen, dass sie ein bisschen kooperativer sein müssen.» Vorsichtig formuliert. Nicht selten klärt sich die Identität plötzlich, wenn der Passlose und sein Heimatland daran interessiert sind. Der Libanon sei ein Beispiel dafür, meint der Sachgebietsleiter: «Wenn es darum geht, Leute zurückzuführen, und sei es auch freiwillig, baut der Libanon sehr große Hürden auf. Aber wenn es dann heißt, der Betreffende hat deutsch geheiratet und möchte jetzt einen Pass haben, weil er ein Aufenthaltsrecht bekommen hat, geht das plötzlich sehr schnell.»

Wenn dann einer kommt wie Alexander G., ist das für einen Behördenmitarbeiter nur eine weitere unglaubliche Geschichte. Notlüge, dreiste Erfindung oder unwahrscheinliche Wahrheit – das lässt sich oft kaum voneinander unterscheiden. Sozialarbeiterin Helga Rodenbeck hat den Eindruck: «Man glaubt erst mal gar keinem.»

Nachdem Alexander seine unbefristete Niederlassungserlaubnis in den Händen hält, möchte er die deutsche Staatsbürgerschaft. Dazu ist er nach achtjährigem rechtmäßigem Aufenthalt in Deutschland berechtigt. Hat er besondere Integrationsleistungen vorzuweisen, kann er es nach sechs Jahren bereits versuchen. Sein Einbürgerungsantrag dümpelt in der Behörde vor sich hin. 2007 bemüht er wieder seine Anwältin. Es stellt sich heraus, dass die Behörde der Auffassung ist, er habe die erforderlichen acht Jahre rechtmäßigen Aufenthalts noch nicht erfüllt; die Bearbeitungszeit für seine Anträge soll zum Teil nicht angerechnet werden. «Das heißt», schlussfolgert die Anwältin, «wenn die Behörden einen Fall langsam bearbeiten, dann können sie eine Einbürgerung verzögern.» Fakt ist, Alexander G. lebt seit nunmehr zwanzig Jahren (mit einer kurzen Unterbrechung) in Deutschland.

Das Hauptproblem ist folgendes: Alexander hat keine Staatsbürgerschaft, aus der man ihn entlassen könnte. Nach der Auflösung der Sowjetunion hat er weder die russische noch die armenische Staatsbürgerschaft erworben. Nun kann er seine Staatenlosigkeit nicht nachweisen, da sich keine der in Frage kommenden Botschaften für ihn zuständig fühlt. Sie antworten einfach nicht. «Da sind wir machtlos», gestehen die Sachbearbeiter ein. Eine Mitarbeiterin erbarmt sich schließlich und bekundet, sie wolle auf die russische Auskunft verzichten. Doch bevor es zu Konsequenzen kommt, verschwindet sie von der Bildfläche. Der neue Sachbearbeiter ist noch nicht eingearbeitet und teilt mit, die Bearbeitung werde nun mehr Zeit in Anspruch nehmen, man solle nicht nachfragen, dann würde es noch länger dauern. Alexander klappert selbst die Botschaften ab und hat schließlich alle Bescheinigungen über seine nichtvorhandenen Staatsbürgerschaften zusammen. Nun sei alles in Butter, denkt er, und wird böse überrascht. Der Sachbearbeiter, der nun am Schreibtisch sitzt, findet die armenische Bescheinigung nicht klar genug formuliert und fordert ein zusätzliches Dokument, sozusagen die Bescheinigung der Bescheinigung.* Jetzt platzt Alexander nach so langer Zeit der Kragen. So will er nicht deutscher Staatsbürger werden. «Geben Sie mir meine Papiere, ich ziehe meinen Antrag zurück!», fordert er den verdutzten Mann auf. Der verschwindet darauf hin, um sich mit seinem Vorgesetzten zu besprechen. Als er zurückkommt, bittet er Alexander, nach Hause zu gehen und sich nur noch etwas zu gedulden. Eine Woche später bekommt seine Anwältin Bescheid: Der Einbürgerungsantrag ist genehmigt. Beim nächsten Amtsbesuch fragt man ihn, ob er die Ur-

* Die Bescheinigung der Republik Armenien wurde ausgestellt «darüber, dass es nicht möglich erscheint, seine Staatsangehörigkeit festzustellen, da bei dem Meldeamt der Republik und PVU (Verwaltung für Pass- und Visumsangelegenheiten)... keine Angaben zu seiner Person vorhanden sind. Ein Pass als Staatsangehöriger der Republik Armenien für Hrn. ... G. wurde nicht registriert.» Das könnte ja bedeuten, so spitzfindige Sachbearbeiter, dass Herr G. zwar nicht registriert, aber trotzdem armenischer Staatsangehöriger sei.

kunde später im Rahmen einer feierlichen Zeremonie im Rathaus entgegennehmen wolle oder sofort. Alexander zögert keine Sekunde: «Die möchte ich sofort!»

Viele Migranten sind nach langen Jahren der Unsicherheit und Untätigkeit zermürbt und werden nicht mehr heimisch in diesem Land, das ihnen anfangs skeptisch oder gar feindselig begegnete. Alexanders Liebe (tatsächlich: Liebe!) zu Deutschland hat durch seine Erfahrungen kaum gelitten, betont er: «In all dieser Zeit habe ich mich auch immer sicher gefühlt. Kein Krieg, wir mussten nicht hungern und wurden immer medizinisch versorgt. Ich konnte sicher sein, meinen Kindern wird nichts passieren. Dafür bin ich sehr dankbar! Ich möchte helfen, das zu bewahren, was die Deutschen geschaffen haben.»

Seine Töchter Emilia und Lisa, zwölf und sechzehn Jahre alt, können nun auch die deutsche Staatsbürgerschaft beantragen; von der deutschen Gesetzgebung her spricht nichts dagegen. Aber die Haushaltskasse der Familie muss dafür aufgefüllt werden: Die Aufgabe der russischen Staatsangehörigkeit und die Einbürgerung kosten rund 800 Euro. Für Lisa, die ältere, ist ganz klar, dass sie das in die Wege leiten möchte. Als sie aufs Gymnasium kam, war sie anfangs die einzige Nichtdeutsche in ihrer Klasse. «Ich musste mir meinen Platz erkämpfen.» Dabei fühlt sie sich gar nicht als Ausländerin. «Manchmal nervt mich das», sagt sie, «sobald das Wort Ausländer fällt, drehen sich alle zu mir um. Oder die Lehrerin erzählt etwas über die Sowjetunion, und sofort guckt jeder auf mich. Dabei habe ich immer gesagt: Ich bin nicht anders als ihr!» Lisa möchte nichts Besonderes sein, sie möchte einfach dazugehören. Aber sie gehört nicht wirklich dazu: «Ich habe kein Nationalgefühl, kein Heimatland. Ich habe meine Nation noch nicht gefunden.» Nach einem Besuch in Russland steht für sie allerdings hundertfünfzigprozentig fest: Da gehört sie nicht hin!

An zwei Stellen müsste es jetzt bei uns klingeln. Einmal bei dem Satz: «Ich bin nicht anders als ihr!» Wie jeder Teenager

175

will Lisa einfach dazugehören. Sie wird sich dem gängigen Ton, den Moden, den Ansichten ihrer Umgebung anpassen. Was immer diese Umwelt – das sind wir beziehungsweise unsere Kinder oder Enkelkinder – ihr vorlebt, das wird sie kopieren. Amerikaner leben ihren Einwanderern und deren Kindern vor, dass es ein riesiges Glück ist, Amerikaner zu sein. Dass man nichts, aber auch gar nichts geschenkt bekommt, aber dass jeder seinen Platz findet, der sich anstrengt. Was leben wir Lisa vor? Dass es toll ist, Deutscher zu sein, oder dass man sich dafür schämen muss? Dass es respektabel und lohnenswert ist, sich anzustrengen, oder dass es auch ohne Anstrengung geht? Leben wir Lust am Leben vor oder «null Bock»? Zeigen wir Freundlichkeit oder Feindseligkeit, Zuversicht oder Verzagtheit?

Der zweite Satz, bei dem es klingeln müsste, ist: «Ich habe meine Nation noch nicht gefunden.» Das ist der Schicksalssatz für Deutschland. Muss es nicht unser oberstes Interesse sein, dass Lisa, die Bauingenieurin werden will, irgendwann mit glühendem Herzen sagt: «Deutschland ist meine Nation, meine Heimat! Nicht, weil ich hier geduldet und durchgeschleppt werde, sondern weil mir dieses Land Chancen gegeben hat, mich zu entwickeln und zu beweisen.» Hier ist unsere Situation: Wir werden immer weniger und immer älter. Wir werden weder für unsere Renten- und Krankenversicherungen noch für unser Lieblingsprojekt – die soziale Gerechtigkeit – weiterhin Geld haben, wenn wir nicht die klügsten und leistungsfähigsten jungen Gehirne anwerben, die auf der Welt sind. Wir brauchen energiegeladene, junge Menschen, die dorthin gehen, wo sie willkommen sind, sich frei entwickeln und ihren Erfolg genießen dürfen. Wohin wird Lisa einmal gehen?

Es gibt Menschen, die haben ihr ganzes Leben in Deutschland verbracht und gehören doch nicht dazu. Jelena N. ist zwanzig Jahre alt, sie wurde hier geboren und hat dennoch keine dauerhafte Aufenthaltsgenehmigung. Mit ihrer fünf Jahre alten Tochter und Marko, deren Vater, lebt sie in einer nett hergerichteten Zwei-Zimmer-Wohnung. Die Wände pastellfarben gestrichen, weiße Stores vor den Fenstern, Porzellankatzen und Häkeldeckchen im Regal, auf dem Boden ein orientalischer Teppich. Das rostbraune Sofa im Wohnzimmer dient den Eltern auch als Bett, das zweite Zimmer ist für die Tochter. Die wurde gerade – wie gewöhnlich – von Jelenas Vater aus dem Kindergarten abgeholt. Nun «kocht» sie «Suppe» in ihrem Zimmer und bringt uns ab und zu plappernd ein Schälchen vorbei «zum Probieren». Die Kleine ist fröhlich und aufgeweckt; sie ist Opas, Jelenas und Markos Schatz. Ihr soll es einmal besser gehen als den Eltern, denen – selbst erst Anfang zwanzig – die Welt eigentlich offen stehen müsste, aber das ist leider nicht so.

Jelenas Vater lebt seit über zwanzig Jahren in Deutschland – bis vor kurzem nur mit einer Duldung. Mitte der 1980er Jahre hat er sein serbisches Heimatdorf, das von ethnischen Feindseligkeiten, Arbeitslosigkeit und großer Armut gebeutelt war, verlassen und ist illegal eingewandert. In Deutschland wurde Jelena geboren. So richtig lassen sich die ersten Jahre hier nicht rekonstruieren, der 55 Jahre alte Mann spricht kaum ein Wort Deutsch. Eine Verständigung ist unmöglich. Jedenfalls lebte die Familie wohl meist von Sozialhilfe, eine Arbeit hat er nie gefunden und wohl auch keine Arbeitserlaubnis erhalten. Später erkrankte er, da hätte eine Erlaubnis auch nichts mehr genutzt.

Jelena war gerade zwölf Jahre alt, als ihre Mutter starb. Der Tod stürzte die Familie in eine tiefe Krise. Der Vater verfiel in trauernde Apathie, fing an zu trinken; Jelena schwänzte die Schule, und zwar so ausgiebig, dass sie heute eine Weile überlegen muss, wie die Schule eigentlich hieß. Für sie hatte diese Einrichtung keinerlei Bedeutung. Ist das denn ohne Folgen geblieben? «Ja», sagt sie, «es hat sich keiner drum gekümmert.» Die Förderschule, die sie besuchen sollte, versichert dagegen, dass sie bei unentschuldigtem Fehlen umgehend die Eltern anrufe und, wenn das nicht helfe, auch Hausbesuche mache. In manchen Fällen, so der Schulleiter, werde sogar ein Bußgeld verhängt. Doch wenn die Eltern nicht zahlen könnten oder wollten, dann seien die Behörden meist am Ende ihres Lateins: «Administrative Maßnahmen werden auch oft nicht durchgesetzt, weil sie den pädagogischen widersprechen.»

Das Schwänzen hatte für Jelena größere Folgen, als ein Kind absehen kann. Es vermasselte ihr die Aussichten auf eine dauerhafte Aufenthaltsgenehmigung. Denn die ist an einen regelmäßigen Schulbesuch gebunden – als Integrationsbeweis. So ist es auch ihre Schuld, zumindest die ihres Vaters, dass sie nach zwanzig Jahren noch immer keine Sicherheit hat in diesem Land. Ihre Deutschkenntnisse sind dafür, dass sie hier geboren ist, eher mäßig. Als junge Erwachsene kann sie nicht schwimmen, nicht Fahrrad fahren, all diese Dinge, die Kinder normalerweise von den Eltern oder in der Schule lernen. Sie träumt davon, mal Urlaub in Kroatien zu machen, von einer Bekannten hat sie gehört, dass dort das Meer ist. Dass auch Deutschland eine Küste hat, weiß sie nicht. Sie weiß nicht, was ein Feriendorf ist, und dass man am Strand die Schuhe auszieht, um mit den Zehen im Sand zu spielen, findet sie «voll eklig». Sie hat viele Unsicherheiten und Ängste, weil sie als Kind nicht Kind sein konnte. Sie kann super putzen und bügeln, das hat sie schon als Zwölfjährige übernommen, aber wenn man sie fragt, was sie gerne in ihrer Freizeit machen würde, fällt ihr nichts ein. Vielleicht «so 'n bisschen ‹rumgehen›» im Stadtteil. Einen Besuch im Zoo findet sie «voll komisch», so was hat sie noch nie gemacht

Sie bewegt sich fast ausschließlich in serbischen Bekanntenkreisen. So hat sie als Kind auch Marko kennengelernt, einen drei Jahre älteren Jungen, der ebenfalls aus Serbien gekommen war – und zwar mehrmals illegal über die Grenze. Aus dem Sandkastenspiel wurde eine Teenager-Beziehung und Jelena schwanger, mit vierzehn. Sie schaffte es tatsächlich, obwohl selbst noch ein Kind, ihrer Tochter ein Nest zu bauen und sie gut zu versorgen. Ein knappes Jahr nach der Geburt wurde Marko abgeschoben, nicht zum ersten Mal. Ihr blieben ihre Schwestern, Freundinnen hatte sie nicht. Sie unternahm wenig, konnte nicht ausgehen, hatte Angst vor dem Jugendamt, denn: «Das schafft sie sowieso nicht mit der Kleinen!», hat sie oft zu hören bekommen. Aber doch, sie schaffte es! Obendrein noch regelmäßig zum Alphabetisierungskurs zu gehen, das allerdings klappte nicht.

Sie telefonierte mit Marko, er vermisste seine kleine Familie und kam zurück, wieder illegal. Mit schwarzen Gelegenheitsjobs hielt er sich über Wasser und wurde bei einer Ausweiskontrolle erwischt. Danach mussten Jelena und die vierjährige Tochter den Papa in Untersuchungshaft besuchen. Seine Probleme sind nun auch ihre Probleme geworden. «Leichter wäre es für sie», meint Jelenas Anwältin, «wenn sie einen deutschen Freund hätte, aber das kann man sich ja nicht aussuchen.» Die Kosten der Abschiebungen soll er dem Staat zurückzahlen. So viel Geld hat er natürlich nicht und kann es auch nicht verdienen, denn er bekommt keine Arbeitserlaubnis. Sein Anwalt verweist auf das Wohl des Kindes und verhinderte damit in allerletzter Minute die Abschiebung. Ende November 2008 – Marko war bereits in eine Einzelzelle verlegt und auf die Abschiebung vorbereitet worden – kam das Gefängnispersonal: «Nachts um vier hieß es: Mach dich fertig!», erinnert er sich. «Aber zehn Minuten später kamen sie wieder und sagten: Du kannst dich weiter ausruhen, wir warten auf ein Fax. Du hast einen guten Anwalt!» Das Fax kam und sorgte für die Aufschiebung der Abschiebung um ein paar Monate. Das Kind brauche seinen Vater, hatte der Anwalt argumentiert, die Familie gehöre zusammen.

Vor Gericht wird nun geprüft, wie gut Marko seiner Tochter tut, ob er sich zuverlässig um sie kümmert. Im Grunde haben die meisten Beteiligten den Eindruck, dass beide Eltern sich alle Mühe geben. Aber es hat zwischen Jelena und Marko auch schon mal so gekracht, dass die Polizei in der Wohnung erschien. Es ging um Eifersucht, er habe sie nur ein bisschen geschubst, wirklich handgreiflich geworden sei sie. Jelena hört es und widerspricht nicht. Das ist nun schon einige Zeit her, und die beiden sind reifer geworden. Aber es macht die Sache nicht gerade einfach, und so kann es mal wieder Jahre dauern, bis eine endgültige Entscheidung gefallen ist. «Jedes Land möchte den gut ausgebildeten, wohlsituierten, fleißigen, ordnungsgemäßen Ausländer haben», meint Jelenas Anwältin, «aber gerade der Mensch, der aus einer Krisensituation kommt, ist selbst von der Krise geschüttelt. Er kommt aufgrund von Problemen, diese ziehen andere Probleme nach sich. Das ist normal.»

Die junge Familie, die ihr Bestes versucht, wartet auf eine Entscheidung. Das zweite Kind, auch ein Mädchen, kommt auf die Welt, bevor Markos Status geklärt ist. Wer weiß, wie lange sie hier bleiben können, in dieser Wohnung mit den pastellfarbenen Wänden, dem rostbraunen Sofa und den Porzellankatzen im Regal. Ein Flachbildschirm steht da auch noch, ein recht neuer Computer mit Webcam, ein Drucker und ein zweiter Fernseher im Kinderzimmer. Aber hat sie nicht gerade geklagt, dass sie nun, seitdem Marko eingezogen ist, zu dritt mit derselben Summe auskommen müssen, die sie vorher als Alleinerziehende für sich und das Kind hatte? «Wenn man mit Geld umgehen kann, kann man mit Hartz IV ganz gut leben», entgegnet sie. Dass sie überhaupt nicht gut mit Geld umgehen kann und einen Haufen Schulden hat, so viel, dass sie schon fürchtet, deswegen eingebuchtet zu werden, das erzählt sie erst mal nicht.

Marko will arbeiten, er will seine Familie durchbringen. Es ist nicht leicht, der Spirale der Chancenlosigkeit zu entkommen: Er bekommt keine Arbeitserlaubnis, weil er keinen gültigen Pass hat; einen Pass hat er nicht, weil er die hohen Gebühren der serbischen Botschaft nicht bezahlen kann; das Geld hat er nicht, weil er keine Arbeit hat; einen Job könnte er antreten bei einer Reinigungsfirma, aber die darf ihn nicht anstellen, weil er keine Arbeitserlaubnis hat. Und so weiter, und so weiter. Sollte er bleiben dürfen, wurden Jahre verschenkt, Jahre, in denen Marko energiegeladen und besten Willens ist. Jelena kennt kein anderes Land als dieses. Deutschland konnte sich nicht entscheiden, ihren Vater entweder aufzunehmen oder wegzuschicken. Er hat mittlerweile Nachfahren in zweiter Generation, die hier geboren sind. Sie wachsen auf als «Ausländerkinder» am Rande der Gesellschaft.

Es gibt Lichtblicke. Marko bekommt – obwohl sein weiterer Aufenthalt in Deutschland noch nicht geklärt ist – ein Training finanziert, das ihn fit machen soll für den Arbeitsmarkt. Jelena hat ihre Sprachschule abgeschlossen, ist auch tatsächlich regelmäßig hingegangen. Die beiden Töchter werden, wenn sie acht Jahre alt sind, die deutsche Staatsbürgerschaft erhalten – vorausgesetzt natürlich, sie gehen regelmäßig zur Schule. Auch ihr Opa macht jetzt einen Deutschkurs – nach 24 Jahren auf deutschem Boden! Als er ins Land kam, wurde so etwas weder gefordert noch gefördert. «Die Gesetzesänderungen seit 2005 gehen in die richtige Richtung», meint Jelenas Anwältin, «greifen aber zu kurz.»

Welches deutsche Gericht wird den Vater zweier hier geborener Kinder ausweisen, solange er sich Mühe gibt? Zwar ist die Gesetzeslage nicht mathematisch eindeutig, aber es spricht wenig dafür, dass Marko am Ende tatsächlich abgeschoben wird. Familienschutz und Kindeswohl haben eine hohe Bedeutung in unserem Rechtssystem. Eine Zeitlang hätten wir viel darauf gewettet, dass Marko hier bleiben darf und Jelena – auch sie lebt ja noch im Schwebezustand – sowieso. Während wir ihrer Geschichte nachgehen, geht ein ähnlicher Fall durch die Presse: Die 22-jährige Roma Elvira Gashi ist mit ihren beiden drei und vier Jahre alten Kindern aus dem niedersächsischen Wolfenbüttel in den Kosovo abgeschoben worden. Elvira kam als Zweijährige nach

181

Deutschland, ihre Kinder wurden hier geboren. Der Kosovo ist für sie ein fremdes Land. Andere Familienmitglieder, Mutter und Schwester, durften zunächst bleiben, aber sie wurde in einer Nacht-und-Nebel-Aktion mit ihren Kindern abgeschoben – nach 20 Jahren! Dank einer «Betretenserlaubnis» (ja, das gibt es auch) darf sich die junge Mutter mit ihren Kindern nun vier Wochen lang in Deutschland aufhalten. Eine Härtefallkommission soll über ihr Schicksal entscheiden. Bei Redaktionsschluss sind die vier Wochen längst vorbei, eine Entscheidung aber ist nicht in Sicht.

Natürlich gibt es auch Fälle, in denen alles schnell und glatt läuft. Aber über 150 000 Menschen in diesem Land, die verunsichert sind, Angst haben, deren Kinder vielleicht anfangen, Deutschland zu hassen, weil sie nicht dazugehören dürfen, die wir – das nicht zuletzt – in vielen Fällen unnötigerweise alimentieren müssen, das ist ein Problem. Und zwar eins, das wir uns größtenteils selbst geschaffen haben. Eine unfreiwillige Koalition von links und rechts hat jahrzehntelang die Integration, nach der nun alle rufen, gezielt boykottiert. Waren die einen gegen Sprachkurse, weil sie die «Gastarbeiter» sowieso schnell wieder loswerden wollten, so haben sich andere nicht dafür eingesetzt, weil sie den Einwanderern nicht unsere Sprache und Kultur «aufdrücken» wollten. Zeigten sich die einen mit den Arbeitsgenehmigungen für Ausländer zurückhaltend, damit die sich hier bloß nicht festsetzen, konzentrierten sich die anderen auf eine «Mitleidspolitik», die dem Eingewanderten wenig abverlangte. Die einen wollten lange keine kontrollierte Einwanderung erlauben, weil sie eigentlich Einwanderer grundsätzlich nicht akzeptieren wollten, die anderen wollten am liebsten die Grenzen weit öffnen, wobei beide Seiten ihre eigentliche Position nicht gerne zugaben, denn in der Praxis, und das ist im Grunde jedem klar, kann beides nicht funktionieren.

In den vergangenen Jahren haben sich die Standpunkte angenähert, und so wurden in Ansätzen schon vernünftigere Lösungen möglich gemacht, wie die letzten Gesetzesänderungen zeigen. Seien wir ehrlich: Wer jahrzehntelang hier lebt, vielleicht sogar Kinder hier geboren hat, der wird nicht mehr gehen. Das Einzige, was wir beeinflussen können, ist, *wie* diese Menschen hier leben und wovon: als Außenseiter von unseren Almosen oder als Deutsche von ihrem selbstverdienten Geld.

«Das ist Deutschland!»

Flüchtlingsdasein im Zeitraffer

Am Anfang freuen sie sich noch, dass ihnen dieser Staat jeden Monat einfach Geld schenkt, kopfschüttelnd zwar, denn da, wo sie herkommen, wäre das ganz undenkbar. Sie wollen arbeiten, dürfen nicht, bekommen aber weiter Geld fürs Nichtstun. «Das ist Deutschland!», lernen sie. Dann merken sie, dass das Geld weder zum Leben noch zum Sterben reicht. Sie dürfen trotzdem keine Arbeit suchen. Sie bekommen Kinder und damit ein bisschen mehr Geld. Die Deutschen, die sie kennenlernen, sind misstrauische Behördenmitarbeiter; Familien, die von Hartz IV leben; überforderte Lehrer, mit denen sie sich nicht verständigen können; und freundliche, freiwillige Helfer, die Essen und Kleidung umsonst verteilen. «Das ist Deutschland!» Das Land, auf das alle schimpfen: die Hartz-IV-Empfänger, weil Hartz IV zu wenig ist und ihnen niemand aus der Arbeitslosigkeit hilft; die freundlichen, freiwilligen Helfer, weil sie finden, der Staat kümmere sich nicht genug um die Benachteiligten. Also schimpfen sie jetzt mal mit. Das Leben in Deutschland ist merkwürdig und deprimierend. Aber immer noch besser, als zu Hause in der Heimat zu verhungern. Und wenn man es geschickt anstellt, bleibt trotz allem noch eine kleine Summe, die für die Familie dort in der armseligen Heimat eine große Bedeutung hat. Ohnehin, ohne Kühlschrank, Fernseher, Auto oder das Kapital für ein bescheidenes Eigenheim könnten sie sich zu Hause sowieso nicht wieder blicken lassen. Als Versager zurückkehren? Niemals! Also bleiben sie: unglücklich, arm, deprimiert. Ihre Kinder bleiben heimatlos in der neuen Heimat, wo sie zwar geboren wurden, aber nicht erwünscht sind. Natürlich lieben sie dieses Land nicht, wie könnten sie? Deutschland liebt sich selbst nicht, und es liebt sie nicht. Also machen sie Rabatz, anstatt zur Schule zu gehen. Das hat nicht allzu viele unmittelbare Folgen, außer schlechten Noten. Aber für gute Noten reichen ihre Deutschkenntnisse sowieso nicht, und wozu auch die Anstrengung? Mit einem Ausbildungs- oder Arbeitsplatz können sie nicht rechnen. Mit Namen wie Yilmaz oder Gümüs werden sie nicht selten von vornherein aussortiert. Aber all das macht nichts in diesem Land, wo Leistung etwas zu sein scheint, das man bekommt, und nicht etwas, das man erbringt. Irgendwie kann man sich damit arrangieren, wie die Eltern und die Nachbarn es auch tun. Das ist zwar komisch, aber – so eine Einwanderin aus der Ukraine: «Das ist Deutschland!»

Schmelztiegel Amerika:

Land der Arbeit, nicht der Almosen

Mit Reisen über den Atlantik hin und zurück sind wir vertraut. Deshalb fragte uns die Hamburger Kultursenatorin Karin von Welck, ob wir im Sommer 2007 die feierliche Eröffnung des Auswanderermuseums «Ballinstadt» übernehmen würden. Die Auswanderung nach Nord- und Südamerika im 19. und 20. Jahrhundert lief nämlich in der Hauptsache über zwei Häfen: vor allem Bremerhaven, aber auch Hamburg. In der Hansestadt erkannte ein Mann namens Albert Ballin, dass die Völkerwanderung über den Atlantik ein Riesengeschäft sein könnte. Sein Vater hatte schon Mitte des 19. Jahrhunderts eine Auswandereragentur in Hamburg gegründet. Albert Ballin stieg zunächst dort ein, dann wechselte er zur HAPAG, wo er es zum Generaldirektor brachte. Damals drängten Menschen aus Süden und Osten, aus Italien, dem Baltikum, aus Polen, selbst aus den Tiefen Russlands in Richtung Neue Welt. Sie ergossen sich über die Hafenquartiere und warteten dort in heruntergekommenen Absteigen unter mangelhaften hygienischen Bedingungen auf ihr Schiff in ein neues Leben.

Albert Ballin organisierte die Auswanderung zu einem Wirtschaftszweig. Er baute um die Jahrhundertwende auf der Veddel, einer Elbinsel am Rande von Hamburg, seine Auswandererhallen: Schlaf- und Wohnpavillons, Speisehallen, Bäder, Lazarett – Tausende Menschen lebten dort wochenlang, bis ihr Schiff bereit war. Es war eine richtige Stadt. Eine Multi-Kulti-Stadt mit Kirche und Synagoge und Schildern in verschiedenen Sprachen, inklusive kyrillischer Buchstaben. Das Nebeneinan-

186

der der verschiedenen Völker und Religionen war wie ein Vorgeschmack auf New York, wohin viele strebten. Agenten warben die Auswanderungswilligen in den fernen Ländern an und führten sie der HAPAG zu in Zügen, die direkt auf die Veddel fuhren. Die Reisenden kauften die Leistungen im Paket, also nicht nur die Schiffspassage, sondern auch den Transport nach Hamburg, Kost und Logis bis zur Überfahrt und eine ärztliche Untersuchung, das Ganze hübsch gestaffelt nach Portemonnaie: Wohlhabende erhielten während der Wartezeit auf der Veddel ein Hotelzimmer und für die Überfahrt eine Kajüte auf dem Oberdeck des Schiffes, Ärmere mussten sich mit einem Platz im Schlafsaal und einer Pritsche auf dem Zwischendeck zufriedengeben.

Rund fünf Millionen Europäer machten zwischen 1850 und 1939 Station in der «Ballinstadt» – die meisten auf dem Weg nach Nordamerika. Sie verließen ihre Heimat aus ganz ähnlichen Gründen, die heute Millionen Flüchtlinge bewegen, ihr Land zu verlassen und sich nach Europa aufzumachen: politische oder religiöse Verfolgung, Armut, Hunger oder einfach die Hoffnung auf Arbeit und Aufstieg. Und damals wie heute haben die Reisenden oft ihr gesamtes Hab und Gut verkauft, um den Sprung ins Ungewisse zu bezahlen.

Es gab allerdings einen entscheidenden Punkt, der die Auswanderer von einst von den heutigen unterscheidet: Sie waren in ihrem Traumland grundsätzlich erwünscht, denn sowohl in Nord- als auch in Südamerika wurden Arbeitskräfte – bis zur großen wirtschaftlichen Depression in den 1920er Jahren – dringend gebraucht. Amerika war ein wachsender Kontinent, hungrig nach Menschen, die meistens nichts als ihren Überlebenswillen mitbrachten.

Trotzdem wurden die Neulinge schon damals nicht bedingungslos mit offenen Armen empfangen. Zunächst kamen die meisten Einwanderer in die Vereinigten Staaten aus Deutschland, gefolgt von Iren und Engländern. Ab 1880 dann reisten zunehmend Ost- und Südosteuropäer ein. Ihnen eilte der Ruf voraus, nicht so anpassungsfähig zu sein. Die Behörden führten Schreib- und Lesetests ein und schufen immer mehr gesetzliche Hindernisse, um die Einreise zu erschweren. Es gab Warnungen vor einer «Überfremdung» des Landes, es kam sogar zu gewalttätigen Übergriffen auf Immigranten. Die Regierung unterwarf die Einwanderung zunehmend strengeren Kontrollen.

Dazu gehörte die Einrichtung einer zentralen Sammelstelle für Immigranten auf «Ellis Island», einer Insel im Hudson River vor den Toren New Yorks. Dort wurde Platz geschaffen für 500 000 Einwanderer jährlich, abgefertigt wurden zeitweise fast doppelt so viele. Die Träneninsel wurde «Ellis Island» genannt, da sich hier nach einer kurzen Befragung und einer Gesundheitsuntersuchung das Schicksal entschied. Kranke wurden ebenso wenig ins Land gelassen wie Analphabeten, Kriminelle oder politisch Radikale. Im öffentlichen Bewusstsein ist «Ellis Island» Symbol für die Masseneinwanderung in die USA. Aber ihr Zweck war es, genau diese Masseneinwanderung zu beschränken oder mindestens zu kanalisieren.

Hier kamen einst die Reisenden aus der «Ballinstadt» an. Beide – die Auswandererinsel in Hamburg und die Einwandererinsel in New York – wurden um die Jahrhundertwende eingerichtet, und beide sind heute ein Museum. Wir besuchten «Ellis Island» kurz vor unserem Umzug nach Hamburg und betrachteten jene steile Treppe, welche die von der langen Reise geschwächten Einwanderer hinaufsteigen mussten, während sie von Ärzten beobachtet wurden. Wer auf den Stufen Überanstrengung zeigte, lief Gefahr, wegen des Verdachts auf ein Herzleiden abgewiesen zu werden. Allein die Angst davor, die Tests nicht zu bestehen, verursachte so manchem bereits Atemprobleme. Jeder Krankheitsverdacht wurde registriert, die Untersuchten erhielten ein Kreidezeichen auf die rechte Schulter. Doch am Ende hieß es für 98 Prozent der Angereisten: «Welcome to the United States of America!» Das änderte sich, nachdem 1924 eine Quotenregelung geschaffen wurde, die die Zuwanderung einschneidend beschränkte. Nur acht Jahre später wurden zum ersten Mal mehr Menschen abgelehnt als zugelassen.

Die Abgewiesenen kamen gar nicht dazu, Ellis Island zu verlassen. Sie wurden umgehend zurückgeschickt, und zwar häufig auf Kosten der Reedereien. Die hatten nun ihrerseits das Interesse, Gesundheitsprobleme bereits vor der Abfahrt zu entdecken, und sorgten deshalb schon im Auswandererhafen für eine umfassende körperliche Untersuchung und Quarantänezeit. Auch Albert Ballins HAPAG übernahm dies in den Hallen auf der Hamburger Veddel. Allerdings nur für die armen Kunden. Die betuchten reisten nicht nur angenehmer, sondern auch ungehinderter; sie wurden weder in Hamburg noch auf Ellis Island langwierigen Untersuchungen und Befragungen ausgesetzt. Schon damals gab es privilegierte Migranten. Der Blick von der Ballinstadt nach Ellis Island ist nicht nur von historischem Interesse.

Inzwischen ist Deutschland selbst Einwanderungsland. Wie wurden unsere Landsleute und andere Europäer damals in New York empfangen? Wie gehen die USA heute mit Zuwanderung um? Was können Neuankömmlinge erwarten, was wird von ihnen erwartet? Können wir daraus etwas lernen?

Auch klassische Einwanderungsländer haben Probleme mit Fremdenfeindlichkeit und der Integration ihrer Neubürger. Es gibt offenbar keine Patentlösung für eine geglückte Integration. Einige Dinge nahmen die USA schon immer für sich in Anspruch, zum Beispiel auszuwählen, wen sie unter welchen Bedingungen ins Land lassen. Aus reiner Großzügigkeit geschah das noch nie. Auch heute läuft die Auswahl nur zum Teil nach Mitleid – etwa bei Flüchtlingen – und ansonsten aus Eigennutz. Wird ein Beruf gebraucht, dann öffnen sich die Grenzen. Spezialisten und gut Ausgebildete haben Vorrang. Außerdem gibt es Quoten für verschiedene Erdteile und Länder: eine festgesetzte Anzahl von Aufenthalts- und Arbeitsgenehmigungen für eine bestimmte Region, und dann ist Schluss. Nächstes Jahr kann man es wieder probieren. Wer schon einmal versucht hat, eine «Green Card» zu bekommen, der weiß, wie hoch die Hürden sind.

Deutsche Freunde von uns lebten schon viele Jahre in Washington. Ihre Tochter war dort geboren worden, sie bezahlten ein Haus ab. Beide Eltern arbeiteten, der Mann war selbständig. Als ihre Aufenthaltsgenehmigung auslief, mussten sie eine Verlängerung beantragen, aber nicht etwa auf amerikanischem Boden. Dann hätten sie ja im Falle einer Ablehnung untertauchen können. Also musste die gesamte Familie ausreisen und in Deutschland die Entscheidung abwarten – während von ihrem Konto weiter die Raten fürs Haus abgebucht wurden. Sie fassten das ironisch so zusammen: «Die amerikanische Regierung macht es einem schwer, ins Land zu kommen, aber wer diese Hürde genommen hat, zu dem sind die Menschen freundlich. In Deutschland ist es umgekehrt.»

Das war natürlich eine sarkastische Zuspitzung, aber mit wahrem Kern: Es ist sehr schwer, in die Vereinigten Staaten hineingelassen zu werden, aber wer einmal drin ist, hat schnell das Gefühl, willkommen zu sein und dazuzugehören. Familien, die – wie wir – in die USA entsandt werden, sei es auch nur für wenige Jahre, stellen fest, dass ihre Kinder schnell zu kleinen Amerikanern werden: Sie antworten nur noch auf Englisch und fühlen sich dort zu Hause. Mehr noch: Sie haben den Drang, sich anzupassen. Sie tun freiwillig, was Zuwanderer in Deutschland oft als Zwang empfinden und ablehnen.

Sabine lernte auf der Veddel eine Luxemburgerin namens Francine kennen. Auch nach dreißig Jahren, beklagt sie sich, bekomme sie mindestens zweimal in der Woche zu hören: «Sie

haben aber einen eigenartigen Namen!» Kaum ein Deutscher
könne oder wolle ihren französischen Namen korrekt aussprechen. «Ich heiße nicht Franzine», muss sie häufig erklären, «ich
heiße Frongcien.» Meist lautet die Antwort: «Ja egal, Franzine
kann ich besser aussprechen.» Aus diesen Begegnungen zieht
Francine weitreichende Schlüsse: «Hier wird von einem verlangt, mit Haut und Haar zur Deutschen zu werden. Warum
kann man nicht ein Stück Fremdheit akzeptieren? Ich würde
mir Deutschland etwas offener wünschen.» Auch nach dreißig Jahren möchte sie keinen deutschen Pass. «Einen amerikanischen würde ich wahrscheinlich sehr viel schneller annehmen.
Ich glaube, das liegt an der höheren Akzeptanz des Fremden
dort.»

Vielleicht sind manche Leute Deutschland gegenüber kriti-
scher und Amerika gegenüber wohlwollender. Denn ganz selbstverständlich wurde Tom dort Tom «Burrou» genannt, und aus
Sabine wurde «Zsebien» oder «Zsabina». Zwar wurden wir ab
und zu gefragt: «Wie spricht man das richtig aus?» Aber nach
zwei Versuchen war schnell klar, dass Spracherziehung zweck-
los war: «Burrou», «Zsebien» oder «Zsabina» – das geht schon
in Ordnung. Etwas empfindlicher reagierte Sabine nach der Geburt unserer ersten Tochter. Befreundete oder auch völlig unbekannte Amerikaner beugten sich begeistert über den Kinderwagen und riefen aus: «Oh, was für ein niedliches Baby! Wie heißt
es denn?»

«Annabelle!», antworteten wir dann, voller Stolz auf Kind
und Namen. «Oh, Ännäbäll», schallte es zurück, als hätten wir
den Namen unserer Tochter selbst nicht richtig ausgesprochen.
Nun klingt in unseren Ohren Ännäbäll ungefähr so hübsch wie
Franzine, aber wir haben uns schnell dem englischen Sprach-
fluss gefügt und keine bösen kulturchauvinistischen Absichten unterstellt. So entspannt halten es die meisten Fremden in
den USA. Sie passen sich dem gesellschaftlichen Minimalkon-

sens an. Sie wollen dazugehören! Sie lieben ihre neue Heimat. Einwanderer nach Deutschland dagegen tun sich schwer, ihre neue Heimat zu lieben. Wie sollten sie auch, machen wir Deutsche ihnen doch jeden Tag vor, wie wenig liebenswert wir selbst unser Land und unsere Leute finden. Und wir vermitteln ihnen auch nicht das Gefühl, ein willkommenes Mitglied einer Gemeinschaft zu sein, in der man sich selbst etwas aufbauen kann.

Natürlich finden sich auch in den Vereinigten Staaten massive Vorurteile gegenüber Migranten. In einschlägigen Blogs steigern sie sich sogar bis zur Fremdenfeindlichkeit. Einer beschwert sich, Flüchtlinge bekämen mehr Sozialhilfe als amerikanische Rentner; ein anderer schäumt, dass illegal in Kalifornien lebende Ausländer den Staat neun Milliarden Dollar pro Jahr kosteten. So entsteht der Eindruck, die Zuwanderer bekämen das Geld in die Hand gedrückt; dabei rechnet der wütende Bürger die Kosten für Schulen und Gefängnisse zusammen – Einrichtungen, die Migranten «nutzen».

Tatsächlich streben Einwanderer weniger in die Sozialhilfe, sondern in den Jobmarkt. Amerika ist das Land der Arbeit, nicht der Almosen. Wer in die USA geht in der Hoffnung, dort etwas geschenkt zu bekommen, der ist auf dem falschen Trip. Hier ein paar Beispiele für die Signale, die das Land aussendet: «Supplemental Security Income» heißt eine Form der Sozialhilfe. Wer kein Staatsbürger ist, hat dabei schlechte Karten. Er muss eine gültige Aufenthaltserlaubnis haben und seit fünf Jahren im Land leben, um diese Form der «Stütze» beantragen zu können. Außerdem muss eine Familie seit der Einreise zehn Jahre lang ihren Lebensunterhalt selbst verdient haben (zum Beispiel Mann und Frau jeweils fünf Jahre). Sollte man diese Sozialhilfe erhalten, dann höchstens für sieben Jahre.

In deutschen Ohren klingt das hart. Wir sind gewohnt, dass Ansprüche an die Allgemeinheit nicht zeitlich begrenzt sind, sondern so lange bestehen wie die Bedürftigkeit. In den USA ist das selbst für Staatsbürger nicht der Fall. Präsident Bill Clinton beschränkte die Sozialleistungen in den 1990er Jahren mit der sogenannten Welfare Reform drastisch. Die meisten Amerikaner haben die Geschichten ihrer Eltern oder Urgroßeltern in den Genen, die mit ein paar Habseligkeiten ins Land kamen und sich dann mit stetiger Arbeit etwas aufbauten.

Eine Freundin von uns, Marga Randall, ist Ende der 1930er Jahre in die USA gekommen, über Ellis Island. Sie war für unsere Töchter «Omi three», die Omi Nummer drei. Marga, inzwischen leider verstorben, musste als junges jüdisches Mädchen vor den Nazis fliehen. Ihre Geschichte hat sie häufig in Schulen vorgetragen. Das ist in den USA üblich. Menschen mit verschiedenen Berufen und Werdegängen teilen ihre persönliche Geschichte mit Schülerinnen und Schülern, um so ein Gefühl für Patriotismus zu vermitteln. Sie wollen den jungen Leuten bewusst machen, dass sie in einem Land leben, das unvergleichliche Freiheiten bietet, dass andere für diese Freiheit Opfer gebracht haben und dass diese Freiheit eine Verpflichtung darstellt. Die Jugendlichen werden ermutigt, große und phantastische Träume für ihre Zukunft zuzulassen und sich anzustrengen, diese Träume zu verwirklichen. Wenn Marga in den Schulen sprach, dann erzählte sie von der Verfolgung durch die Nazis, von den Anstrengungen der Flucht und von der Verheißung, die sie spürte, als sie zum ersten Mal vom Schiff aus die Freiheitsstatue sah. Und dann schilderte sie, wie es weiterging: Wie man sich zunächst auf Verwandte verließ, dann wandte man sich an die Glaubensgemeinschaft, der man angehörte. Vom Staat erwartete man nichts, außer Sicherheit und einer fairen Chance. «We did not take welfare!», betonte Marga an dieser Stelle immer: «Wir haben keine Sozialhilfe genommen!» Dieses Ethos hat Tradition bis heute.

Inzwischen gibt es eine eigene Behörde für Flüchtlinge, das

«Office of Refugee Resettlement». Hier dessen Mission: «In der Überzeugung, dass Neuankömmlinge angeborene Fähigkeiten entwickeln, wenn sie die Gelegenheit dazu bekommen, bietet diese Behörde bedürftigen Menschen wichtige Ressourcen an, damit sie voll integrierte Mitglieder der amerikanischen Gesellschaft werden.» Wenige Zeilen später wird klar und eindeutig formuliert, was das heißt: «Alle Flüchtlinge, die in die USA einreisen, müssen so schnell wie möglich nach ihrer Einreise eine Arbeit annehmen. Als ersten Schritt müssen die Flüchtlinge schriftliche Pläne für ihre Einstellungsperspektiven vorlegen.» Die angebotenen «sozialen Hilfsleistungen» sind vor allem Sprachkurse und Hilfe beim Jobtraining und bei der Arbeitsuche. Das sind die Signale, die Amerika den Menschen sendet, die ins Land strömen. Zurzeit haben die USA so viele «Ausländer» im Land wie niemals zuvor in ihrer Geschichte. Mit «Ausländer» meinen wir hier alle, die nicht in den USA geboren sind. Das sind 38 Millionen Menschen! Etwa ein Drittel hat die Staatsbürgerschaft angenommen, ein weiteres Drittel hat eine Aufenthaltserlaubnis, und das letzte Drittel ist illegal im Land. An diesem Drittel entzünden sich erhitzte Debatten und oft auch Feindseligkeiten. Amerika ist gewiss kein Paradies, aber würden die USA eine Einwanderungspolitik wie Deutschland praktizieren – das Land würde auseinanderbrechen.

Seit seiner Unabhängigkeit zieht das Land Menschen an, die sich darüber im Klaren sind, dass sie nichts geschenkt bekommen. Fünf Jahre nach ihrer Ankunft stehen diese Menschen vor einer amerikanischen Fahne und legen mit Tränen in den Augen den Eid auf die Verfassung ab. Dann sind sie Amerikaner, stolz und dankbar – nicht für Sozialhilfe, sondern für die Chance, sich und ihren Kindern eine Zukunft aufbauen zu können. Und ihre Landsleute sind stolz auf sie, denn sie haben sich an den ungeschriebenen Sozialvertrag dieses Landes gehalten: dass dich nicht ausmacht, wo du herkommst oder was du für eine Religion hast. Was dich ausmacht, ist, wie du lebst und was du aus dir machst. Danach sehnten sich unsere Vorfahren und die vielen anderen Menschen, die sich früher auf der Veddel drängelten und auf ihr Schiff warteten.

Leben ohne Schweine-Mettwurst

Bericht zur Lage der Nation an einem Beispiel

Die Hamburger Veddel ist ein Dorf, in dem nur wenige Deutsche wohnen, das aber viel über Deutschland erzählt. Der Inselstadtteil liegt im Südosten Hamburgs, umgeben von der Norderelbe und ein paar Seitenarmen. Nur zwei Stationen mit der Bahn ab Hauptbahnhof oder ein paar Kilometer mit dem Auto über eine der Brücken, und schon ist man da, in einer eigenen Welt, Heimat von gut fünftausend Menschen zwischen Kanälen, Hafen- und Industrieanlagen, Schnellstraßen und Bahngleisen. Ein Mikrokosmos, der bei näherem Hinsehen Aufschlüsse über die Lage der Nation gewährt.

Straßenlange, vier- bis fünfgeschossige dunkelrote Ziegelbauten mit begrünten Innenhöfen prägen das Erscheinungsbild. Hier entstand in den 1920er Jahren eine der ersten Arbeitersiedlungen, die ihren Bewohnern einen gewissen Komfort bot. Die damals beispielhaften Reformbauten könnten auch heute noch als Vorbild dienen, denn sie wirken weitaus wohnlicher als so manches modernere Produkt des kommunalen Wohnungsbaus. Zudem macht die Lage am Wasser den Standort attraktiv. Der Name «Veddel» lässt sich vermutlich von «wedel» wie Weideland ableiten. Noch heute bewegt sich hin und wieder eine Schafherde über den Deich in das Panorama aus Brücken, Industrieanlagen und Verkehrsschneisen.

Die kleine Kirche auf der Wilhelmsburger Straße, ebenfalls aus dunkelrotem Backstein mit zierlichem Turm und grüner Spitze, fügt sich nahtlos ins Stadtbild. Innen alles in hellen Farben gehalten, die Fenster aus pastellfarbenem Glas. Die Holzbänke bieten Raum für rund 150 Besucher, doch wie in jeder Kirche werden so viele Plätze höchstens am Heiligen Abend benötigt. Zu einem gewöhnlichen Gottesdienst am Sonntagvormittag erscheinen ein bis zwei Dutzend Gläubige. Mit rund zwanzig Besuchern ist heute gar kein schlechter Tag. Der Gesang ist verhalten und leise, die Begleitung kommt ausnahmsweise vom Keyboard, denn der Organist, natürlich kein fest angestellter, sondern eine Honorarkraft, ist leider verhindert. In der ersten Reihe bewegen sechs Konfirmandinnen schüchtern die Lippen, schräg hinter ihnen singen ein afrikanischer Vater und sein Sohn mit, ein Maschinist im Ruhestand und sein Kumpel, eine Mutter und ihre jugendliche Tochter ebenso wie ein einsamer Filipino. Zwei korpulente junge Frauen blicken sich ab und an ermahnend nach zwei zappeligen Kindern in der allerletzten Reihe um: «Schscht!» Ein Besucher im Dufflecoat scheint nicht ganz hierherzupassen. Zwei ältere Damen in der fünften Reihe machen sogar den Eindruck, als hätten sie sich in Kirche und Stadtteil geirrt, besonders die eine mit dem dunklen Mantel, dem weißen Schal, mit breitkrempigem dunkelblauem Hut und Perlenohrringen hätten wir eher im Hamburger Westen oder auf der Düsseldorfer Königsallee vermutet. Aber sie sitzt hier in der kleinen St.-Immanuel-Kirche auf der Veddel und zeigt uns, wie weit es einen bringt, wenn man Menschen und ihre Geschichte nach dem äußeren Erscheinen einsortiert.

«Es ist nicht einfach, ein verbindendes Wort zu finden», erklärte Pastor Steffen Kühnelt vor dem Gottesdienst. Er predigt heute über Religion als Unterbrechung des Alltags. Ladenschlussgesetze gäben uns die Möglichkeit, die Routine von Aufräumen, Planen und Einkaufen zu unterbrechen, verkündet er, nicht eindringlich, sondern eher zaghaft, als dächte er selbst gerade nochmal über den Sinn seiner Worte nach. Steffen Kühnelt ist ein leiser Typ, auch der schwarze Talar macht keine dominante Autorität aus ihm. Am Schluss seiner Predigt teilt er der

Gemeinde mit, dass die Kollekte vom letzten Mal 29,35 Euro für
«Brot für die Welt» erbracht hat. Heute wird für die lutherischen
Partnerkirchen in Südafrika gesammelt. Vorher kündigen zwei
Gemeindemitglieder noch «Jule-Bingo», ein Spiel um Preise, für
den kommenden Sonntag an. «Ihr habt auch Kaffee und Kuchen
vorbereitet», ergänzt der Pfarrer, «und den gibt es umsonst.» Für
alle ein wichtiger Hinweis, außer für die Dame mit dem breit-
krempigen Hut. Sie schüttelt indigniert den Kopf und winkt ab,
als wolle sie betonen: «Das habe ich nicht nötig!» Am Ausgang
steht ein Jugendlicher, der «Aushilfsküster», mit dem Klingel-
beutel. Er durfte heute die Glocken läuten.

Steffen Kühnelt, der die St.-Immanuel-Kirche mit einer halben
Stelle betreut, verabschiedet sich persönlich von allen Gottes-
dienstbesuchern. Die kleine Gemeinde mit rund 800 Mitgliedern
(auf dem Papier jedenfalls) gehört zur Hauptkirche St. Katha-
rinen, die sich auf der anderen, der attraktiveren Seite der Elbe
befindet, mitten im Einzugsgebiet der wachsenden Hamburger
HafenCity. Als man Kühnelt vor einigen Jahren die Stelle anbot,
hatte er von der Veddel noch nie etwas gehört, außer dass ein anderer Kollege schon dankend abgelehnt hatte. Ihm aber gefielen
die Lage, der Hafen, die Architektur: «Die Veddel hat Ausstrah-
lung und Charme!»

Nun wohnt er mit seiner Familie im Pfarrhaus nebenan und
gehört zur Minderheit der Deutschen auf der Insel. Von den
knapp 5000 Bewohnern sind mehr als die Hälfte Ausländer. Sie
kommen aus allen Teilen der Welt, aus Albanien oder Afghanistan zum Beispiel, aus Togo, Russland und vor allem aus der Türkei. Viele andere sind zwar deutsche Staatsbürger, haben ihre
Wurzeln aber in einem anderen Land.

«Manchmal ist es ganz berührend, was für eine seltsame Mischung im Gottesdienst für eine Stunde eine Gemeinschaft bil-
det», erklärt der Pfarrer. Weil die Gemeinde so klein ist, hat er
schon probiert, im Stuhlkreis zu feiern. «Aber das geht dann

einigen zu weit, und den Älteren ist es zu unbequem, bis dahin, dass sie nicht wissen, wo sie ihre Handtasche lassen sollen.» Ohnehin, so hat er beobachtet, fühlen sich die deutschen Proletarierdamen, die seit Jahrzehnten auf der Veddel in ihrer kleinen Wohnung leben und für die der Kirchgang unbedingt dazugehört, inzwischen sehr fremd hier. «Das war ja enttäuschend», beschwerte sich eine nach einem Gottesdienst, «von uns waren ja wieder nicht viele da.» Wobei sie mit Worten nicht fassen konnte, wen sie mit «uns» denn meinte.

Im evangelischen Kindertagesheim neben der Kirche haben von über achtzig Kindern nur vier oder fünf eine deutsche Mutter *und* einen deutschen Vater. 65 Prozent der Kinder sind Muslime, von ihren Eltern hier trotz der religiösen Ausrichtung untergebracht. Sie haben keine Alternative, es handelt sich um eine Notlösung, vermuten wir. «Nein», entgegnet Kühnelt, «es gibt einen weiteren, einen großen staatlichen Kindergarten.» Der ist bestimmt belegt und hat keinen Platz, rätseln wir weiter. Aber auch das stimmt nicht. Jeden Dienstag ist Gottesdienst im Kindertagesheim, und die Eltern akzeptieren das. Wenn zu Ostern oder Weihnachten Familiengottesdienste gefeiert werden, dann kommen auch muslimische Verwandte. Von den 100 bis 120 Besuchern zum Krippenspiel am Heiligen Abend ist ein Viertel islamischen Glaubens. Sie kommen, weil ihre Kinder etwas vorführen. «Viele fromme Muslime heißen das sogar ausgesprochen gut», versichert der Pfarrer, «sie selbst haben eine klare Identität und sagen: Es ist schön, dass es um Religion geht, dass diese Dimension berücksichtigt wird. Wir können unseren Kindern zu Hause vermitteln, was unsere Religion ist. So jedenfalls denken die Großeltern, die Älteren. Die jüngeren Eltern, die selbst zwischen den Kulturen stehen, empfinden das eher als Bedrohung. Sie wissen nicht recht, wozu sie gehören, und befürchten, ihre Kinder könnten das eine verlieren, weil sie das andere besser kennenlernen.»

Wenn der Pfarrer durch den Stadtteil geht, dann kommt es vor, dass die Kinder fröhlich auf ihn zulaufen und rufen: «Hallo, Pastor Kühnelt!» Die Eltern, so spürt er, fühlen sich durch diese Vertrautheit der Kinder mit ihrer christlichen Nachbarschaft manchmal verunsichert. Zwei, drei Sätze werden gewechselt, und schon begeben sich die Erwachsenen wieder in ihre jeweils eigene Welt. «Ich stelle mich natürlich in meinem Kindergottesdienst darauf ein», erklärt der Pastor. Er bittet nicht, zum Beten die Hände zu falten, er ermuntert stattdessen: «Wir denken an Gott und freuen uns darüber, dass es draußen so schön ist und die Blumen anfangen zu blühen.» Er erzählt Geschichten, zum Beispiel dass Menschen gesagt hätten, dieser Jesus komme von Gott, und andere dagegen behaupteten, das sei nicht so.»

Zur Kinderkirche am Samstag erscheinen allerdings nur junge Teilnehmer aus christlichen Familien. Vanessa, eine echte Veddelerin, deren Großeltern schon sehr lange auf der Veddel wohnen. Yasmins Eltern stammen aus Togo, und Lara, ihre Mutter und vier Geschwister hat es aus Ostdeutschland hierher verschlagen. Und dann sind da noch die beiden Jungs, Justin und Daniel, ein schwarzer und ein blonder Wildfang. Nicht zu vergessen Martina, die in der Ausbildung zur Physiotherapeutin steckt und samstags freiwillig hilft. Nach dem gemeinsamen Frühstück im Gemeindesaal begeben sich alle in den neuen «Raum der Stille», eine kleine Stube hinter der Orgel, frisch renoviert und gerade erst eingeweiht. Vor der Tür eine Tafel mit den Regeln, die noch einmal in Erinnerung gerufen werden, während sich alle ihre Schuhe ausziehen.

Die Kinder, im Alter zwischen acht und zwölf, setzen sich im Kreis um eine Schale herum, in der sich eine Kerze und kleine Holzpuppen befinden. Die Jungs schnappen sofort nach den Figuren. «Finger weg!», mahnt Kühnelt freundlich, aber entschieden. Erst wird gesungen, der Pfarrer spielt Akkordeon. Dann soll mit Hilfe der Holzpuppen die Weihnachtsgeschichte erzählt werden. Vanessa greift einen Hirten: «Das hier ist Jesus.»

«Das kann ja wohl nicht sein», runzelt Kühnelt freundlich die Stirn, «denn was passierte eigentlich Weihnachten?»

«Jesus wurde geboren!», weiß Yasmin sofort.

Justin weiß, dass Maria die Mutter ist, aber irgendwie ist ihm das Ganze zu langweilig. Er zappelt und zappelt und versucht zu erforschen, wie die Figuren ohne Kleidung aussehen würden. «Justin! Justin! Stopp!», mahnt der Pfarrer wiederholt in leiser Verzweiflung und will wissen, wer zu Maria gehört.

«Gott!», wirft einer in die Runde.

«Nun ja…»

Vanessa liegt der Name auf der Zunge: «Wie heißt der nochmal? Ach ja, Joseph!»

«Bingo!», rufen alle.

Lara bemerkt, sie habe die Weihnachtsgeschichte noch nie gehört.

«Justin und Daniel bauen jetzt mal einen Stall», schlägt der Pfarrer vor, erleichtert, eine Beschäftigung für die beiden Störenfriede gefunden zu haben.

«Könnt ihr euch noch an den Kaiser von Rom erinnern?»

«Der war ganz gemein!», platzt es aus Justin heraus, während er energisch am Umhang des kleinen Kaisers in seiner Hand zerrt.

«Justin! Justin! Justin! Lass das heil!», mahnt der Pfarrer noch einmal. «Ich brauche das noch für viele Kinder.»

Justin und Daniel sind schwer zu bändigen, nun streiten sie um Maria.

«Hey, du beleidigst die Frau von Gott!», protestiert Daniel und schmiegt sich eng an den Pfarrer. Ein Vater-Sohn-Bild.

Es gibt viele Alleinerziehende auf der Veddel. Justin wächst ohne Vater auf. «Mit den zwei Kulturen, das ist nicht so einfach», hat seine Mutter festgestellt, «auf Familie hat Vater nicht so viel Wert gelegt.» Sie hat eine Ausbildung als Hauswirtschafterin und arbeitet dreißig Stunden in der Woche im Kindergarten eines anderen Stadtteils. Nachdem sie sich im Ein-Euro-Job bewährt hatte, wurde sie übernommen und erhielt eine feste Anstellung.

Die Veddel, ein traditionelles Arbeiterwohngebiet, ist heute eher ein Arbeitslosenviertel. Rund dreißig Prozent der Bewohner leben von staatlicher Unterstützung. Das war nicht immer so. Hafen- und Stahlarbeiter, Maschinisten, Binnenschiffer und ihre Familien bevölkerten die Elbinsel, auf der einst reges Leben herrschte mit vielen Geschäften, Restaurants, Kneipen und sogar Kabaretts. Man nannte den Stadtteil auch Klein St. Pauli – bis ein Teil des Viertels für die Elbbrücken weichen musste und abgerissen wurde. Heute kann sich kaum noch einer daran erinnern, abgesehen von einigen Senioren, die sich über die alten Zeiten austauschen. Sie treffen sich in den Räumen der Arbeiterwohlfahrt oder im Gemeindesaal der Immanuelkirche.

Es gibt Kaffee und selbstgebackenen Kuchen. Pfarrer Steffen Kühnelt hat gerade ein paar Tage an der See verbracht, was ihn zu maritimer Tischdekoration inspirierte: blau-weiße Servietten, ein Schiffsmodell, ein Nebelhorn, eine Laterne und viele kleine Muscheln aus der Nordsee. Wie die Muscheln seien auch wir Menschen uns ähnlich, aber es gebe nicht zwei gleiche auf der Welt, gibt er in seiner kleinen Ansprache zu bedenken. Ein zarter Hinweis auf das Veddeler Leben, der sicher nicht von allen verstanden wird. Der Pastor hatte mich zuvor auf den Seniorennachmittag vorbereitet: «Es kommen immer wieder die gleichen Sachen zur Sprache: dass der Markt nur noch einen Stand hat am Freitagmorgen, dass der Nachbar immer so laut türkische Musik spielt und dass die Schuhe im Hausflur stehen bleiben.» Oft begännen die Sätze mit: «Früher, ja, da hatten wir …» Kühnelt versucht nicht mehr zu erziehen, selbst wenn dann kommt: «Bei Hitler war auch nicht alles schlecht.» Dagegen anzureden, hat er aufgegeben. «Vor fünf Jahren war ich noch eifriger. Ich sehe das in meiner Funktion inzwischen eher seelsorgerlich und frage: Was bedeutet das für ihr Leben? Warum ist diese Zeit so wichtig für sie?»

Heute erhalten die Geburtstagskinder des letzten Vierteljahres ein Blümchen vom Herrn Pfarrer und dürfen sich wünschen, was gesungen wird. Zu Geigen- und Klavierbegleitung stimmen alle ein in «Ännchen von Tharau», dann «Großer Gott, wir loben dich». Die Lieder haben sich gehalten, viel mehr nicht. Die Veddel ist tatsächlich nicht mehr, was sie einmal war. Und wenn man dann fragt, was sich verändert hat, werden die Prophezeiungen des Pfarrers schon nach wenigen Sätzen wahr. «Na, das Leben!», sagt eine, und alle nicken. «Das Leben als solches!» Sie hatten Geschäfte hier, einfach alles. «An jeder Ecke war ein Laden. Aber irgendwann hatte der Milchmann nur noch eine Sorte Käse.» Inzwischen gibt es gar keinen Milchmann mehr, auch keinen Schuster, keine Bank, Post oder Polizei, nur wenige Ärzte und gar keinen Kinderarzt. «Der Wochenmarkt besteht nur noch aus einem Stand. Die deutschen Bewohner sind immer weniger geworden.» Nur einen Billig-Supermarkt gibt es noch und ein paar türkische Gemüseläden. Alle stimmen in die Klagen ein.

«Man kriegt keine Schweine-Mettwurst mehr», beschwert sich eine alte Dame.

«Ach ja», seufzt eine andere, «die berühmte Schweine-Mettwurst.»

«*Ich* krieg noch Schweine-Mettwurst», wirft die nächste ein.

«Aber die Leute haben selber Schuld», meint ein älterer Herr. «Sie sind zum Einkaufen woandershin gefahren.»

Schweinefleisch als Symbol urdeutscher Bedürfnisse – auch das kennt Pfarrer Steffen Kühnelt schon. Als er vor einigen Jahren seinen Dienst antrat, hat er im «Zollstübchen», der Eckkneipe mit den vergilbten Gardinen und den trockenen Yuccapalmen, Einladungen zu einem Abendessen im Gemeindesaal verteilt. Um auch die muslimische Bevölkerung anzusprechen, hieß es in dieser Einladung, dass kein Schweinefleisch angeboten würde. Einer der Kneipenbesucher las das und kommentierte: «Schon wieder nichts für uns!»

Hier im «Zollstübchen» werden noch echte Stammtisch-Sprüche geklopft, genauso wie im «Zonk» eine Ecke weiter. Das Rauchverbot findet ebenso wenig Beachtung wie die Regeln der *political correctness*. «Wir kommen alle gut klar hier», verkündet ein Biertrinker am Tresen, «nur mit den Schimpansen, da wollen wir nichts zu tun haben.» Es dauert eine Weile, bis der Groschen fällt. In seinem Hausaufgang sei er der einzige Weiße, die anderen zehn Wohnungen – alle von Schwarzen belegt. Der letzte Mohikaner sozusagen. «Über mir wohnen zwei legal und zehn illegal. Die zahlen doppelt so viel Miete wie ich. Jeder weiß doch, wie das läuft.»

Wie denn?

Wenn er arbeitslos wäre, dann hieße es beim Amt sofort, er müsse sich eine neue Wohnung suchen, die nicht über dem Satz liege. «Die aber gehen zur Behörde, zeigen zehn Wohnungsablehnungen, dann ein Angebot von unserem Verwalter, dass er sie für einen bestimmten Preis nimmt. Und dann zahlt der Staat. Die haben natürlich alle kein Geld und keine Arbeit. Die wissen nicht mal, was das ist und wie sich das schreibt.» Nachts nach zwölf fingen die an, Party zu machen, beschwert sich der Mann an der Theke, und überhaupt, die Haustür könne man auch nicht abschließen. «Ich habe mich schon beschwert, aber da heißt es ja gleich, ich bin Rassist oder Neonazi.»

Tatsächlich sind die Zustände in den beschriebenen Häusern erbarmungswürdig: Berge von Müll in Kellern und im Hof, feuchte Wände, undichte Dächer, kaputte Türen und Fenster. Die Eigentümer kratzt das offensichtlich nicht. Sie kassieren die Miete und schließen die Augen. Eine Beschwerde von außen hatte keine Folgen, denn da es sich um Privatbesitz handelt, kann erst eingegriffen werden, wenn die Wohnungspflege die «Unbewohnbarkeit» festgestellt hat. Die wenigsten Veddeler lassen sich von solchen Verhältnissen zu so markigen Sprüchen treiben wie der Biertrinker im «Zonk». Die NPD hat bei der letzten Bundestagswahl nur neun Stimmen auf der Veddel bekommen, obwohl sie das Feld abgegrast und in jeden Briefkasten mit einem deutsch klingenden Namen ihre Werbezettel eingeworfen hat, Motto: «Schöner leben ohne Ausländer».

Anna-Luise Persicke, Binnenschifferin, mag damals auch so ein Pamphlet erhalten haben. Sie wohnt seit mehr als vierzig Jahren auf der Veddel, besaß mit ihrem Mann drei Schiffe, mit denen sie auf Elbe und Rhein bis Holland, Belgien und Frankreich fuhren. Das war, bevor die Containerschiffe mit immer größerer Ladung in den Zollhafen auf der Veddel kamen. Die Tonnage wurde größer, die kleinen Schiffe erwiesen sich als unrentabel. «Auf der Veddel wohnte schon immer ein gemischtes Volk», weiß die 68-Jährige. «Die Türken, die damals» – sie meint in den 1960er, 70er Jahren – «gekommen sind, die haben sich integriert, ein bisschen angepasst. Es war nicht immer so, dass sie sich abkapseln und ihr eigenes Süppchen kochen wollen.» Die ersten kamen in den 1950er Jahren, als Migranten noch Gastarbeiter genannt wurden. Die Norddeutsche Affinerie (heute Aurubis AG), ein traditionsreiches Kupferwerk, auf der Insel angesiedelt und liebevoll «die Affi» genannt, brauchte Arbeiter. Es kamen zunächst Italiener, Griechen und Türken. Anna-Luise Persicke ist Schweizerin und kennt das Leben in einem fremden Land aus eigener Sicht: «Als ich in England war, habe ich ähnliche Erfahrungen gemacht, nicht so krass allerdings. Wir sind zu unserem Schweizer Verein gegangen und haben natürlich zusammengehalten. Untereinander wurde eben die Sprache gesprochen, die man zu Hause gelernt hat. So machen es die Ausländer hier auch. Ich habe Verständnis dafür. Aber wir haben uns angepasst. Und das tun sie hier nicht! Sie meinen, sie könnten *uns* biegen.»

Woran merkt sie das?

«An meiner Nachbarin. Sie ist Türkin. Nachdem sie eingezogen ist, hat sie erst die Treppe nicht geputzt. Und die Kinder haben immer ihre Schuhe draußen im Treppenflur gelassen. Das duftet ja nicht gerade nett.» Kinderwagen, Fahrräder, alles im Flur. Also hat Anna-Luise Persicke die neue Nachbarin gebeten, die Schuhe in die Wohnung zu stellen.

«Wo soll ich denn hin mit den Schuhen?», hat die zurückgefragt. «So wie die andern Leute auch. Sie können sie gerne vor der Tür ausziehen und mit reinnehmen.» Frau Persicke blieb «ruhig und höflich». Als sich die Neue aber nicht überzeugen ließ, da hat Frau Persicke Tacheles geredet: «Sollten die Schuhe wieder draußen stehen, wenn ich putze, dann putze ich sie einfach mit weg. Alles, was hier herumliegt, ist Dreck.»

Das hat Anna-Luise Persicke dann auch wahr gemacht, erst beim dritten Mal allerdings. Sie hat die Schuhe auch nicht weggeworfen, sondern nur versteckt. Da haben «die Bengels» aufgeregt bei ihr geklingelt: «Schuhe weg! Wo sind Schuhe?»

«Ich hab's doch gesagt! Alles, was hier herumliegt, gehört in den Müll!» Natürlich haben die Kinder ihre versteckten Schuhe schnell gefunden, doch ihre Mutter war sehr empört und hat das «furchtbar laut» zum Ausdruck gebracht. Wiederum, betont Frau Persicke, bewahrte sie die Ruhe: «Sie meinte, sie könne mich überschreien. Ich habe ganz sachlich geantwortet: Das geht so nicht. Wir haben das hier nie gehabt, und ich wünsche das auch weiterhin nicht!»

Kurz darauf beschloss die ordentliche Schweizerin, der neuen Bewohnerin ein türkisches Exemplar der Hausordnung persönlich vorbeizubringen. «Ich hab keine Angst, ich rede mit den Leuten!» Die gutgemeinte Aufklärungsabsicht stieß zunächst nicht auf Begeisterung. Die Nachbarin erspähte sie und knallte sofort die Tür zu. Eine Weile später haben die beiden Mieterinnen dann doch miteinander gesprochen. «Wissen Sie», hat Frau Persicke zur Neuen gesagt, «Sie sind Türkin und in Deutschland zum Geldverdienen. Ich bin Schweizerin, ebenfalls in Deutschland zum Geldverdienen. Und ein bisschen müssen wir uns in Deutschland anpassen. Wenn wir uns nicht anpassen, müssen wir zurück in unser Land. Dort können wir so leben, wie *wir* wollen.»

«Oh, keine Deutsche?», hat die Türkin erstaunt nachgefragt.

«Nein», bestätigte Anna-Luise Persicke und zeigte ihren Schweizer Pass.

«Seitdem habe ich ein Bombenverhältnis zu der Frau. Keine Schuhe mehr draußen, und die Treppe ist geputzt!» Weil sie keine Deutsche ist? «Ja! Weil ich keine Deutsche bin.» Es gibt solche und solche Ausländer. Anna-Luise Persicke mag sich im Herzen als Schweizerin und nicht als Deutsche fühlen, doch wird sie in Deutschland von den wenigsten als Ausländerin wahrgenommen. Das Stichwort «Ausländer» ruft bei den meisten spontane Assoziationen hervor: Ein fremder Mensch mit uns befremdenden Eigenschaften, ganz anders als wir, mit anderem Aussehen, anderer Sprache, niedrigem Bildungsstand, ohne Vermögen oder Einkommen – das ist ein «Ausländer».

Francine Lammar von der Stadtteil-Initiative «Veddel aktiv» ist auch keine «typische» Ausländerin. Die Diplom-Pädagogin mit Doktortitel kommt aus Luxemburg. Sie lebt seit Jahrzehnten in Deutschland und arbeitet seit einigen Jahren für die Verständigung der verschiedenen ethnischen Gruppen auf der Veddel. Sie hat ihre eigenen Erfahrungen mit der Integration. Ihr Deutsch ist sehr gut, mit einem ganz leichten Akzent. Eines Tages saß sie mit ihrem Sohn im Bus. Die beiden unterhielten sich auf Luxemburgisch, das hat sie immer so gehalten, damit der Junge zweisprachig aufwächst. Plötzlich zischte eine Frau vor ihnen ihrem Mann zu: «Dass die nicht Deutsch reden können!» Leider kein einzigartiges Erlebnis. «Was kümmert es diese Frau, in welcher Sprache da gesprochen wurde? Es war doch sowieso nicht für sie gedacht», meint Francine Lammar. «Deutsch ist die Sprache dieses Landes, und du musst sie perfekt beherrschen. Aber deswegen habe ich nicht meine Muttersprache vergessen. Ich glaube, es ist die Angst vor dem Unbekannten, die zu diesen ‹Deutsch! Deutsch! Deutsch!›-Forderungen führt.» Während einerseits Deutschkenntnisse eingeklagt werden, nicht nur vom Volksmund, sondern inzwischen auch vom Gesetz, sollte andererseits die Veddeler Bibliothek geschlossen werden. Es sei kein Geld mehr da für den Betrieb, hieß es allen Integrationsbeteuerungen zum Trotz. Glücklicherweise fanden sich Sponsoren, sodass die Bücherei heute mit einer Reihe von Projekten Leselust und Sprachkompetenz der Kinder im Stadtteil fördern kann.

Als es dann auch Pläne gab, die Seniorentagesstätte der Arbeiterwohlfahrt mangels Zulauf zu schließen, hatte Francine eine phantastische Idee. Zwar leben immer weniger deutschstämmige Senioren im Viertel, die Ureinwohner sterben sozusagen langsam aus, doch wächst die Zahl der älteren Einwanderer, die einen Treffpunkt und Betreuung bräuchten. Viele der einst jungen, tatkräftigen Arbeiter, die in den 1960er und 1970er Jahren kamen, um für eine gewisse Zeit Geld zu verdienen, kehrten am Ende doch nicht in ihre Heimat zurück wie ursprünglich geplant. Sie blieben und kommen nun langsam in die Jahre. «Das ist ja wunderbar», dachte Francine Lammar, «wir bringen das Ganze zusammen und lösen zwei Probleme auf einen Schlag.» Sie wollte die neuen Alten und die alten Alten zusammenführen. Der Vorschlag kam gar nicht gut an. «Das ist hochgegangen wie eine Rakete! Ich hatte viel zu naiv gedacht.» Es gab zwar Gespräche, doch wurde deutlich, dass ausländische Teilnehmer im Kreis der alteingesessenen Senioren nicht erwünscht waren. «Oder wenn sie denn kämen, dann sollten sie alles, so wie es ist, akzeptieren: das Dekor zum Beispiel oder dass Kaffee getrunken wird und nicht Tee.» Francine Lammar schüttelt fassungslos den Kopf. Samoware wollte man nicht, weil sie angeblich Löcher in die Tische brennen. Und für Teetassen sei sowieso kein Platz mehr in den Schränken. «Die müssen dann aber das Geschirr genauso hinstellen, wie es jetzt steht!», wurde außerdem verlangt. Die Tee-oder-Kaffee-Frage wurde zum Politikum.

SPD und Grüne schlugen schließlich einen «internationalen Seniorentreff» als Ergänzung zum bestehenden vor. Die örtliche CDU zeigte sich daraufhin empört, denn eine zweite Senioreneinrichtung würde in ihren Augen «einer weiteren Abschottung von Deutschen und Migranten zusätzlich Vorschub» leisten. Diskutiert wurde mit unerbittlicher Leidenschaft. Künstliche Fronten verhärten die Debatte: «Ausländerfeinde» gegen «Ausländerfreunde»; «Deutschtümelei» gegen «Multikulti»; «Patriotismus» gegen «Überfremdung», wobei der Gegenseite grundsätzlich miese Absichten unterstellt werden. «Es hieß, ich wollte die Senioren auseinandertreiben», erklärt der sozialdemokratische Lokalpolitiker Klaus Lübcke, der sich für eine zweite Senioreneinrichtung ausgesprochen hatte, «aber man kriegt die Leute nicht unter ein Dach! Solchen Illusionen soll man sich nicht hingeben!» Und während sich also die SPD den Gegebenheiten beugen will, auch wenn sie sie nicht gutheißt, beharrt die CDU auf ihrem Standpunkt: «Anstatt im Sinne der abendländischen Gleichberechtigung politisch dafür zu kämpfen, dass Frauen Zutritt zu den bestehenden privaten Kulturvereinen auf der Veddel erhalten, manifestiert man diesen Zustand der Geschlechtertrennung, indem man mit einem interkulturellen Seniorentreff gezielt ein Extraangebot für muslimische Frauen bereitstellen will.» Gelöst ist das Problem bis heute nicht. Kein Wunder, um die Lösung eines praktischen Problems geht es höchstens in zweiter Linie. In erster Linie geht es – wie so häufig – darum, welche ideologisch-politische Richtung recht behalten darf.

Der Stein des Anstoßes ist immer wieder die Rolle, die der Islam den Frauen zuweist. Lange Mäntel, Kopftücher und Geschlechtertrennung, das alles scheint vielen Deutschen schier unerträglich. Die Vorreiterinnen im Kampf für die Gleichberechtigung der muslimischen Frau sind dabei keineswegs westliche Feministinnen. Interessanterweise stehen in der ersten Reihe gerade jene, die sich im Kampf um die Emanzipation der eigenen

Frauen lange – sagen wir mal – zurückgehalten haben. Konservative standen der weiblichen Gleichberechtigung über Jahrzehnte hin eher skeptisch gegenüber, nun plötzlich sind sie die Ersten, wenn es um die Modernisierung des islamischen Frauenbildes geht.

Nur hinter vorgehaltener Hand erfährt man auf der Veddel, dass in einigen Familien archaische Zustände herrschen. Frauen, die den Stadtteil nicht verlassen dürfen, ohne ihre Männer um Erlaubnis zu bitten; Väter, die ihren Töchtern die Teilnahme am Schwimmunterricht untersagen; Mädchen, die zwangsverheiratet werden. Das gibt es, aber größtenteils hinter verschlossenen Türen.

Bis vor kurzem gestaltete sich der Austausch mit den offiziellen Vertretern der Islamischen Gemeinde schwierig bis unmöglich. Weder der Imam noch der Vorstand sprachen Deutsch. Das hat sich geändert, seitdem der Stab an die jüngere Generation übergeben wurde. Zeki Yazici ist jetzt der Vorsitzende. Er lebt seit 25 Jahren auf der Veddel, ist Vorarbeiter bei einem Hamburger Logistik-Unternehmen und spricht fließend Deutsch. «Natürlich hatten unsere Väter einige Sprachprobleme», gesteht er unumwunden ein. «Daher war diese Barriere da, miteinander zu leben und auch miteinander zu sprechen. Aber wir haben diese Sprachprobleme nicht und sind schon länger in Deutschland. Das Miteinander funktioniert jetzt besser.» Er ist redegewandt und freundlich, ohne Berührungsängste. Er kennt sich aus in Deutschland, weiß auch um die deutschen Vorbehalte gegenüber seiner Religion. So kommt er schnurstracks von sich aus auf das zu sprechen, was seiner Meinung nach alle Deutschen als Erstes am Islam interessiert: «Frauen haben bei uns einen richtigen Wert. Sie sind nicht zweitrangig. Es ist nicht so, dass Frauen zu Hause bleiben müssen hinterm Herd, die Hausarbeit machen, und die Männer arbeiten draußen. Das wird verbreitet, es ist aber nicht so!»

Beim Wohltätigkeitsbasar der Moschee zeigt er um sich: Auf der einen Seite verkaufen die Frauen – in Kopftüchern und langen Mänteln – Secondhand-Ware und Selbstgebackenes, auf der anderen Seite stehen die Männer am Grill. «Wir arbeiten zusammen, Frauen und Männer!», betont der Vorsitzende. Auf dem Basar einer evangelischen Kirche wäre die Arbeitsteilung nicht anders. Zeki Yazici lädt Sabine ein, sie könne jederzeit kommen, auch zur Sitzung des Gemeindevorstandes. «Außer dienstags, da läuft nichts, denn das ist ein komplett freier Tag. Das heißt», korrigiert er sich, «Dienstag ist komplett Frauentag, da sind nur Mädchen und Frauen zu finden.» Auch in der Moschee sei Sabine als Besucherin willkommen, obwohl bekanntermaßen das gemeinsame Gebet von Frauen und Männern im Islam nicht vorgesehen ist.

Die Veddeler Moschee ist kein orientalisches Bauwerk mit goldener Kuppel und Minarett. Sie ist in einem typischen Veddeler Backsteinbau an der Veddeler Brückenstraße untergebracht. In den oberen Etagen Wohnungen, im Erdgeschoss der Gebetssaal. «Islamische Gemeinde Veddel e. V. Vatan Camii» steht auf einem großen Schild über der Eingangstür. Es gibt keinen Muezzin, der die Nachbarschaft stören könnte, die Gläubigen müssen schon auf die Uhr schauen, um pünktlich zum Gebet zu erscheinen. Die Gemeinde existiert seit 1997, hat 130 aktive Mitglieder, gut 200 Menschen fühlen sich ihr verbunden.

An diesem Freitagmittag um kurz vor eins ist noch keiner da. Das große Schuhregal im Eingangsflur, in hellem Türkisgrün gestrichen, ist leer. Die erste Tür, die vom Flur abgeht, führt zu einem Krämerladen, in dessen Regalen sich «Ankara»-Nudeln und Weichspüler, Marmelade, Fanta und Cola, türkische Biskuits sowie Konserven mit türkischer, englischer und französischer Aufschrift finden. Hinten in der Ecke sitzt ein älterer Herr, in hellblauem Hemd und Pullunder, mit Drei-Tage-Bart und Takke auf dem Kopf. Der Tisch vor ihm ist mit einem rotgemusterten

Wachstuch bedeckt, darauf eine Kasse und zwei, drei von diesen durchsichtigen Plastikdosen mit Kaugummis und anderen kleinen Süßigkeiten für ein paar Cent, nach denen jedes Kind sofort die Hand ausstreckt. Daneben ein leeres Marmeladenglas mit der Aufschrift: «Spenden». Freundlich kommt der Mann auf Sabine zu, brummelt etwas, das sie nicht versteht, sie antwortet etwas, das er nicht versteht. Das Wort Imam aber hat er aufgeschnappt, und aus seiner Antwort lässt sich zusammenreimen, dass der wohl gleich kommt. Mit Handzeichen und einfachen Worten tasten die beiden sich weiter durch die schwierige Unterhaltung, bis Sabine schließlich sogar erfährt, dass er die Miete hier viel zu hoch findet, nämlich 1800 Euro kalt für 175 qm in dieser Lage.

Bevor sie sich noch weiter in Zeichensprache üben können, erscheint der Imam. Yakup Kaya, 37 Jahre alt, ist ein zierlicher Mann mit spärlichem Haarwuchs, Brille und einer hohen Stirn. Er ist vor ein paar Jahren aus Ordu vom Schwarzen Meer gekommen und will an der Hamburger Uni promovieren. Er zieht die Schuhe aus, Sabine auch, und sie betreten seine kleine Butze neben dem Gebetsraum. Hier liest er und studiert die «Geschichte der Religionsbildung in der Türkei», so der Titel seiner Doktorarbeit. Es gibt gerade mal Platz für einen kleinen Schreibtisch, einen Stuhl, ein Faxgerät und ein paar Bücher, die meisten in Deutsch zum Thema Islam.

Der Moscheeraum ist wie der Eingang in hellem Türkisgrün gehalten, der Boden mit Teppichen ausgelegt, von denen einige die Umrisse von Minaretten zeigen. Drei Neonröhren spenden spärliches Licht. Es gibt eine kleine Kanzel aus hellgrünem Holz und einen Bücherschrank mit überwiegend türkischer Lektüre. An der Wand hängt ein Gebetskalender, der die täglich wechselnden Zeiten für die Gebete angibt. Jeder volljährige Muslim hat fünfmal am Tag das rituelle Pflichtgebet gen Mekka zu verrichten. Dabei muss er sich an verschiedene Formen und Zeiten halten. Die Zeiten richten sich nach dem Stand der Sonne und sind somit von Ort zu Ort unterschiedlich. Auf entsprechenden Websites findet man unter Eingabe von Ort oder Postleitzahl die richtige Gebetszeit. Das funktioniert nicht anders als die Suche nach den Öffnungszeiten des nächstgelegenen Baumarkts. Auf dieselbe Weise findet jeder Gläubige schnell die richtige Gebetsrichtung auf einer Google Map.

In die Veddeler Moschee kommen Menschen aus verschiedenen Nationen, erklärt der Imam, aus afrikanischen und arabischen Ländern, nicht wenige aus Afghanistan, die Hälfte der Mitglieder ist albanisch, doch die Verwaltung der Gemeinde ist türkisch. Während der Woche sind es nicht viele, nicht selten weniger als zwanzig, meist ältere Männer, die keiner geregelten Arbeit mehr nachgehen. Zum wichtigen Freitagsgebet schaffen es bis zu zweihundert Gläubige, sich von den Verpflichtungen der christlich geprägten Gesellschaft loszueisen. Allerdings sei das für viele Moslems gar nichts Besonderes, denn auch in der Türkei und in anderen arabischen Ländern – außer im Iran und in Libyen – ist der Feiertag nicht der Freitag, sondern der Sonntag.

«Wohin soll ich?», fragt Sabine, um nicht zu stören. «Zu den Frauen?» Es gibt einen abgetrennten Raum für die Frauen, dekoriert mit zwei großen Flaggen, einer deutschen und einer türkischen. «Nein, es kommen keine Frauen», klärt der Imam überraschenderweise auf. «Die Frauen kommen nur zum Ramadan in die Moschee. Zum Freitagsgebet kommen sie nicht. Zu anderen Zeiten, zum Nachtgebet zum Beispiel, dürfen sie, aber normalerweise verrichten sie ihre Gebete zu Hause. In einer großen Moschee allerdings finden Sie wahrscheinlich mehr Frauen.» Während Sabine noch rätselt, ob die Frauen nicht dürfen, nicht können oder nicht wollen, weist ihr Yakup Kaya einen Platz am Fenster zu, auf einem kleinen Podest im Rücken der Betenden. «Hier können Sie gut sehen!»

Der Imam wirft sich einen beigefarbenen Umhang über den Pullover und setzt eine Takke auf. Um 13.15 Uhr beginnt er zu sprechen, auf Türkisch. Es sind zunächst nur sechs Männer anwesend. Ein Handy klingelt laut, niemand ist irritiert, der Imam spricht weiter. Nach und nach füllt sich der Saal. Es kommen Junge und Alte, in Anzug oder Jeans, in Lederjacke oder Sporthose und Sweatshirt. Einige kommen barfuß, die meisten auf Socken. Manche begrüßen sich per Handschlag, halten ein kurzes Schwätzchen. Der Imam spricht weiter. Einer streicht seine Hemdknöpfe schließend durch die Reihen, ein anderer krempelt sich erst mal die Hosenbeine herunter. Ein Dritter steckt jemandem ein Päckchen Tabak zu – alles, während der Imam spricht. Das scheint normal zu sein. Inzwischen sind an die achtzig Männer anwesend. Jeder hat sich einen Platz auf dem Teppich gesucht. Ein Mann nähert sich Sabines Nische, entdeckt sie, stößt ein erstauntes «Oh!» aus, lächelt und setzt sich neben sie. Vier kleine Jungen laufen munter durch die Gegend. Sie lugen um die Ecke, zeigen auf die unbekannte Frau und kichern.

Nach einigen Minuten steigt Sabines Stuhlnachbar vom gemeinsamen Podest herunter und hebt an zu singen. Alle erheben sich andächtig mit gesenktem Kopf. Dann beugen sie den Oberkörper, berühren schließlich mit dem Kopf den Boden. Die Männer erheben sich und knien nieder, jeder in seinem eigenen Rhythmus. Einer der Jungs streckt beim Niederknien seinen Popo in die Luft und wedelt mit den Füßen, die in blauen Strümpfchen stecken. Nach dem Gebet erfolgt die Freitagsansprache von der kleinen Kanzel herab, auf Deutsch, vielleicht der Besucherin zu Ehren. Er halte sie dreimal auf Türkisch und einmal auf Deutsch, hatte der Imam erklärt. Er spricht über «schlechte Angewohnheiten», predigt gegen das Glücksspiel, gegen Drogen, Alkohol und andere Dinge, die dem Menschen schaden. «Meidet sie, auf dass es euch gutgeht!» Er appelliert an die Verantwortung gegenüber der Jugend. Es folgt ein Sprechgebet mit geschlossenen Augen. Der Imam singt und betet vor. Die Gemeinde antwortet. Dann ist offensichtlich der wichtigste Teil des Gebets erle-

digt, die meisten Anwesenden verlassen eilig den Saal. Ein harter
Kern von zwei Dutzend Gläubigen bleibt und bearbeitet mur-
melnd Gebetsketten.

Einmal abgesehen davon, dass in der Moschee nur Männer anwesend sind, stellt sich eine islamische Gebetsstunde – mit einiger
Distanz betrachtet – nicht so viel anders dar als ein christlicher
Gottesdienst. Es gibt einen Pfarrer bzw. Imam, der in einen Talar
bzw. eine Jubba schlüpft, sich auf eine Kanzel, das heißt die Min-
bar, stellt und moralisches Verhalten beschwört. Man hört Hus-
ten und Räuspern (international unvermeidlich) sowie Gemur-
mel (in einer christlichen Kirche ist es stiller). Es gibt hier wie da
Sprechgebete und stille Andachten, die sich an einen Allmäch-
tigen richten, den nie jemand gesehen hat. Die Gemeinde nennt
ihn Gott oder Allah. Wer weiß, vielleicht ist es am Ende ein und
dieselbe höhere Macht. Und während Katholiken ihren Rosen-
kranz zum Zählen der Ave-Marias nutzen, bedienen sich Moslems der Tasbih, um sicherzugehen, dass sie Allah häufig genug
gepriesen haben.

In der Veddeler Moschee streicht sich der Imam nun abschlie-
ßend mit beiden Händen über den Bart. Sabine fragt nach, ob
sie denn wirklich nicht gestört habe. «Nein, nein!», versichert
er. Einige der Männer bleiben stehen, schauen freundlich und interessiert. Auch der «Nachbar» auf dem Podest bestätigt, es sei
wirklich kein Problem gewesen. Zum Gebet sei er einfach zwei
Schritte nach vorn getreten. «Das macht doch nichts. Aber neben einer Frau beten, das ist nicht erlaubt!»

Ein paar ältere Männer berichten, dass sie tatsächlich jeden
Tag mehrmals zum Gebet erscheinen. Sie gehören noch zur ersten Generation der Einwanderer, sind vor drei oder vier Jahrzehnten nach Deutschland gekommen und inzwischen Rentner. Es ist schwer bis unmöglich, sich mit ihnen zu unterhalten,
obwohl alle neugierig und am Gespräch interessiert sind, denn
sie beherrschen nur Bruchstücke der deutschen Sprache. Als sie

nach Deutschland kamen, haben sie hart gearbeitet und keine Zeit zum Deutschlernen gehabt. Es sei auch nicht Pflicht gewesen, merkt einer an, und es habe kaum Angebote gegeben. Alle finden es gut, dass Einwanderer heute Deutsch lernen *müssen*. Keiner von ihnen hat damals in den 1970er oder 80er Jahren auch nur im Traum daran gedacht, dass er so lange in diesem Land bleiben würde. Alle wollten nur zwei, drei Jahre Geld verdienen und dann zurück nach Hause. Inzwischen wissen sie nicht mehr, wo das ist – zu Hause. In der Türkei verbringen sie noch einige Sommerwochen, aber dort bleiben wollen sie nicht. «Was sollen wir dort allein?», fragen sie in gebrochenem Deutsch. «Unsere Kinder und Enkel sind hier.» Und die sprechen alle besser Deutsch als Türkisch.

Selim und Ferhat zum Beispiel. Ihr Deutsch ist beinah makellos. Sie sind beide auf der Veddel geboren und aufgewachsen, haben die Grundschule im Slomanstieg besucht. Nach der vierten Klasse mussten sie in angrenzende Stadtteile fahren, denn weiterführende Schulen hat die Veddel nicht zu bieten. Beide sind inzwischen um die zwanzig und sehr aktiv im Islamischen Jugendhaus. Dieses befindet sich im Gebäude der ehemaligen Post. Wo früher Briefmarken verkauft und Päckchen angenommen wurden, sollte eigentlich eine Moschee entstehen. Dagegen hat allerdings eine Allparteienkoalition Front gemacht, wobei es den einen mehr darum ging, den Post- und Bankdienst zu erhalten, den anderen mehr darum, eine Moschee zu verhindern. Die Post selbst jedenfalls fand es offensichtlich nicht mehr lohnend, auf der Veddel mehr als ein paar Briefkästen zu unterhalten, und hat die Immobilie kurzerhand verkauft. Besitzerin ist nun das «Bündnis Islamischer Gemeinden in Norddeutschland», das hier seit Sommer 2007 der islamischen Jugend auf der Veddel ein Zentrum bietet.

Am frühen Samstagnachmittag ist im Islamischen Jugendhaus noch nicht viel los. Der Raum ist mit ein paar Tischen und Stüh-

216

len eingerichtet, einst finanziert aus einem städtischen Topf, um Hausaufgabenhilfe zu ermöglichen. Die Hausaufgabenhilfe findet nicht mehr statt, aber sowieso fragt niemand nach, was aus diesen Steuergeldern geworden ist. Im Fernseher läuft ein Sportprogramm. Hinter einer kleinen Theke, Typ Hausbar, geraten sich drei höfliche, adrette Jungen gegenseitig ins Gehege bei dem eifrigen Anliegen, Tee und Kekse herzurichten. Selim, der Vorsitzende der Islamischen Jugend, ist 21 Jahre alt und absolviert eine Ausbildung zum Kaufmann für Spedition und Logistik. Ferhat, der redegewandtere von beiden, ist zwanzig, studiert Informationselektrotechnik und möchte später am liebsten in der Forschung arbeiten.

«Ich werde zu 95 Prozent nicht in die Türkei gehen», meint er, «ich bin hier geboren, und ich werde höchstwahrscheinlich …»

«… hier begraben», wirft Selim lachend ein.

«Erst mal hier leben! Meine Kinder auch. Wir gehören zu den Menschen, die langsam versuchen, ihren Platz in dieser Gesellschaft zu finden», stellt Ferhat fest.

«Meine Eltern sind strenggläubig», erzählt er und stockt. «Das ist ein komisches Wort. Sagen wir, sie sind überzeugt, sie leben den Islam.» Es gab eine Zeit, da war es schwer für ihn herauszufinden, wer er eigentlich ist. «In der Schule lernte ich etwas anderes als zu Hause. Meine deutschen Freunde machten vieles anders als ich. Womit sollte ich mich identifizieren? Damit hatte ich meine Probleme.» Er erlebte zum Beispiel große Unterschiede in der Beziehung zu den Eltern. «In unserer Kultur sind Respekt und Zuneigung den Eltern und allen Älteren gegenüber sehr wichtig.» Das schien bei seinen deutschen Freunden nicht unbedingt so zu sein. Selim und Ferhat wohnen noch zu Hause, denn es ist einfach nicht üblich, dass man auszieht, bevor man verheiratet ist. Die beiden legen Wert darauf, festzustellen, dass sich nicht alle Unterschiede auf den Islam zurückführen lassen, sondern manche eher auf türkische Gepflogenheiten. «Wir küssen unseren Älteren zum Beispiel die Hand als Zeichen von Respekt, das ist türkisch und nicht islamisch.» Von der siebten bis zur elften Klasse steckte Ferhat in einer schwierigen Phase. «Bin ich Moslem, bin ich kein Moslem? Wieso bin ich Moslem? Weil mir das meine Eltern gesagt haben? Das ist so ein Alter, wo man anfängt zu hinterfragen: Was ist Islam? Wieso gibt es diese Welt?»

Bis zu seinem zwölften Lebensjahr hat er die Moschee besucht und dann plötzlich nicht mehr. «Das ist normal», denkt er inzwischen. «In der Pubertät hat man andere Gedanken im Kopf und will nicht mehr lernen.» Seine Eltern waren sehr besorgt. «Aber man muss sich selbst zurechtfinden. Die Eltern können nicht viel helfen.»

Zwei türkisch-deutsche Jungs, hier geboren und aufgewachsen, machen ihren Eltern Sorgen, die christlichen Eltern ebenso vertraut sind. Wer bin ich, wer ist Gott, warum sollte ich in die Kirche gehen, warum meinen Eltern folgen? Im Grunde überall dieselben Fragen, wenn auch mit anderen Vorzeichen. Zwei junge Männer, die sich im Jugendverband ihrer Moschee engagieren, ganz ähnlich wie Konfirmanden oder Ministranten in einer christlichen Gemeinde.

Mit einem gravierenden Unterschied: Ihre Gemeinde wird vom Verfassungsschutz beobachtet. Die Veddeler Moschee gehört nämlich zum «Bündnis Islamischer Gemeinden in Norddeutschland», kurz BIG genannt. Das wiederum steht in enger Verbindung mit der größten islamistischen Organisation in Deutschland, der «Islamischen Gemeinschaft Milli Görüş», kurz IGMG. Deren Anführer Necmettin Erbakan wurde in der Türkei wiederholt mit «Politikverbot» wegen Volksverhetzung belegt, weil er für einen «Gottesstaat» agitierte. Er spricht sich gegen eine Trennung von Staat und Religion aus, will nicht nur das private, sondern auch das öffentliche Leben den Gesetzen des Korans unterwerfen. Das ruft den deutschen Verfassungsschutz auf den Plan, der befürchtet, dass sich die Ziele der Bewegung Milli Görüş nicht mit den freiheitlichen und demokratischen Prinzipien unserer Verfassung vereinbaren ließen. Terroristische oder gewalttätige Absichten werden Milli Görüş ausdrücklich nicht unterstellt.

Selim und Ferhat wollen die Aufregung um die Trennung von Staat und Kirche nicht verstehen: «Diese Trennung wird auch in Deutschland nicht wirklich vollzogen», argumentieren sie. «In Bayern hängen Kruzifixe in den Klassenräumen – wir finden das gar nicht schlimm –, und Regierungsparteien nennen sich ‹christlich›.» Genauso wenig wie sich Christentum und Demokratie ausschlössen, meinen sie, stünden Islam und Demokratie im Widerspruch.

Auch deutsche Politiker scheinen nicht ernsthaft von einer Gefährdung durch Milli Görüş und das norddeutsche BIG auszugehen. Während der Verfassungsschutz warnt, gibt es einen regen Austausch von Staatsvertretern mit ebendiesen Gruppierungen. Bundestagsabgeordnete verschiedener Parteien, ein Generalmajor der Bundeswehr, Hamburger Senatoren ebenso wie der Bürgermeister nahmen in den vergangenen Jahren Einladungen des «Bündnisses Islamischer Gemeinden» zu gemeinsamen Essen und Gesprächen an. Mitglieder des BIG sitzen im Integrationsbeirat der Stadt Hamburg und verhandeln über einen Staatsvertrag und die Gleichstellung mit den christlichen Kirchen. Auf Empfängen im Rathaus oder im amerikanischen Generalkonsulat treffen gar Verfassungsschützer und Vertreter des islamischen Bündnisses ganz unbekümmert aufeinander. Dann seien die einen «ein bisschen grummelig», dass sie von den anderen beobachtet würden, so Manfred Murck vom Hamburger Verfassungsschutz, aber beide Seiten nähmen das nicht persönlich: «Das sind Inkonsistenzen, die auf unterschiedlichen Perspektiven beruhen. Auf Dauer ist das eigentlich nicht gut.» Diese «Inkonsistenzen» führen zu skurrilen Verhältnissen: Während geheimdienstliche

Warnungen vor den «Extremisten» des BIG ausgegeben werden, stuft das Finanzamt denselben Verein als gemeinnützig ein. «Diese Entscheidung liegt in der Hoheit der Finanzverwaltung», erklärt Manfred Murck. «Wir erfahren grundsätzlich nicht, wen sie als gemeinnützig eingestuft haben und wen nicht. Das kommt uns zwar manchmal auch etwas wunderlich vor, aber es fällt unter das Steuergeheimnis.»

Eins von beidem kann nur stimmen, sagt uns der gesunde Menschenverstand: Entweder werden hier Staatsfeinde steuerlich begünstigt – oder Andersgläubige werden ohne hieb- und stichfeste Beweise zu Staatsfeinden stilisiert.

Ferhat und Selim nehmen es gelassen und geduldig. Sie sind überzeugt, dass sich alles in der nächsten Zeit «aufklären» und «einrenken» werde: «Ich glaube», meint Ferhat, «wenn wir eine Bedrohung für den deutschen Staat wären, wäre unser Bündnis schon aufgelöst oder verboten worden. Ich persönlich sehe mich und die Menschen, die ich kenne, nicht als Bedrohung für andere an.» Der Verfassungsschutz dagegen mutmaßt, dass die Mitglieder von BIG und Milli Görüş sich nur aus taktischen Erwägungen integrationswillig zeigten, um die Öffentlichkeit über die wahren Ziele im Unklaren zu lassen. Die beiden freundlichen, aufgeschlossenen Jungs auf dem Sofa, die Tee und Kekse reichen und über ihre Verantwortung für andere junge Menschen sprechen – alles nur Tarnung? «Ich glaube, dass es an uns liegt, unsere Stellung in dieser Gesellschaft zu festigen», denkt Ferhat, «wir müssen uns bewusst machen, dass wir jetzt zu Deutschland gehören und nicht mehr zurück in die Türkei gehen werden.»

Leicht gemacht wird ihnen der Weg in unsere Gemeinschaft nicht. Sie selbst aber scheinen sich auch ganz gut in ihrem türkischen Umfeld eingerichtet zu haben. Obwohl hier geboren, haben sie die deutsche Staatsbürgerschaft bisher nicht beantragt. Eigentlich findet Ferhat zwar, das sei «ein Muss», und auch Selim hat es sich vorgenommen. Aber diverse praktische Erwägungen, Gesetzesänderungen und am Ende ein bisschen «Faulheit» haben sie bisher abgehalten. Ihr Wille zur Zusammenarbeit mit den anderen Jugendeinrichtungen auf der Veddel, nur ein paar hundert Meter entfernt, ist derzeit nicht mehr als ein Lippenbekenntnis.

Jürgen Hensen vom Verein «Get the Kick» bedauert das: «Wir wurden zum Tag der offenen Tür eingeladen, aber es gibt keine wirkliche Beziehung.» Dabei hat der Verein, mit Unterstützung von Stiftungen und Firmen gegründet, wahrhaftig eine Attraktion zu bieten: einen Bootsanleger mit einem stattlichen Sortiment an Kanus und kleinen Segelbooten. Hier verwirklicht Jürgen Hensen seinen Traum, «elitäre Sportarten an Migrantenkinder heranzuführen. Die Jungs vom Islamischen Jugendverein sagen zwar immer, sie würden auch gerne paddeln, aber dann kommen sie nicht.» Über mangelnden Zuspruch von anderen Jugendlichen muss sich der Verein selbstredend nicht beklagen.

Das städtische Haus der Jugend scheint währenddessen zu veröden. Das Konzept ist nicht zeitgemäß, die Öffnungszeiten stammen noch aus der Ära der Halbtagsschule. Wer soll schon um 14 Uhr kommen, wenn die meisten Jugendlichen bis 16 Uhr in der Schule sind? Um 17 Uhr, also ungefähr dann, wenn die Schüler freihaben, wird das Haus für eine knappe Stunde geschlossen, damit der Arbeitstag der Mitarbeiter nicht zu lang wird. Es wird immer mehr Personal eingespart, die Freizeitbedürfnisse der Jugendlichen kollidieren mit denen der Mitarbeiter. Es gibt Nachmittage, da vertreiben sich nur Erwachsene die Zeit an der Tischtennisplatte. Einfach abhängen im Jugendzentrum, das liegt nicht im Trend. Bestimmte Aktivitäten – Sportarten, Kochgruppen – müssten mehr angeboten werden, aber dazu reicht meist das Personal nicht.

Andere Jugendhäuser berichten von ähnlichen Problemen, und auch in der Behörde weiß man längst, dass die Häuser der Jugend als offenes Freizeitangebot ein «Auslaufmodell» sind.

«Es entspricht nicht den heutigen Bedarfen», heißt es in der Jugendbehörde. Aber die Bürokratie braucht Jahre, um sich den aktuellen Gegebenheiten anzupassen. Ein Behördenmitarbeiter meint, es müssten radikale Überlegungen angestellt werden: «Warum schließt man nicht die Häuser der Jugend und beschäftigt die Erzieher und Sozialpädagogen in den Schulen? Die könnte man auch abends öffnen und dort einen Freizeitbereich anbieten. Das würde viel Geld sparen.» Voraussichtlich wird es nicht einmal zur Sondierung solcher Ideen kommen, vermutet er lachend: «Denn die ganzen Verwaltungsgremien und Abteilungsleitungen, die für offene Kinder- und Jugendarbeit zuständig sind, würden sich ja überflüssig machen.» Auch die finanziellen Nöte führen nicht zu grundsätzlichen Veränderungen, sondern zu ungezielten fortschreitenden Streichungen der Mittel, sodass das Geld derzeit weder zum Leben noch zum Sterben der Einrichtung reicht.

Behörden haben ihre eigene Gangart und Mentalität. So wurde vor ein paar Jahren morgens um neun Uhr eine Reinigungskraft schlafend im Mädchenhaus aufgefunden. Die Mitarbeiter zeigten zwar «Verständnis dafür, dass diese Leute müde sind», haben sich aber nach einer Alternative umgesehen und vor Ort ein Unternehmen gefunden, das die Arbeit besser und wesentlich billiger erledigte. Sie schrieben einen Brief an die vorgesetzte Behörde, um mitzuteilen, dass es gelungen sei, fünfzig Prozent der Reinigungskosten einzusparen, und dass sie die entsprechende Summe gerne dem Etat des Jugendhauses zugeschrieben hätten. Daraufhin gab es eine Abmahnung, und die alte Firma wurde wieder engagiert.

Die Internationale Bauausstellung (IBA) bringt nun frischen Wind. In diesem Rahmen sind innovative Ideen gefragt, es ist sogar ein bisschen Geld lockerzumachen. Mit der IBA sollen Stadtplaner und Architekten im internationalen Wettbewerb an wechselnden Orten Impulse setzen für einen sozialen, kulturellen und ökologischen Wandel. Die Hamburger Bauausstellung will bis 2013 den Anstoß für eine Aufwertung der vernachlässigten Stadtteile südlich der Elbe geben. Die IBA-Zentrale hat auf einem Ponton direkt an der Veddel angedockt. Rundum wird gebaut und saniert. Schräg gegenüber wird es ein neues Jugendhaus geben, mit ganz anderem Konzept, das nicht nur Freizeit gestaltet, sondern arbeitslose Jugendliche in einer Bootswerkstatt ausbildet und aufs Leben vorbereitet. Auch das Auswanderermuseum Ballinstadt soll Besucher auf die Veddel ziehen. Die städtische Wohnungsbaugesellschaft SAGA / GWG hat mit einem Förderprogramm rund hundert Studenten auf die Insel geholt, um die leeren Wohnungen zu füllen und die Bevölkerungsstruktur besser zu mischen. «Mitte der 1990er Jahre, da hat keiner einen Pfifferling auf diesen Standort gegeben», erinnert sich SAGA-Vertreter Holger Rullmann, «wir hatten hohe Leerstände hier, viele sind weggezogen.» Mittlerweile ist es schwer, eine Wohnung auf der Veddel zu bekommen.

Trotzdem herrscht nicht eitel Freude, sondern vielerorts Skepsis. Modernisierungskritiker fürchten Entwicklungen wie in anderen Stadtteilen Hamburgs, die sich – einst Schandflecken im Stadtbild – nun zum Tummelplatz für Latte-macchiato-Liebhaber gemausert haben. Unter dem Schlagwort Gentrifizierung wird nicht nur in deutschen Großstädten um den richtigen Weg vom Elendsghetto zum Wohnviertel mit Lebensqualität gestritten. Ob in Berlin, New York, London, Paris oder Hamburg – Stadtplaner stellen sich dieselbe Frage: Wie geben wir einem grauen Viertel Glanz, ohne die alteingesessenen Bewohner zu vertreiben? Die Diskussion wird meist erbittert geführt, eine Art Kulturkampf zwischen «Immobilienhaien» und Initiativen, die sich «Es regnet Kaviar» oder ähnlich nennen. Ganz vorne stehen dabei nicht selten jene, die zu den Ersten zählten, die Latte macchiato und andere alternative Genussmittel im früheren Arbeiterviertel schlürften. Sie halten sich nun für die Ursprünglichen, die Ureinwohner.

Auch auf der Veddel kursiert die Angst vor der «Schickimicki-sierung». Schon machen Gerüchte die Runde: «Vermietet wird ja nur noch an Deutsche und Studenten ...»

«Nein, nein, nein!» Holger Rullmann von der SAGA weist das entschieden zurück, es sei eben nicht immer etwas frei. «Wenn wir einen ausländischen Gemüsehändler ablehnen, weil wir nicht fünf Gemüseläden brauchen, sondern ein möglichst breites Angebot wollen, dann heißt es: Ach, die vermieten ja nur an Deutsche. Das stimmt nicht!»

Die Kleinunternehmer haben einen schweren Stand auf der kaufkraftarmen Insel. Ein paar modernere Cafés sind nach wenigen Jahren wieder eingegangen. Es bleiben die Eckkneipen und die albanischen «Kulturclubs», wo stoppelbärtige Männer hinter zugeklebten Scheiben Karten spielen und Tee trinken. «Wir haben drei albanische Kulturclubs, aus unserer Sicht ist das genug», meint Rullmann. Als drei Männer einen weiteren eröffnen wollten, wurden sie abgewiesen: «Wir vermieten nicht an ethnische Clubs. Wenn sie etwas machen wollen, wo jeder reinkann, können sie gerne wiederkommen.» Die Reaktion kam prompt: «Sie sind ein Ausländerfeind!» Das perle an ihm ab, meint Rullmann, er wisse, dass er das nicht sei. «Ich finde es gut, dass die Leute ihre Tradition pflegen, aber man muss sich auch öffnen, sonst kommen wir hier nicht weiter.» Dabei ist das Verhältnis der verschiedenen Nationen untereinander oft problematischer als das Verhältnis zwischen Deutschen und Ausländern. Die Albaner können öfter mal nicht so gut mit den Türken. Und die wiederum fühlen sich «überfremdet», weil inzwischen so viele Schwarze hier wohnen.

Die Schickimickisierung ist auf der Veddel bisher nur ein theoretisches Problem. Stadtentwickler Rolf-Dieter Uetzmann ist zufrieden, eine «Aufwertung ohne Vertreibungseffekte» erreicht zu haben: «Es hat funktioniert, aus dem Stadtteil das zu machen, was er an Potentialen hatte, viel weiter muss es auch nicht gehen.

Wir sind so zufrieden.» Aber kann man Entwicklung fördern, das Wachstum dann jedoch an einem bestimmten Punkt stoppen? Die üblichen Pioniere der Gentrifizierung – die abenteuerlustigen Singles, kinderlosen Paare und unkonventionellen Künstler – sind den Studenten bisher jedenfalls nicht gefolgt. Sie ziehen eher ins benachbarte größere Wilhelmsburg, das schon mal als «Bronx des Nordens» bezeichnet wird. Dorthin, wo auch Fatih Akins Film «Soul Kitchen» spielt, in dem ein glück- und mittelloser Wirt von einem gierigen Investor bedrängt wird.

Es ist noch gar nicht lange her, da hatten selbst die meisten Hamburger keine Vorstellung von diesem Stadtteil mit dem merkwürdigen Namen Veddel. Ein Ort allerdings galt im weiteren Umkreis schon lange als Geheimtipp: die «Veddeler Fischgaststätte», wahrhaft ungastlich gelegen zwischen Schnellstraßen und Stacheldrahtzaun des Freihafens. Der frittierte Seelachs in ungeheuer preiswerten Riesenportionen ist Legende. Zur Stammkundschaft gehören Hafenarbeiter, Zollbeamte, Lastwagenfahrer und Rentnerpaare aus dem Umland. Nach einem unserer Streifzüge über die Veddel betreten wir die Wirtsstube, die sich seit ihrer Eröffnung in den 1930er Jahren kaum verändert hat. Fischernetze an den Wänden, Schiffsmodelle, allerlei maritimer Kitsch und ein großer Jägermeisteraschenbecher auf dem Stammtisch. Es herrscht Hochbetrieb. Serviert mit jener typisch norddeutschen Zurückhaltung, die Besucher aus südlicheren Gefilden schon mal als Unfreundlichkeit missverstehen. Ohne viel Worte zu machen, verschafft uns die Bedienung zwei Plätze an einem schon besetzten Tisch. Nachdem wir die Speisekarte studiert haben – das fiel auf, alle anderen Gäste kennen sie offensichtlich auswendig –, sehen wir auf und stutzen: ein bekanntes Gesicht an unserem Tisch. Fatih Akin im Gespräch mit einer Journalistin vom Berliner «Tagesspiegel». Einen ursprünglichen Ort wollte er für das Interview aussuchen. Die Fischbratküche sei nicht schick, sondern ein «Geheimtipp», hatte er verspro-

chen. Und dann sitzen wir hier, die Journalistinnen, der promi-
nente Filmemacher und der bekannte Fernsehmoderator. Vorbo-
ten einer Entwicklung, die wir demnächst beklagen? Fatih Akin
jedenfalls kann nicht fassen – das lesen wir ein paar Tage später im «Tagesspiegel» –, dass schon wieder eine seiner Geschichten wahr werden soll. Gerade noch hatte er dem ursprünglichen
Hamburg mit seinem Film ein Denkmal gesetzt, und noch bevor
«Soul Kitchen» in den Kinos läuft, erscheint diese Ursprünglich-
keit gefährdeter denn je. Das Team von der Fischgaststätte denkt
da sicher viel unkomplizierter. Die freuen sich einfach über mehr
Gäste.

Kann man Liebe kaufen?

Unser Europa der Eliten

Die Frage gehört zum Standardrepertoire jedes Komikers: «Wo kommen Sie her?», fragt er die Menschen im Publikum. Dann macht er sich lustig über die jeweilige Region oder Stadt. Wenn der Komiker in Paris auftrat und die Antwort bekam: «Ich komme aus Europa», dann war ihm gleich klar: «Du kommst aus Deutschland!» Nur Deutsche würden sich nicht ganz natürlich zu ihrem Land bekennen. So war es noch vor zehn Jahren. Wir lebten zu der Zeit in Paris – Tom war ARD-Korrespondent in Frankreich, und die Deutschen hatten noch die Grundeinstellung: «Wir sind nicht Deutsche, sondern Europäer.»

Unsere Sehnsucht nach Europa als Ersatzidentität war für andere Europäer bestenfalls ein Witz. Andere Völker wollen auch ein gemeinsames starkes Europa, aber sie sehen das nüchterner. Wenn wir Deutsche auf die europäische Idee schauen, haben wir dagegen eine rosarote Brille auf. Das führt zu Missverständnissen und Enttäuschungen. Deutschlands Verankerung in Europa sei eine Schicksalsfrage, da sind sich Politiker, Historiker und Journalisten seit jeher einig. Aber was Europa ist und was es sein soll – darüber herrschen höchst unterschiedliche Vorstellungen. Wenn wir in Paris über Europa sprachen, dann fühlten wir uns häufig wie in einem Sketch, in dem ein Mann und eine Frau aneinander vorbeireden. Sie macht einige Andeutungen, und er will partout heraushören, dass sie ihn liebt und mit ihm ausgehen will. Aber sie redet von etwas ganz anderem. Sie schätzt ihn vielleicht als Arbeitskollegen, nur: Sie wird niemals mit ihm ausgehen oder zusammenziehen.

Der inzwischen verstorbene ARD-Kollege Heiko Engelkes, Kenner und Liebhaber Frankreichs, sagte uns einmal in Paris: «Wenn Deutschland von Europa spricht, meint es Europa. Wenn Frankreich von Europa spricht, meint es Frankreich.» Politiker und Medien sprechen das dort auch offen aus: Europa ist für sie der «amplificateur des interêts français», Verstärker der französischen Interessen. Wenn die berührt sind, dann fragt die Staatsspitze nicht lange nach Bedenken anderer. Als Jacques Chirac Präsident wurde, war eine seiner ersten Amtshandlungen ein Atombombentest – trotz weltweiter Proteste. Man stelle sich vor, das hätte ein amerikanischer Präsident gewagt, womöglich noch George W. Bush!

Im Gegensatz zu Frankreich und anderen Nachbarn waren Deutschlands Europaträume immer viel weiter gehend: Fast verzweifelt wollten wir ein geeintes Europa. Nach dem Zweiten Weltkrieg waren wir geschockt und beschämt, wir sehnten uns nach einer neuen Identität. Wir wollten lieber Europäer werden als Deutsche sein. Als Jugendliche und junge Erwachsene fuhren wir per Autostopp oder in Billigbussen nach Frankreich, Spanien, Italien, Griechenland oder in skandinavische Länder. Es ging nicht nur um Sonne. Ferien in Deutschland, das galt als spießig. Raus aus der Enge! Deutsche Volkslieder singen – um Gottes willen. Französische Chansons, englische Popmusik – das war modern.

Das alles ändert sich seit einiger Zeit. Wir entdecken, wie schön Deutschland ist, auch wenn es keine zuverlässige Sonne hat. Urlaub im eigenen Land kann man jederzeit wieder aufnehmen, aber mit Traditionen ist das nicht so einfach. Wenn in der Schule und in Familien jahrzehntelang keine Gedichte mehr gelernt, keine Lieder mehr gesungen werden, dann ist es schwierig, auf einmal wieder «Der Mai ist gekommen» anzustimmen. Jedenfalls werden wir entspannter, was unsere Nationalität angeht, ohne dabei nationalistisch zu werden. Wir sind nun mal Deutsche. Wir können es nicht ändern. Wir akzeptieren es und haben sogar Freude daran. Das heißt überhaupt nicht, dass wir uns und unser Land besser finden als andere Länder. Über drei Viertel der Deutschen bewundern Frankreich.

Parallel zur kulturellen Europabegeisterung schritt die Europapolitik voran: Über Jahrzehnte hinweg haben wir die Herausforderungen des Projekts Europa geschultert. Wir haben den Löwenanteil aller EU-Haushalte und auch die hochfliegendsten Programme und Pläne der Europäischen Union finanziert. Wir haben unsere nationalen Interessen zurückgestellt. Den letzten Satz würden die meisten Mitglieder der politischen und journalistischen Eliten zurückweisen. Sagen wir also: Wir haben unser nationales Interesse mit dem überproportionalen Einsatz für Europa gleichgesetzt.

Die anderen sehen Europa ganz anders, und das ist auch nachvollziehbar. Unsere westlichen Partner sagen sich: «Wir haben unseren Nationalstaat nicht ruiniert, wieso sollten wir fortan nur noch Teil einer Gemeinschaft sein?» Und die Staaten des früheren Ostblocks sind verständlicherweise froh, dass sie endlich völlig frei über ihr Schicksal bestimmen können. Sie wollen erst mal ihre Souveränität behalten. Ihre Erwartungen an Europa sind unterschiedlich: Manche wollen einem fortschrittlichen Club angehören, der Modernität verspricht; manche wollen Finanzspritzen, um wirtschaftlich den Anschluss zu finden; manche wollen vor allem Sicherheit im westlichen Lager; andere wollen eine lose Freihandelszone. Nur wir Deutsche träumten von einer Ersatzidentität – die Erlösung von unserer Geschichte. Das war unsere Einstellung während des gesamten Kalten Krieges. Und selbst nach dem Fall der Mauer blieb es noch lange bei dieser Haltung.

In Washington tauschte Tom diese Einschätzung mit einem französischen Diplomaten aus: «Wir flirten nicht bloß mit Frankreich. Wir meinen es ernst: Wir wollen heiraten. Das wollten wir immer schon. Aber diese Bereitschaft nimmt langsam ab.» Wir Deutschen seien einfach langsam im Begriff, mit uns selbst ins Reine zu kommen. Wir entwickelten uns allmählich zu einer ganz normalen Nation – soweit das jemals möglich ist. Der Diplomat war erstaunt. So hatte er die Sache noch nie betrachtet. Frankreich war lange eine wunderschöne Dame, die es gewohnt ist, dass man ihr den Hof macht, die aber keine Absicht hat, jemals das Jawort zu geben. Und das trifft in ähnlicher Form auf ganz Europa zu. Das ist nicht verwerflich. Der Verehrer kann ja die Angebetete weiter bewundern und Umgang mit ihr pflegen. Aber früher oder später wird er sich an den alten Beatles-Song erinnern: «Money can't buy me love» – Liebe lässt sich nicht kaufen. Wir werden nicht nationalistischer, wir werden realistischer.

Wenn wir seit einiger Zeit zögern, bei Konflikten sofort das Scheckbuch zu zücken, werfen uns manche Partner vor, wir ließen unsere Begeisterung für Europa fallen und tauschten sie ein gegen plumpen Nationalismus. Dabei ist es genau andersherum: Die anderen Mitgliedsländer haben sich niemals auf ein wirklich vereinigtes Europa eingelassen. Und jetzt wundern sie sich, dass uns die Mittel ausgehen.

In der Europapolitik unterscheidet man zwischen zwei Ansätzen für das Miteinander in der EU: «communautaire» und «intergouvernemental». «Communautaire» bedeutet eine echte Gemeinschaft – vielleicht zunächst in einem Bereich, dann in immer mehr Bereichen. Nach diesem Prinzip wurde die «Wirtschafts- und Währungsunion», kurz WWU, geschaffen. «Intergouvernemental» bezeichnet freiwillige Vereinbarungen zwischen Regierungen bzw. Staaten, die aber in ihrer Souveränität nicht eingeschränkt sind. Letzteres war der Ansatz der größeren Mitglieder, während kleinere Länder, wie die Benelux-Staaten, eher bereit waren, Souveränität zumindest teilweise aufzugeben für gemeinschaftliche Aufgaben. Diese kleineren Länder taten es, weil sie in einer Gemeinschaft viel mehr erreichen können als al-

lein. Deutschland wollte sich einbinden, weil es sich selbst nicht
traut. Oder präziser: weil unsere Eliten dem Volk nicht trauen.
Die unausgesprochene Lehre aus der Nazi-Katastrophe lautet:
Das Volk hat versagt und ist ständig in Gefahr, dem nächstbes-
ten Demagogen hinterherzulaufen. Es brauche die fürsorgliche
Bevormundung durch die Eliten, um es vor sich selbst zu schüt-
zen. Heinrich Bölls «fürsorgliche Belagerung» andersherum. Für
Deutschlands Europapolitik heißt das: Der deutsche Gulliver
soll sich selbst immer mehr Fesseln anlegen, sonst macht er den
Nachbarn Angst und läuft am Ende wieder Amok.

Das war grob gesagt die Sicht aller deutschen Bundeskanzler
von Adenauer bis Kohl. Der erste, der es wagte, so wie andere
Länder von eigenen nationalen Interessen zu sprechen, war Ger-
hard Schröder. Weil er das ziemlich unverblümt und nicht mit
derselben diplomatischen Eleganz tat, wie sie unseren Partnern
eigen ist, waren die Reaktionen vorhersehbar: Man warf ihm und
damit Deutschland vor, nach Dominanz zu streben – also Nationalismus.

In der Sache ging es um legitime Anliegen. Einmal natürlich
um Geld für Brüssel, auf das Schröder etwas genauer achten
wollte. Zum anderen um etwas Grundlegendes, um Demokratie.

Kurz vor der Osterweiterung der EU ließ sich nämlich ein Problem der Union nicht länger aufschieben: Der Konflikt zwischen
den erwähnten Prinzipien «intergouvernemental» und «communautaire». Bis dahin konnte die EU nur Entscheidungen fällen, wenn alle Mitglieder zustimmten. Das heißt: Jeder konnte
mit seinem Veto alles blockieren. Dieses Einstimmigkeitsprin-
zip war mit der Aufnahme vieler neuer Mitglieder nicht länger
durchzuhalten. Es war Zeit für eine ehrliche Bilanz, vielleicht für
eine wirkliche Gemeinschaft. Auf dem Gipfel von Nizza sollte
die EU auf eine neue zukunftsfähige Grundlage gestellt werden.
Es hätte ein Quantensprung sein können. Manche Europabegeis-
terten diskutierten sogar eine echte Föderation nach dem Vorbild

der Vereinigten Staaten von Amerika. Aber Jacques Chirac, der damalige französische Präsident, erklärte, sein Land wolle niemals das Arkansas der Vereinigten Staaten von Europa sein. Man wies ihn darauf hin, dass Frankreich das Zeug zum europäischen Kalifornien habe – auch das, sagte er, werde nicht passieren.

Tom war als Korrespondent dabei, als sich in Nizza die Großen des Kontinents kleinkariert verkeilten. Es ging um mehr als nur um die Entscheidungsfähigkeit einer EU mit vielen Mitgliedern. Es ging auch um Demokratie. Wenn man den Zwang zur Einstimmigkeit aufgibt, steht man sofort vor der Frage, welche Art von Mehrheitsentscheidung man will. Die USA haben das mit ihren zwei Kammern gelöst: Eine repräsentiert die Bevölkerung, die andere die Einzelstaaten. In den Senat schickt jeder Bundesstaat zwei gewählte Volksvertreter. Dort haben kleine wie große Staaten gleiches Gewicht. Im Repräsentantenhaus dagegen sitzen die Abgeordneten der Wahlkreise. Jeder vertritt in etwa gleich viele Wähler. In dieser Kammer hat Kalifornien natürlich wesentlich mehr Abgeordnete als das kleine New Hampshire. Alle sind direkt gewählt und nicht über Parteienlisten zu ihrem Mandat gekommen. Bei Gesetzen müssen beide Kammern zustimmen. So fühlt sich weder ein kleiner Staat gegängelt noch die Mehrheit der Bevölkerung von einer Minderheit übervorteilt.

Da unsere Partner von so einem echten und demokratischen Gemeinschaftsmodell nicht mal träumen wollten, brachte Bundeskanzler Schröder das Prinzip der «doppelten Mehrheit» ins Spiel: Man zählt bei Entscheidungen erst die Anzahl der Regierungen, die für einen Vorschlag sind, und rechnet dann, ob deren Bevölkerungen auch der Mehrheit in der EU entsprechen. Ist das der Fall, gilt der Vorschlag als angenommen. Im Vergleich zu den zwei Kammern ist die «doppelte Mehrheit» zwar ein unvollkommenes Modell, aber immerhin ermöglicht es Mehrheitsentscheidungen, die halbwegs demokratisch und nachvollziehbar sind.

Selbst das hatte keine Chance. Vor allem Frankreich, aber auch andere Länder wollten so viel nationale Souveränität nicht aufgeben. Das brachte sie in ein Dilemma: Die doppelte Mehrheit wollten sie nicht. Eine einfache Mehrheit auch nicht – da hätte womöglich eine Minderheit der Europäer über die Mehrheit bestimmen können. Also mussten bevölkerungsreiche Länder mehr Stimmgewicht bekommen als kleinere. Das wiederum hieß logischerweise, dass das wiedervereinigte Deutschland mehr Stimmen haben würde als Frankreich. Ein Horror!

Ein unauflösbarer Widerspruch. Und es war nicht Deutschland, das ihn produzierte – es waren andere. Es ist verständlich, dass unsere Partner nach all dem Unheil, das wir auf unserem Kontinent angerichtet haben, hinter allem und jedem deutsches Dominanzstreben vermuten. Helmut Schmidt hat einmal erzählt, wie lange sein Großvater noch von der napoleonischen Besatzung gesprochen hat und wie lange es folglich dauern wird, bis unsere Kriege in die Geschichte entrückt sind. So ist es sicher richtig, dass wir versuchen, die Befürchtungen unserer Nachbarn durch besonderes Entgegenkommen zu entkräften. Aber die Gesetze der Logik können wir auch durch noch so große Demut nicht außer Kraft setzen. Wer die doppelte Mehrheit ablehnt, der muss einen Vorschlag machen, wie er zu fairen demokratischen Entscheidungen finden will.

Frankreich hatte den EU-Vorsitz, und so fiel diese Aufgabe Jacques Chirac zu. Es folgten zermürbende Verhandlungen um eine Formel, die das Stimmgewicht der einzelnen Staaten berechnen sollte. Es gab natürlich keine – denn mathematisch hätte Deutschland ein Gewicht haben müssen, das seinen rund 80 Millionen Einwohnern entspricht, was einige ja gerade verhindern wollten.

Wir Journalisten saßen im Pressezentrum, während die Staats- und Regierungschefs bis tief in die Nacht immer neue Berechnungen anstellten. Pikanterweise hatte Frankreich gerade zwei politische Kraftzentren: den konservativen Chirac als Präsidenten und den Sozialisten Jospin als Premierminister. Man nahm an, dass Jospin pragmatischer eingestellt war, aber auf einer internationalen Bühne musste er zähneknirschend gemeinsame Sache mit Chirac machen. Auf Pressekonferenzen wurde das Frankreich-Schild vor dem Pult extra ausgetauscht, damit klar war, ob Regierungschef oder Präsident vor die Journalisten trat. Es war eine Lehrstunde in EU-Absurdistan. Chirac versuchte es mit Mischungen aus Mathematik und Historie: Die großen Staaten sollten wegen ihrer Bevölkerung mehr Stimmen haben als die kleinen, aber Frankreich trotzdem genauso viel wie Deutschland – wegen Frankreichs «besonderer Geschichte». Sofort sickerten sarkastische Kommentare der Spanier und der Portugiesen durch: Sie hätten auch eine stolze Geschichte; warum sie also weniger Stimmgewicht als Frankreich akzeptieren sollten. Dann kamen Formeln ins Spiel, durch welche sich die kleineren Benelux-Länder benachteiligt fühlten. Es war ein erbärmliches Hickhack.

Wir Deutsche stellten fest: Unsere EU-Nachbarn wollten sich nicht noch weiter auf den Weg zu einem vereinten Europa einlassen. Für die meisten Regierungen in Europa gilt bis heute: Sie wollen sich waschen, ohne dabei nass zu werden. Politisch wollen sie Nationalstaaten bleiben, wirtschaftlich aber verlangen sie Solidarität. Das ist so, als ob man darauf besteht, sein eigenes Girokonto zu behalten, aber vom Nachbarn erwartet, für den Überziehungskredit zu bürgen.

Es gilt in Deutschland als unfein, auf solche Widersprüche hinzuweisen. Wenn jemand Skepsis gegenüber dem Verkleistern der europäischen Lebenslügen äußert, wird er schnell bezichtigt, «Populismus» oder gar «Nationalismus» Vorschub zu leisten. In Anlehnung an Helmut Kohl ist dann schnell davon die Rede, die europäische Solidarität sei eine Frage von «Krieg und Frieden». Als ob wir morgen wieder anfangen würden, aufeinander zu schießen, nur weil wir heute ehrlich miteinander reden. Ein wahrhaftiges Totschlag-Argument.

Ein französischer Politiker und Publizist, der die europäischen Fragen gänzlich unsentimental betrachtet, ist Jean-Pierre Chevènement. Er war Mitbegründer der Sozialistischen Partei und Weggefährte François Mitterrands, bevor er seine eigene Partei gründete. Er ist ein französischer Linker, aber das Gegenteil eines Internationalisten. In seinem Buch «France-Allemagne, parlons franc» («Frankreich-Deutschland: Offen gesprochen») legt er dar, was für ihn die Grundlage der Souveränität ist: der Volkswille, so wie er sich in der Republik immer wieder neu manifestiert. In einem Gespräch mit dem europäischen Presseclub, dem wir in Paris angehörten, begründete er seine Sicht: Es gebe im Augenblick nur nationale Öffentlichkeiten, aber keine europäische Öffentlichkeit, dementsprechend auch keine Grundlage für einen «europäischen Souverän». Die Demokratie könne nur auf der Ebene der Nationalstaaten wirksam sein. Alles andere sei Illusion, und die bewirke nur, dass man hinterher enttäuscht werde. In Frankreich darf man so offen diskutieren. In Deutschland dauerte es bis zum Sommer 2009, bis das Bundesverfassungsgericht auf das Demokratiedefizit der EU aufmerksam machte und Vorbehalte bezüglich des Lissabon-Vertrags anmeldete.

In den Jahren, die wir im Ausland lebten, trafen wir häufig auf den damaligen Bundesaußenminister Joschka Fischer. Bei einem der vielen Gespräche über Europa sagte er: « Europa war immer ein Projekt der Eliten.» Wenn man auf das Volk bzw. die Völker gewartet hätte, dann wäre die EU nie so weit gekommen. Für Fischer wie für die meisten Regierungen durfte es immer nur vorwärtsgehen – getreu dem Spruch, dass Europa wie ein Fahrrad sei: Sobald es aufhöre, sich fortzubewegen, falle es um. Also vorwärts mit dem Europa der Eliten, auch wenn so das zweifelnde Fußvolk unversehens abgehängt wird.

Der niederländische Schriftsteller Leon de Winter fällt über dieses elitäre Vorgehen ein viel härteres Urteil, als dies in Deutschland zu hören ist: «Entstanden ist eine zusätzliche Etage Brüsseler Bürokraten oberhalb unserer nationalen Bürokratien. Unsere nationale Autonomie wird zusehends geschmälert, immer mehr Macht wird an diese neuen Bürokraten übertragen. Bei Referenden zeigte sich jedes Mal, wie lebendig das Misstrauen der europäischen Völker gegen diese Bürokratie ist – die politischen Eliten kümmerte das nicht.»

Wer zur EU-Zentrale in Brüssel fährt, steht vor einem riesigen Gebäudekomplex. Die meisten Menschen, die hier arbeiten, sind hochqualifizierte Experten. Viele sind wohlmeinend und gute Anhänger der europäischen Idee. Aber Chevènement fragte einmal kühl: Wo ist ihre demokratische Legitimation, um Bestimmungen für den Alltag von 500 Millionen Europäern zu beraten? Auch wenn das Parlament seit dem Inkrafttreten des Lissabon-Vertrags mehr Befugnisse hat – Europa funktioniert «intergouvernemental». Entscheidungen werden hauptsächlich zwischen Regierungen und der Kommission ausgehandelt. Dann kommen die Entscheidungen wieder zurück zu den nationalen Parlamenten, und die sehen sich häufig gezwungen, Dinge nur noch abzunicken. Im Extremfall kann eine Regierung versuchen, Vorhaben, die sie im eigenen Parlament nicht durchbekommt, über Brüssel anzuschieben. Deshalb mahnte das Bundesverfassungsgericht an, dass bei bestimmten Vorhaben der Bundestag bzw. der Bundesrat zustimmen müsse. Prompt schrieb die internationale Presse, Deutschland wende sich allmählich von Europa ab.

Wenn Regierungen miteinander Dinge aushandeln, geschieht das naturgemäß in verschlossenen Hinterzimmern. Es gibt eben keine Transparenz, keine Debatten wie in Senat und Repräsentantenhaus, keine Verantwortlichkeit, wenn Dinge schiefgehen oder wenn Geld verschwindet.

Der mit Abstand größte Ausgabeposten im EU-Budget sind

die Agrarsubventionen. Nach dem Krieg erfunden, machen sie immer noch rund ein Drittel des Haushalts aus. Hauptnutznießer war jahrzehntelang Frankreich. Der ehemalige Premierminister Großbritanniens, Tony Blair, nannte die Höhe dieser Ausgaben «sinnlos». Wer britisches Understatement einschätzen kann, weiß, was das heißt. Das Unglaublichste aber: Erst 2009 mussten zum ersten Mal alle 27 nationalen Regierungen der EU offenlegen, wofür genau sie die von Brüssel erhaltenen Mittel einsetzen. Man stelle sich vor: Der größte Einzelposten der EU, das größte landwirtschaftliche Beihilfeprogramm der Welt war jahrzehntelang in seinen Einzelheiten vor den Blicken der Öffentlichkeit geschützt. Als man die Liste der Nutznießer sah, wusste man, warum. Unter den Empfängern der insgesamt 50 Milliarden Euro Agrarhilfen (allein in diesem ersten veröffentlichten Jahr) waren Gummibärchen-Hersteller, Caterer von Kreuzfahrtschiffen und wohlhabende Landbesitzer wie die Königin von England und Prinz Albert II. von Monaco. In Bulgarien war der größte Einzelempfänger die 27-jährige Tochter des Vize-Landwirtschaftsministers. Der war praktischerweise für die Verteilung des Geldsegens aus Brüssel zuständig. Weitere Beispiele standen reihenweise in der Zeitung: Fördergelder gingen auch an einen dänischen Billardclub, einen holländischen Eislaufclub und einen Fußballclub. Diese Vereine haben bestimmt große Verdienste, aber in welcher Verbindung stehen sie zur europäischen Landwirtschaft?

Deutschland ist der größte Nettozahler der EU; da würde man eigentlich annehmen, dass die Veröffentlichung der Liste unserer Regierung zupasskäme. Aber ausgerechnet Berlin sträubte sich bis zum Schluss am hartnäckigsten gegen die Offenlegung. Auch wenn wir weniger aus dem Agrartopf zurückbekommen, als wir einzahlen, gibt es eben auch bei uns Empfänger, die ungläubiges Staunen hervorrufen.

Wann immer dieses Umverteilungssystem in Frage gestellt

wird, heißt es, dass man gerade nichts machen könne, denn der «mehrjährige Finanzrahmen» werde auf sieben Jahre festgelegt. Also können die Regierungen nur alle sieben Jahre darüber verhandeln. Als Angela Merkel zum ersten Mal zur Bundeskanzlerin gewählt wurde, standen diese Verhandlungen gerade an. Dass Ausgaben in Richtung Brüssel sinken könnten, davon wagt ohnehin niemand zu träumen. Aber es gab neue Verteilungskämpfe zwischen unseren Partnern. Am Ende überbrückte Bundeskanzlerin Merkel deren Differenzen mit deutschem Geld: Jedes Jahr würde Berlin mehrere Milliarden Euro zusätzlich nach Brüssel überweisen – bis zum Jahr 2013. Die Schlagzeilen lauteten damals so wie immer schon bei solchen Gelegenheiten und wie immer noch – bis heute: «Deutschland zahlt mehr für das neue Europa», «Merkel erkaufte Gipfel-Erfolg», «Lobeshymnen auf Merkel», «Angela Merkel, das Taktiktalent», «Sie kam, sah – und gefiel».

Zu dieser Zeit lebten wir wieder in Washington. Als eine Gruppe von Bundestagsabgeordneten in die amerikanische Hauptstadt kam, fragten wir sie, warum es eigentlich ein Erfolg sei, wenn deutsche Bundeskanzler Streit in der EU mit dem Geld der Steuerzahler ausräumten. Die Antwort: weil es sonst noch teurer würde. Denn wenn es keine Einigung über den Finanzrahmen gäbe, werde erst mal das alte Budget fortgeschrieben.

All das sind nur die Absurditäten der alten EU, fast niedlich im Vergleich zu dem, was in der neuen EU möglich ist. Inzwischen sind die Macht der Kommission und ihr Zugriff aufs Geld dermaßen gewachsen, dass dies ernsthaft den Wohlstand unseres Landes und den Wert der gemeinsamen Währung betrifft. Alle europäischen Länder geben seit Jahrzehnten mehr aus, als sie erarbeiten. Alle. Das ist der eigentliche Grund für die Krise des Euro – und nicht die bösen Märkte. Sie brauchen sich nur zu fragen: Wenn Sie tausend Euro zur Altersvorsorge anlegen wollen und Ihnen werden griechische Staatsanleihen angeboten – wie viel Zinsen müsste man ihnen zahlen, damit sie die kauften, mit sechs Monaten Laufzeit? Wie viel Zinsen für ein Jahr, wie viel für zehn Jahre Laufzeit? Sind Sie ein Zocker, weil Sie Risiken vermeiden wollen?

Wer viele Schulden hat, ist verwundbar. So simpel ist das. Man wird so lange neue Schulden anhäufen können, wie die Geldgeber glauben, dass sie ihr Geld irgendwann zurückbekommen. Deshalb nennt man sie Gläubiger. Sobald ihr Glaube schwindet, trocknet der Strom von immer neuen Krediten aus. Das ist Europas Situation. Das Misstrauen trifft die größten Schuldnerländer härter, aber es trifft auch Deutschland. Es ist schwer genug, im eigenen Land durchzusetzen, dass es nicht noch weiter ins Minus geht. Wir müssen entscheiden, was wir uns leisten können und was nicht. Egal wer die Regierung stellt: Wahrscheinlich werden wir noch mehr zur Kasse gebeten und dafür noch weniger Leistungen bekommen. Aus dem Schuldenloch herauszuklettern, wird hart, und es wird lange dauern. Aber die Mühe kann man sich fast sparen, denn wir stehen jetzt auch für die Probleme der anderen gerade. Das hat die Bundesregierung am 9. Mai 2010 zugestanden, als sie mit den anderen Euro-Ländern einen 750-Milliarden-Rettungsschirm aufspannte. Dieser Tag wird in die Geschichte eingehen, denn seitdem ist die EU eine andere und der Euro nicht mehr dieselbe Währung.

Die deutsche Bevölkerung fürchtete von Anfang an, dass undiszipliniertere Länder sich nach Aufgabe ihrer Währung nicht automatisch ändern würden. Die Architekten des Euro haben ihr deshalb die neue Währung als «hart wie die D-Mark» verkauft. Sie vereinbarten Sicherheitsgarantien für die Stabilität: Unter anderem sollten die Länder maximal drei Prozent Defizit haben. Allerdings brach schon bald ausgerechnet Deutschland mit seinen Schulden den Stabilitätspakt. Sofort reklamierte Frankreich das gleiche Recht. Die erste Sicherung für eine harte Währung war herausgeschraubt. Eine andere inzwischen auch: Die Europäische Zentralbank (EZB) sollte so unabhängig sein, wie es die Bundesbank immer gewesen war. Dieses Versprechen wurde bereits in der Geburtsstunde gebrochen: Deutschland und Frankreich kungelten aus, dass der erste EZB-Präsident, der Niederländer Wim Duisenberg, keine volle Amtszeit dienen, sondern dem Franzosen Jean-Claude Trichet vorzeitig weichen solle. So geschah es auch. Trotz dieser Geburtssünde blieb die Institution EZB lange erstaunlich unabhängig und achtete wie vorgeschrieben nur auf die Stabilität der Währung, die ihr anvertraut ist. Seit der Griechenland-Krise ist das vorbei: Jetzt darf die EZB Staatsanleihen aufkaufen, gerade von solchen Staaten, denen private Geldgeber nicht mehr trauen. Sie kauft also Ramsch-Anleihen mit unserer Währung. Das ist die Lizenz zum Gelddrucken, und wir wissen, was passiert, wenn man Geld druckt: Es verliert seinen Wert.

Das ist keine Panikmache, das ist Mathematik. Ebenfalls vorbei ist es mit der Garantie, dass solide wirtschaftende Staaten nicht für die Schulden von anderen einspringen müssen. Und noch etwas: Die EU-Kommission, die eigentlich selbst keine Kredite aufnehmen darf, sie darf es jetzt doch. So wurden die Sicherheitsgarantien, die den Euro hart halten sollten, von den europäischen Regierungen, auch unserer eigenen, über Bord geworfen, an jenem 9. Mai 2010.

«Spiegel»-Kommentator Armin Mahler bewertet das ungeschminkt so: «Der Eingriff ist so fundamental, dass er sich nur schwer erklären lässt. Deshalb brauchen die Politiker das Feindbild vom bösen Spekulanten. Sonst bliebe ihnen nichts anderes übrig, als zu sagen: Wir sind selbst schuld.» Mahlers Resümee: «Eine solche Geldschwemme wird nicht ohne Folgen bleiben. Sie wird die Stabilität der Währung aushöhlen und früher oder später in einer Inflation enden.»

Wenn Sie wissen wollen, wie es um Europa steht, hören Sie nicht auf das, was die Regierungen sagen. Der Blick von außen ist oft der unbestechlichste. Der «Economist» prophezeite schon im April 2008, also zwei Jahre vor der Griechenland-Krise: «Die Wahrheit ist, dass dem Euro noch vor seinem zehnten Geburtstag die größte Prüfung seines kurzen Lebens bevorsteht. Der Schmerz einer Rezession wird in den Mittelmeerländern viel größer sein als in Deutschland und Nordeuropa. Es dürfte kaum überraschen, dass auch die Reaktion darauf in diesen beiden Regionen unterschiedlich sein wird. Der Euro steht kurz davor, der Welt zu zeigen, dass er noch keine optimale Währung ist – und diese Demonstration wird nicht schön anzusehen sein.»

Während der «Economist» diese Zeilen schrieb, konnte die EU den Mund nicht voll genug nehmen: Der Euro werde sich als Rivale des Dollar etablieren, als weltweite Reservewährung durchsetzen. Und als die Finanz- und Wirtschaftskrise ausbrach, belehrten wir die angloamerikanischen Länder darüber, dass unser Sozialstaatsmodell so viel solider und gerechter sei. Dabei war schon vor dieser Krise klar, dass der hochfliegende wirtschaftliche «Masterplan» der EU nie richtig abgehoben hatte: Im Jahr 2000 hatte die Kommission das Ziel ausgerufen, Europa bis 2010 «zum wettbewerbsfähigsten und dynamischsten wissensbasierten Wirtschaftsraum der Welt zu machen – einem Wirtschaftsraum, der fähig ist, dauerhaftes Wirtschaftswachstum mit mehr und besseren Arbeitsplätzen und einem größeren sozialen Zusammenhalt zu erzielen». Nun, 2010 wird wohl nicht wegen der wirtschaftlichen Dynamik des Euro-Raums in Erinnerung bleiben.

Schwamm drüber. Interessant ist, welche Schlussfolgerung die EU-Kommission aus der gescheiterten Strategie «Europa 2010» zieht: Sie verkündet eine Nachfolgestrategie: «Europa 2020». Jetzt aber wirklich! Jetzt geht es los mit dem dynamischen Sprung in die Zukunft! Genauso wie es jetzt wirklich, ganz, ganz ehrlich losgeht mit dem soliden Haushalten in Südeuropa. Nur noch einmal hundert Milliarden Sonderkredit, dann schaffen wir das. Ehrlich!

Einst schrie Margaret Thatcher während der EU-Haushaltsverhandlungen: «I want my money back!» («Ich will mein Geld zurück!») Man stelle sich vor, Deutschland hätte das jemals gesagt! Immerhin sprach Thatcher von Großbritanniens eigenem Geld – den Beiträgen an die EU. Heute heißt es dagegen nur noch: «Wir wollen Geld!» Wenn es in Europa nur noch um Geld geht, dann fürchten wir, dass die Deutschen bald in Versuchung geraten zu fordern: «Wir wollen die D-Mark zurück!»

Als der Euro beschlossen wurde, gab es eine breite Allianz der Zustimmung durch die deutschen Eliten. Wer gegen den Euro war, der galt bestenfalls als Sonderling, schlimmstenfalls als Chauvinist oder aber als Naivling, der riskiert, dass in Europa wieder Kriege ausbrechen. Exportwirtschaft und Banken hatten ein verständliches Interesse an einer gemeinsamen Währung, weil sie ihre Geschäfte berechenbarer macht. Politik und Medien waren aus politischen Gründen dafür. Der Euro schien wie die vorletzte Fessel für den deutschen Gulliver, die endgültige Überwindung des Gespenstes «Nationalismus». Die letzte Fessel würde die vollendete politische Einheit unseres Kontinents sein.

Den meisten Deutschen war damals zwar mulmig, ihre Währung mit Ländern zu verschmelzen, die eine ganz andere Tradition des Wirtschaftens haben. Aber den Traum von einem wahrhaft geeinten Europa, den träumten damals noch viele; deshalb war man am Ende bereit, den Versprechungen zu glauben und das Risiko einzugehen. Gefragt hat man die Deutschen vorsichtshalber nicht. Sonst hätte das tumbe Volk am Ende den klugen Eliten noch die ganze Sache blockiert.

Der frühere Präsident der Europäischen Kommission, der Franzose und große Europäer Jacques Delors, hat das Projekt der gemeinsamen Währung zusammen mit dem französischen Präsidenten Mitterrand und Bundeskanzler Kohl angeschoben. Er ist einer der wenigen, die verstanden, was der Abschied von der Nachkriegswährung für uns bedeutete: Die D-Mark war für Deutschland wie eine Nationalflagge. Unsere Identität. Die Deutschen vertrauten ihrer Zentralbank, der Bundesbank, stärker als irgendeiner politischen Institution. Die Bundesbank sorgte für eine stabile Währung, und wir lieben Stabilität.

Und doch gaben wir all das auf für einen Traum: die «Vereinigten Staaten von Europa». Wie Bob Dylan sagt: «Du magst große Träume haben, aber wenn du träumst, bist du noch am Schlafen.» Kaum jemand wollte diesen Traum mit uns teilen. Dass ihre Währungen mit der harten D-Mark verschmolzen, das wollten unsere Partner. Mehr wollten sie nicht.

Als herauskam, dass Griechenland kurz vor dem Bankrott stand und Deutschland nicht von der ersten Sekunde an Geld bereitstellen wollte, bezichtigten viele andere Europäer uns als egoistisch und nationalistisch. Sofort kamen alte Schuldzuweisungen wieder ins Spiel. Ist es das, was mit dem «Projekt Europa» gemeint war – entweder Deutschland zahlt die Zeche, oder die anderen halten uns unsere Vergangenheit vor? Nachricht an Europa: Wir würden ja gern weiter zahlen, aber das Geld ist nicht mehr da. Deutschland verfügt noch immer über einige leistungsstarke Industriezweige. Doch als Land wächst Deutschland zu langsam, um die Probleme einer schrumpfenden und alternden Gesellschaft zu bewältigen.

Vielleicht ist es Zeit für Klartext. Die Art von Klartext, den unsere Regierungen nicht mit uns reden: Liebe Miteuropäer, nicht wir Deutschen wenden uns ab von Europa. Ihr seid es, die sich nie ganz auf Europa eingelassen haben. Wir wollten in einer größeren Gemeinschaft aufgehen, ihr wolltet es nicht. Das ist traurig, aber schon in Ordnung. Wir werden deshalb nicht anfangen, uns gegenseitig zu hassen. Wir werden weiterhin den Beitrag der Griechen zum europäischen Erbe bewundern. Auch die Schönheiten und die Kultur Frankreichs, Italiens Offenheit, Spaniens wunderschöne Küsten und all die anderen Wunder unseres vielfältigen Kontinents. Wir werden einander weiter besuchen, Handel treiben und Projekten zustimmen, die wir Deutsche weiterhin finanzieren werden. Wir werden großartige Freunde bleiben. Bloß die Geheimnummer für unsere EC-Karte wollen wir nicht rausrücken. Die gibt man nur seinem Ehepartner. Und wir haben lange vor dem Altar gewartet.

Nicht nur wir Deutschen sind enttäuscht und besorgt über den Zustand der EU. Im Grunde bricht hier der Gegensatz auf zwischen der Wirtschaftskultur des Nordens und der des Südens. Noch einmal der Niederländer Leon de Winter: «Unsere politischen Eliten wollen jetzt die Union retten, dieses künstliche Konstrukt, das uns einen verlegenen Belgier als Präsidenten beschert hat und eine Verfassung, die von niemandem gelesen werden kann, der nicht in dem bleiernen Jargon versiert ist, dessen sich Brüsseler Beamte bedienen.»

Diese EU-«Verfassung» wurde bekanntlich von mehreren europäischen Völkern abgelehnt und trat deshalb nie in Kraft. Sie war ein langes, überladenes Dokument. Das gilt auch für ihren Nachfolger, den Lissabon-Vertrag. Echte Verfassungen von echten Gemeinschaften, etwa der Vereinigten Staaten von Amerika, sind sehr dünn. Sie beschreiben, auf welche Werte sie gegründet sind, wie die Regierung gebildet wird und wie sie funktioniert – ihre Befugnisse und ihre Grenzen. Sie legen die Gewaltenteilung fest und beschreiben die Rechte der Bürger.

Vor allem aber steht am Anfang, wer diese Verfassung aufgesetzt hat und wer sie immer und immer wieder mit Leben erfüllen wird: «wir, das Volk». Das ist der Souverän; er spricht den heiligen demokratischen Schwur. Über der gescheiterten europäischen «Verfassung» stehen dagegen fein säuberlich aufgelistet: die Staatsoberhäupter. Europa ist in seiner gegenwärtigen Form nicht das Europa der Völker; es ist das Europa der Obrigkeiten. Dieses Europa wird immer dazu neigen, uns Bürgern seine Nützlichkeit zu beweisen – mit Wohltaten, Strategien und Programmen, für die wir am Ende bezahlen müssen. Wann immer der Satz ertönt: «Wir müssen Europa den Bürgern nahebringen», sollte man sein Portemonnaie zunageln, denn dann wird es teuer.

Teuer, aber bisher noch irgendwie bezahlbar. Das könnte sich ändern, denn die Bundesregierung hat am Ende doch die Geheimnummer unserer EC-Karte rausgerückt – in jener Nacht im Mai 2010. Wenn die verschuldeten Länder trotz der Sonderhilfen nicht schnell genug Tritt fassen, dann werden Abbuchungen fällig, die alles bisher Geleistete in den Schatten stellen. Dann schauen wir auf den Kontostand und werden entsetzt sein.

Vielleicht ist es an der Zeit, dass wir den Eliten das Projekt Europa aus der Hand nehmen und es als Europäer selbst weitertreiben. Vielleicht sollten wir dabei etwas nüchterner vorgehen und das Haus langsam, aber solide aufbauen. Vielleicht werden sich einige wenige Länder entscheiden, eine echte Gemeinschaft zu bilden – das wäre die Idee eines «Kerneuropa». Vielleicht schauen wir uns auch die Schweiz genauer an, die es klug versteht, ihren Kantonen große Eigenständigkeit zu belassen und das Volk in wichtige Entscheidungen mit einzubeziehen. Vielleicht begnügen wir uns mit einer großen, aber unverbindlichen Freihandelszone, wie sie Großbritannien vorschwebt. Wie auch immer wir voranschreiten, wir sollten ehrlich uns selbst gegenüber sein.

Als wir noch im Regionalfernsehen des WDR arbeiteten, machte die Redaktion eine Grubenfahrt im Ruhrgebiet. Es ging Hunderte Meter unter Tage. Stolz erklärten die Bergleute ihre Arbeit. Es werde immer aufwendiger, die Flöze abzubauen, sagten sie. Denn sie verliefen schräg nach unten in die Tiefe. Alles Höherliegende sei schon verbraucht. Dann sagte jemand, wie nebenbei, dass dieser Flöz irgendwann auch wieder schräg nach oben verlaufen würde. Das sei aber dann schon viel weiter im Norden, nämlich in England. Wir hakten nach: «Das heißt, ein englischer

Bergmann baut dasselbe Flöz ab wie ihr hier im Ruhrgebiet, nur vom anderen Ende her?»

«Genauso isset, Junge.» So sind wir selbst mit denen in der Tiefe verbunden, von denen uns an der Oberfläche das Meer trennt.

Deutschland und Europa – das ist keine Wahlverwandtschaft. Wir sind eine Familie. Die Mängel der EU zu benennen, ist kein Verrat an der europäischen Idee. Aber auch in verzweigten Familien muss man einiges klären: Wie fällt man Entscheidungen, gibt es eine Haushaltskasse, wer zahlt wie viel ein, was ist mit dem verarmten Cousin – war er selbst schuld an seinem Schicksal, oder verdient er Hilfe? Das sind wichtige Fragen, und um sie zu beantworten, muss sie zunächst mal jemand klar aussprechen. Das ist nicht immer angenehm, aber für Staaten wie für Familien gilt: Nicht die Fragen, die man ausspricht, sind gefährlich, sondern diejenigen, die man verdrängt.

Ein Porsche ist ein Porsche ist ein Porsche ...

Jeder hält sich für den kleinen Mann

Kein Ding ist in Deutschland einfach nur ein Ding. Alles hat eine Bedeutung. «Eine Rose ist eine Rose ist eine Rose», sagte zu Hemingways Zeiten Gertrude Stein, die Doyenne der Amerikaner in Paris. Für uns Deutsche gilt eher: Eine Rose ist mehr als eine Rose ist viel mehr als eine Rose. Mit anderen Worten: Jedes Ding ist für uns ein Symbol. Wir lesen Zeichen. Was ein Mensch besitzt, trägt, schiebt oder fährt, sagt uns, wer er ist und wer er sein will. Deshalb sind wir versessen auf Marken. Während unserer ersten Berufsjahre, wir waren so Ende zwanzig, kam ein Bekannter plötzlich mit einem Mercedes-Kombi um die Ecke gefahren. Wir hatten noch nicht einmal einen Blick auf das Fahrzeug geworfen, da begann er schon ungefragt, sich für seine Autowahl zu rechtfertigen: «Ich wollte eigentlich gar keinen Mercedes kaufen, aber ich habe viel zu transportieren. Und bei den Kilometern, die ich abreiße, ist es einfach die sinnvollste Entscheidung ...», und so weiter und so weiter. Wenige Jahre zuvor war dieser Autotyp für ihn noch das Symbol des Klassenfeindes gewesen. Ein Mercedes ist ein Mercedes ist ...

Man sagt, Amerikaner seien materialistisch, und das stimmt auch – aber auf eine fast kindliche Weise. Sie sagen: «Cool, ein Porsche. Ich hätte auch gerne einen!» Hier sagen sich die Leute eher: «Der denkt wohl, er sei etwas Besseres mit seinem Porsche. Will wohl auf dicke Hose machen.» Und wenn man Geld hat, entscheidet man sich vielleicht für einen Volvo – aus reinen Sicherheitsgründen natürlich, aber mit dem Nebeneffekt: Jeder sieht, man hat es zu etwas gebracht, ohne dass man es allzu aufdringlich zur Schau stellt. Wir hören in Deutschland mehr über Marken reden als irgendwo sonst auf der Welt. Als wir erwähnten, dass wir für eine Einbauküche sparen, lautete der erste Kommentar: «Bestimmt eine Bulthaup-Küche!» Wir hatten keine Ahnung, was das ist, aber das war auch nicht nötig. Die Intonation sagte uns: «Ihr Medienleute kauft sicher eine teure Markenküche.» Als seinerzeit Polohemden von Lacoste in Mode kamen, betonte einer unserer Freunde: «Das Krokodil ist mir ja so peinlich! Ich wünschte, es wäre dezenter platziert. Aber Lacoste-Hemden halten wirklich länger. Die anderen kann man nach der zweiten Wäsche wegwerfen.» Wir haben den Qualitätstest nicht gemacht, aber unser Verdacht ist, dass das kleine Symbol wichtiger ist, als der Träger zugibt. Sage mir, welches Label du kaufst, und ich sage dir, was ich von dir halte. Markenfetischismus unter Jugendlichen ist auch in den Vereinigten Staaten ein Problem, aber in der Erwachsenenwelt haben Marken eine wesentlich geringere Bedeutung als hier. Auf das Etikett im Futter wird in den meisten gesellschaftlichen Milieus nicht geschielt.

Wenn auch Schnitt und Schneider in den USA untergeordnet sind, so ist umso wichtiger, dass man zu bestimmten Anlässen in Anzug oder Kostüm erscheint. Auch in Frankreich (wo deutlich mehr Wert auf die Ästhetik gelegt wird, das nur nebenbei) erwartet man für bestimmte Jobs ein bestimmtes Erscheinungsbild. Die meisten Büroberufe fordern – ganz klar – Jackett für sie und ihn. Solche Branchen gibt es bei uns auch, zum Beispiel Banken. Aber in vielen Bereichen wurde die Kleiderwahl liberalisiert, in der Medienbranche an erster Stelle. Passiert ist dabei etwas Interessantes: Es ist keineswegs gleichgültig, was man in diesen Berufen anhat. Es ist nur komplizierter geworden.

Ein Redakteur wird Ressortleiter. Er steigt auf. Fortan besucht er regelmäßig Konferenzen auf höherer Ebene der Hierarchie. Die Anwesenden, alle schon länger als er leitende Funktionsträger, erscheinen selbstverständlich mit Krawatte. Bisher war er immer in Jeans und Hemd zum Dienst erschienen, ebenso wie seine Kollegen. Nun steht er vor einem Dilemma: Kommt er ab jetzt im Anzug ins Büro, werden ihn seine Redaktionskollegen des Kriechertums verdächtigen, bleibt er bei seinen Jeans, werden ihn die Führungskräfte wahrscheinlich nicht als einen der Ihren akzeptieren. In der Illusion, es werde niemandem auffallen, entscheidet er sich für einen allmählichen Übergang: Krawatte zur Jeans, Anzug mit offenem Hemd. So signalisiert er: «Ich bin arriviert, aber nicht korrumpiert», und: «Ich bin ein Boss, aber kein Spießer.»

Spießig sein, das ist im Sprachgebrauch Nachkriegsdeutschlands fast gleichbedeutend mit «bürgerlich». Wenn wir «bürgerlich» sagen, meinen wir in der Regel «kleinbürgerlich», also kleinlich, ängstlich, intolerant. Wenn wir den anderen Typus Bürger meinen, nennen wir ihn «großbürgerlich». In Frankreich ist es umgekehrt: «bourgeois» bedeutet «Großbürger». Spricht man von Kleinbürgern, wird präzisiert: «petit bourgeois». Deutschland ist keine Bürgergesellschaft. Manche sagen, die hatten wir nie. Andere meinen, sie sei mit der 1968er-Revolte untergegangen. Wie auch immer. Die sogenannte kreative Klasse in den Metropolen definiert sich bewusst in immer neuen postmodernen Lebenswelten. Hauptsache, nicht bürgerlich! In jüngster Zeit sind zwar einige bürgerliche Elemente wieder ein wenig hoffähig geworden, aber mehr als bewusst gesetztes Statement, wie eine antike Kommode in der Designerwohnung.

Das Dumme ist nur: Konventionen abstreifen ist zwar als Akt der Rebellion befreiend, aber den Rausch dieser Party hatten andere. Er ist längst verflogen. Für uns Normalsterbliche gilt: Ohne Konventionen zu leben, kann ganz schön anstrengend sein. Man muss immer wieder neu ausloten, was richtig und falsch, was angesagt und was passé ist, nicht nur im Büro, auch im Privatleben. Amerikaner schreiben in ihre Einladungen zum Essen oder zur Party ganz selbstverständlich den *dresscode*, die gewünschte Garderobe. Hier dagegen müssen die Gäste meist raten. Toll, heißt es dann, dass heutzutage jeder tragen kann, worin er sich wohl fühlt. Aber viele Leute fühlen sich gar nicht wohl, wenn sie nicht wissen, woran sie sind! Konventionen können das Leben einschnüren – so sehen wir Deutsche es vor allem. Sie können aber auch das Leben einfacher und entspannter machen, weil man weiß, was erwartet wird – so sehen es viele andere Länder. Die haben allerdings nicht den Zivilisationsbruch erlebt, wie wir ihn uns mit den Nazis und dem Zweiten Weltkrieg eingebrockt haben.

Wir haben alles auf den Kopf gestellt! Wir wollen nicht bürgerlich, sondern locker sein, aber wir verkrampfen uns dabei. Wir wollen frei sein, aber wir kontrollieren uns gegenseitig, damit wir nur ja auf die richtige Weise frei sind. Wir schaffen neue Konventionen, aber anders als die bürgerlichen sind sie nicht transparent. Sie verändern sich ständig. Das macht es schwer, sie zu verstehen. Die neuen, milieuabhängigen, vielfältigen und oft versteckten Konventionen schließen alle aus, die den aktuellen «Code» nicht kennen. Das ist absichtlich so. Wir wollen uns unterscheiden – und leben dabei doch in ständigem Widerspruch zu der anderen tiefen Sehnsucht: der Gleichheit.

Die Tochter von Bekannten hat sich verliebt. Als sie einmal unerlaubt und heimlich bis tief in die Nacht ausbleibt, kommt es zur Aussprache mit den Eltern: «Du kannst den Jungen ruhig mit nach Hause bringen», sagt die Mutter. Die Tochter: «Aber dann sieht er, dass wir ein großes Haus haben, und ich schäme mich.» Als wir zur Schule gingen, schämte man sich, wenn man arm war. Heute sollen sich die Reichen schämen. Und so fragt man sich, ob es bei unserem Lieblingsthema, der Gerechtigkeit, inzwischen wirklich noch um die Verteilung des Wohlstands geht oder nicht längst gegen den Wohlstand an sich.

Die Folge ist logisch: Niemand will mehr reich sein; wer es dennoch ist, rechnet sich arm, zumindest in der Öffentlichkeit. In Verteilungsdebatten hält sich (fast) jeder für den kleinen Mann. Oberhalb der eigenen Grenze, da fängt irgendwo der Reichtum an, von dem etwas abgeschöpft und verteilt werden soll. Wir wollen an dieser Stelle keine Debatte über das richtige Wirtschaften führen oder Partei für eine Strategie im Umgang mit den wirtschaftlichen Problemen ergreifen. Wir wollen ein kulturelles Phänomen beschreiben, und zwar, dass Deutschland sich am liebsten kleinmacht.

Einige Jahre vor der Wiedervereinigung gab es eine Umfrage, welches Land die Deutschen als Vorbild sehen. Die mehrheitliche und eindeutige Antwort: die Schweiz. So wären wir immer noch gern: geachtet, aber nicht gefürchtet, neutral, in Maßen wohlhabend, sauber, stabil und – klein. Was man sich wünscht, wird manchmal wahr. Wir schrumpfen. Unsere Bevölkerung nimmt ab. Allen, die vom deutschen Selbsthass befallen sind, sei tröstend zugerufen: Nur Geduld, wir verschwinden. Bei Goethe hieß es zwar: «Stirb und werde» und nicht nur «stirb», aber wer liest schon noch Goethe? Natürlich, der Geburtenrückgang ist kein rein deutsches Phänomen, damit sind wir nicht allein. Aber das Besondere ist: Die Deutschen *wollen* schrumpfen. Deutschland orientiert sich nach unten.

In manchen Situationen entwickeln wir geradezu eine Lust am Niedergang. Der drohende Atomkrieg, das Waldsterben, die Reaktorkatastrophe von Tschernobyl, der Klimawandel – Gefahren, die nicht nur Deutschland betreffen. Aber uns jagen die Diskussionen über eine mögliche Apokalypse wohlige Schauer über den Rücken. Die Franzosen haben gar kein eigenes Wort für die Bedrohung des Waldes; sie nennen es «le waldsterben». Für die Amerikaner ist der Umweltschutz – wenn sie denn mal darüber nachdenken, und das passiert in der Technologiebranche doch öfter, als wir gemeinhin annehmen – eine Herausforderung: Wie können wir die Erde retten, ohne unser Wohlbefinden zu beeinträchtigen?, so lautet die Frage, und natürlich überlegen sie gleichzeitig, wie sie noch möglichst viel an der Antwort verdienen können. In Deutschland dagegen heißt es: Ein «anständiges» Leben fordert Verzicht und Schmerz! Wir sind so gut wie sicher, wenn morgen das absolut unschädliche Auto erfunden würde, gäbe es noch immer jede Menge deutscher Skeptiker, die mahnen würden, trotzdem zu Fuß durch den Regen zu gehen. In dem Filmklassiker «Die Feuerzangenbowle» mit Heinz Rühmann näselt der strenge Lehrer den Pennälern zu: «Mädizin muss bätter schmecken, sonst nötzt sie nichts.» Das fasst die Grundeinstellung zusammen. Verzicht wird nicht nur aus Vernunft, sondern geradezu mit Leidenschaft gepredigt – und kategorisch eingeklagt bis hin zur gegenseitigen Kontrolle der getrennten Mülleimer.

Die Erkenntnis, dass die Ressourcen begrenzt sind, scheint uns gar nicht ungelegen zu kommen. Sie gibt uns das Recht und die Begründung, so zu diskutieren, wie wir es gerne tun: mit Bierernst und Strenge, mit letzter Konsequenz und einer gewissen Endgültigkeit, der sich niemand entziehen darf. Ob am Küchentisch oder in der Kneipe, im Parlament oder in Talkshows, wir meinen: Einer muss gewinnen! Wir debattieren, um zu kämpfen, nicht um Erkenntnisse zu erhalten. Unsere Talkshows leben geradezu davon, dass sich die Gäste gegenseitig ins Wort fallen. Je mehr Leute durcheinanderreden, desto «lebendiger» finden wir das Gespräch. Wir diskutieren am liebsten so lange, bis einer auf der Matte liegt oder bis wir alle auf einen gemeinsamen Nenner gebracht haben. Letzteres schaffen wir nur selten, weil die Menschen viel zu unterschiedlich sind, und so bleiben wir oft unzufrieden zurück.

Vor lauter Katastrophenlust und Ernsthaftigkeit übersehen wir, wie weit es dieses Land gebracht hat. Jaja, es ist nicht perfekt, und auch wir haben in diesem Buch vieles erwähnt, das verbessert werden müsste. Aber vergleichen wir unsere Heimat nicht mit dem Himmel, sondern ganz bodenständig mit anderen Ländern in Europa oder gar auf anderen Kontinenten. Es ist alles eine Frage der Perspektive: Wir können beklagen, dass nicht jeder ein Dach über dem Kopf hat, aber wir haben Häuser, Wohnungen oder wenigstens Notunterkünfte für die weitaus größte Mehrheit der Bevölkerung. Wir können mahnen, nicht zu viel Energie zu verbrauchen, aber immerhin haben wir Strom, Gas und Wasser in unseren Häusern. Wir kritisieren, dass nicht jedes Kind die Chance bekommt, die es verdient, aber es gibt öffentliche Schulen, die jedes Kind umsonst besuchen kann. Wir müssen überlegen, wie wir das Gesundheitssystem künftig finanzieren, aber wir haben Krankenhäuser, Arztpraxen und Versicherungen. Wirtschaftskrisen beuteln auch Deutschland, und nicht alle Bürger haben gleichermaßen am Reichtum teil, aber: Wir leben in einem reichen Land! Wir sehen eine blühende Gesellschaft und ganz viele Menschen, die das *nicht* sehen wollen. Obwohl sie dazu beigetragen haben. Dabei haben wir allen Grund, stolz zu sein und guten Mutes.

Nach Anstößen für ein Leben voller Zutrauen und Zupacken brauchen wir eigentlich nicht lange zu suchen. Wir müssen nur unsere Eltern oder Großeltern fragen. Als Deutschland aus den Trümmern seiner größten selbstfabrizierten Katastrophe herauskroch, fragte niemand nach einer Blaupause für den Wiederaufbau; man legte einfach los. Das galt für beide Teile unseres Landes. Obwohl sich der Osten durch die teilweise Demontage seiner Industrie und das Korsett des Kommunismus nicht so entfalten konnte wie der Westen, hat auch er sich erstaunlich geschlagen. Innerhalb des Ostblocks war die DDR in ähnlicher Weise der wirtschaftliche Musterknabe, wie es die Bundesrepublik im Westen war. Das muss also auch an einigen Tugenden liegen, die uns Deutschen besonders eigen sind. Zugegeben: Die moralische Aufarbeitung der deutschen Schuld kam in der Phase des materiellen Wiederaufbaus zu kurz. Die nachfolgende Generation stieß das ab. Sie wandte sich umso drastischer den ethischen Fragen zu und hat lange Zeit die Lebensleistung der Aufbaugeneration nicht würdigen können.

Als wir Freunde unserer Eltern fragten, was für sie das entscheidende Merkmal dieser Jahre war, waren wir über die Antwort zunächst erstaunt: «Spaß!» Das sollte das ganze Geheimnis des Wirtschaftswunders gewesen sein? Wir hatten es lange als Verdrängungsleistung gesehen, aber die Befragten insistierten: «Wir hatten so viel verpasst, unsere ganze Jugend. Wir wollten alles nachholen», sagte einer. «Wir arbeiteten mit Lust und genossen mit Lust. Wir ackerten und aßen und tranken und feierten. Auch harte Arbeit war nach den Kriegsjahren ein Stück prallen Lebens.»

Als ein großer Teil der harten Arbeit erledigt war, folgten die geburtenstarken Jahrgänge, denen auch wir beide angehören. Der amerikanische Schriftsteller Kurt Andersen nennt uns die «Heuschrecken-Generation», weil wir die gesamte Ernte auffraßen, welche die Aufbaugeneration erarbeitet hatte. Wir wuchsen ohne großen Mangel auf. Unsere Bewährungsproben fielen unter die Rubrik «Selbstverwirklichung». Wir erwarten ganz selbstverständlich viel: Frieden, zuverlässigen öffentlichen Nahverkehr, angemessenen Wohnraum, sichere und saubere Energie, Gesundheit, soziale Gerechtigkeit, gute Schulen und möglichst noch gutes Wetter. Dass vieles davon erst mal harte Arbeit erfordert, tritt inzwischen schon mal in den Hintergrund.

Deutschland hat seit dem Ende des Krieges Unglaubliches geleistet. Mit dieser Leistung konnten wir uns erlauben, viele Risiken, die früher jeder Mensch selbst abwägen musste, auf die Allgemeinheit zu verteilen. Die Sorge für die gebrechlich werdenden Eltern: ein Problem der Allgemeinheit; die Vorsorge für Alter und Krankheit: das Problem der Allgemeinheit; Armutsrisiken durch Scheidung: Problem der Allgemeinheit; die Kosten für die Universitätsausbildung: Problem der Allgemeinheit. Schon seit Jahrzehnten bezahlen wir dafür mit geliehenem Geld, weil unsere Ansprüche schneller wuchsen als unsere Erträge. Unsere Generation und die nächste werden nicht darum herumkommen zu entscheiden, welche Punkte auf unserer Anspruchsliste Vorrang haben und welche wir hintanstellen. Es wird harte und gereizte Diskussionen geben. Vielleicht hilft bei der großen Anstrengung, die vor uns liegt, die Schlüsselerfahrung unserer Eltern und Großeltern – gemacht nach einem selbstverschuldeten Zusammenbruch. Es ist dieselbe Erfahrung, die während der Weltmeisterschaft 2010 streckenweise die deutsche Fußballnationalmannschaft vermittelte: sich aus einem Loch herausarbeiten, die eigenen Kräfte entdecken, scheinbar Unmögliches schaffen. Das kann man stemmen – vielleicht sogar nur dann stemmen –, wenn es Befriedigung bringt und man auf diese Leistung stolz ist. Mit anderen Worten: wenn es Spaß macht.

Danke

an alle, die so informative und offene Gespräche mit uns geführt haben. Danke an unsere hilfreiche Agentin Heike Wilhelmi und an unseren geduldigen, kompetenten Lektor Uwe Naumann.